KB140060

한국의 대규모기업집단

30년

1 9 8 7 — 2 0 1 6

한국의 대규모기업집단

30년

1 9 8 7 - 2 0 1 6

· 김동운 지음 ·

머리말

이 책은 대규모기업집단의 '이력서(履歷書)'이다. 1987년부터 2016년까지 30년 동안 공정거래법에 따라 지정된 161개 집단의 기본적인 신상명세(身上明細)를 정리하고 분석한다.

대규모기업집단지정제도는 1987년부터 시행되었다. 규모가 큰 기업집단들에 의한 과도한 경제력 집중 현상을 억제하기 위해서였다. 한국경제에서 큰 비중을 차지하는 대규모기업집단들이 가질 수 있는 부정적인 영향을 최소화함으로써 경제에 최대한 긍정적으로 기여할 수 있도록 관리·조정하는 장치인 셈이다.

자산총액을 기준으로 매년 30-79개씩의 집단이 지정되었다. 1987-2016년의 30년 동안에는 사기업집단이, 2002-2016년의 15년 동안에는 공기업집단도 함께 지정되었다. 지정된 전체 집단은 사기업집단 140개, 공기업집단 21개, 합계 161개이다. 사기업집단의 대다수는 동일인(同一人) 또는 오너(owner)로 불리는 개인에 의해 지배되는 재벌(財閥)들이다.

이들 161개 집단의 면면을 알게 되면 어떤 집단이 한국경제의 중추 역할을 담당해 왔는지를 가늠해 볼 수 있을 것이다. 이를 위해 공정거래위원회 자료를 바탕으로 '6가지 기본사항'

을 체계적으로 분류하고 함의를 제시하며, 이를 통해 '한국의 대규모기업집단 30년 역사의 기초 자료'를 구축하고자 하였다.

분석 대상인 '6가지 기본사항'은 집단 이름, 지정 연도, 지정 연도 수, 집단 순위, 자산총액, 그리고 계열회사 수이다. '집단 이름'은 가장 기본적인 정보이다. '지정 연도'는 해당 집단의 영향력의 시기를, '지정 연도 수'는 영향력의 지속성을 반영한다. 또 자산총액 즉 계열회사 자산총액의 합을 기준으로 결정되는 '집단 순위'는 해당 집단의 영향력의 강도를 반영한다. '자산총액'은 사업을 수행할 수 있는 집단의 능력 또는 잠재력을, '계열회사 수'는 사업의 범위 또는 다양성을 말해 준다.

책은 1·2권으로 구성되어 있다. 1권은 '6가지 기본사항'을 여러 각도에서 분석하였으며, 2권은 분석을 뒷받침하는 자료를 연도별·집단별로 재구성하여 일목요연하게 제시하였다. 특히 두 권의 책에는 쉽게 접할 수 없는 1987년 이후의 초기 10여 년의 자료와 그에 대한 분석이 포함되어 있다. 대규모기업집단 연구의 참고문헌으로 활용될 수 있기를 기대해 본다.

보다 다양한 자료를 보다 짜임새 있게 담아내지 못한 아쉬움이 강하게 남아 있다. 애정 어린 질책을 부탁드린다. 이 조그마한 결실을 아내에게 전하고 싶다. 새 직장에 둥지를 튼 딸, 그리고 이역만리에서 새로운 도전을 하고 있는 아들에게도 책 소식을 전하려고 한다.

2019년 2월 19일

김 동 운

목차

표 목차

제1부

대규모기업집단: 개관

1. 연구의 의의와 범위

1.1 연구의 의의

이 책은 대규모기업집단의 '이력서(履歷書)'이다. 1987년부터 2016년까지 30년 동안 지정된 161개 공정거래법상 대규모기업집단의 기본적인 신상명세(身上明細)를 정리하고 분석한다.

"대규모기업집단에의 과도한 경제력 집중 현상을 억제함으로써 국민경제의 활력 제고 및 균형 발전을 도모한다."

1986년 12월 31일 <독점규제 및 공정거래에 관한 법률>(공정거래법)이 대규모기업집단지정제도를 새로 도입하여 규제를

강화하게 된 이유이다. 1980년 12월 31일 '독과점의 폐단은 적절히 규제한다'는 헌법 정신에 따라 공정거래법이 제정된 지 6년만이었다. 기업집단의 정의, 대규모기업집단의 지정, 그리고 '상호출자 금지, 출자총액 제한, 금융·보험회사의 의결권 제한, 지주회사의 설립 금지 등의 규제' 관련 조항이 신설되었으며, 1987년 4월 1일 <독점규제 및 공정거래에 관한 법률시행령> (공정거래법 시행령)에 새로운 시행 기준이 마련되었다.

자산총액을 기준으로 매년 4월 30-79개씩의 집단이 지정되었으며, 지정된 집단은 모두 161개이다. 1987-2016년의 30년 동안에는 140개 사기업집단이, 2002-2016년의 15년 동안에는 21개 공기업집단도 함께 지정되었다. 사기업집단의 대다수는 동일인(同一人) 또는 오너(owner)로 불리는 개인에 의해 지배되는 재벌(財閥)들이다.

대규모기업집단을 지정하고 특별한 규제를 하게 된 것은 이들 집단이 경제에 미치는 부정적인 영향이 현실적으로나 잠재적으로 매우 크기 때문이다. 이는 이들 집단이 경제에서 차지하는 비중 그리고 경제에 미치는 긍정적인 영향 또한 매우 크다는 반증이기도 하다. 즉 대규모기업집단지정제도는 한국경제에서 중요한 위치를 차지하고 있는 대규모기업집단이 경제에 최대한 긍정적으로 기여할 수 있도록 관리하고 조정하는 제도라고 할 수 있다.

본 연구가 공정거래법상 대규모기업집단에 주목하는 것은 바로 이 점 즉 이들 집단이 한국경제의 중심축을 담당해 오고 있다는 점 때문이다. 1987년 이후 2016년까지 30년 동안 지정된 161개 집단의 면면을 알게 되면 어떤 집단이 어느 시기에 한국경제의 중추 역할을 담당해 왔는지를 가늠해 볼 수 있을 것이다.

이를 위해 공정거래위원회 자료를 바탕으로 '6가지 기본 사항'을 체계적으로 분류하고 함의를 제시한다. 대규모기업집단이 한국경제에서 차지하는 위상과 영향력을 본격적으로 규명하기 위해서는 다양한 측면에서의 정치한 분석이 필요하다. 본 연구의 목적은 '한국의 대규모기업집단 30년 역사의 기초 자료'를 구축하는 것이며, 이를 계기로 심층적인 후속연구가 진행될 수 있을 것으로 기대된다.

1.2 연구의 범위

본 연구의 분석 기간은 1987-2016년의 30년이고, 분석 대상은 161개 집단이며, 분석 항목은 집단의 '6가지 기본사항'이다.

다만 논의는 140개 사기업집단을 중심으로 진행하며, 21개 공기업집단에 대해서는 제한된 범위 내에서만 서술한다. 또 2017-2018년의 최근 2년 동안에 일어난 변화에 대해서는, 그 이전 기간과의 연속성을 고려하여, 그 내용을 함께 소개한다. 이 2년 동안 140개 사기업집단 중 54개 그리고 6개의 신규 사기업집단이 지정되었다. 한편 집단의 두 가지 다른 주요 사항인 매출액과 당기순이익 관련 자료는 별도로 소개한다.

분석 항목인 집단의 '6가지 기본사항'은 ① 집단 이름, ② 대규모기업집단으로 지정된 연도, ③ 지정 연도 수, ④ 집단 순위, ⑤ 자산총액, 그리고 ⑥ 계열회사 수이다.

(1) '① 집단 이름'은 가장 기본적이면서도 가장 중요한 정보이다. 정확한 이름을 확인하고 기록으로 남겨두는 것은 추후의 연구를 위해 꼭 필요한 작업이다. 특히, 지정 초기인 1980년대와 1990년대의 일정 연도에만 지정된 집단들, 5년 내외의 짧은 기간에만 지정된 집단들, 해체된 집단들, 그리고 이름이 변경된 집단들의 이름은 보다 주의 깊게 살펴볼 필요가 있다.

(2) '② 대규모집단기업으로 지정된 연도'는 해당 집단이 지정 연도의 경제에 대해 지정되지 않은 집단들보다 상대적으로 더 큰 영향력을 행사했다는 것을 암시한다. 지정된 집단의 경제적 위상과 비중이 큰 만큼 부정적인 측면을 사전에 방지하고 최소화하려는 것이 대규모기업집단지정제도의 취지이기 때문이다. 지정된 연도는 140개 사기업집단이 1987-2016년 사이, 그리고 21개 공기업집단이 2002-2016년 사이이다.

(3) '③ 지정 연도 수'는 해당 집단의 경제에 대한 영향력의 지속성을 말해 준다. 해당 집단이 얼마나 오랜 기간 동안 한국경제의 중심축 대열에 있었는지를 가늠해 볼 수 있는 항목이다. 사기업집단은 1987-2016년의 30년 동안 30-1개 연도에, 그리고 공기업집단은 2002-2016년의 15년 동안 15-1개 연도에 연속적으로 또는 비연속적으로 지정되었다.

(4) '④ 집단 순위'는 해당 집단의 경제에 대한 영향력의 강

도를 말해 준다. 순위는 자산총액 즉 집단 소속 계열회사들 전체 자산총액이 큰 순서로 매겨지며, 계열회사 수가 많고 개개 계열회사의 자산총액이 클수록 순위가 높아지게 된다. 계열회사 수는 집단이 영위하는 사업의 범위를, 그리고 자산총액은 사업을 수행하는 능력 또는 잠재력을 각각 반영한다. 따라서 집단 순위는 해당 집단의 경제에 대한 연관성이 어느 정도로 밀접한지 그리고 영향력이 어느 정도로 강한지를 가늠하게 해 준다.

1987-2001년에는 사기업집단만 지정되었고, 2002-2016년에는 사기업집단과 공기업집단이 함께 지정되었다. 후자의 경우 공정거래위원회 자료에는 두 집단 전체를 기준으로 순위가 매겨져 있다. 하지만 여기서는 두 집단을 분리해서 각각의 순위를 분석한다. 지정된 사기업집단(매년 30-78개, 합 140개)이 공기업집단(6-13개, 21개)보다 월등하게 많으며, 사기업집단이 보다 오랜 기간 지정되어 사기업집단만의 순위를 연속적으로 고려하는 것이 중요하기 때문이다. 흔히 말해지는 '재계 순위' 또는 '재벌 순위'는 사기업집단 중에서의 순위이다. 사기업집단 순위는 1위에서 78위까지, 그리고 공기업집단 순위는 1위에서 13위까지이다.

(5) '⑤ 자산총액'은 대규모기업집단의 지정 기준이며 집단 순위를 결정한다. 지정 연도 직전의 사업연도 현재 집단 소속 계열회사들의 대차대조표상 자산총액을 합한 금액이다. 자산총액은 사업을 수행할 수 있는 집단의 능력 또는 잠재력을, 그리

고 계열회사 수는 사업의 범위 또는 다양성을 반영한다. 자산 총액이 클수록, 따라서 집단 순위가 높을수록, 보다 큰 정도로 경제와 밀접하게 연관되고 경제에서의 비중과 영향력 또한 늘어나는 것으로 볼 수 있다. 대규모기업집단 지정을 위한 자산 총액 기준은 '4,000억 원 이상 → 1-30위 → 2조 원 이상 → 5조 원 이상' 등 네 차례 변하였다. 이에 따라, 사기업집단은 351.5조 원에서 0.4조 원 사이의 금액을, 그리고 공기업집단은 208.3조 원에서 2.1조 원 사이의 금액을 가졌다.

(6) '⑥ 계열회사 수'는 집단이 영위하는 사업의 범위 즉 생산하는 재화와 서비스의 다양성 그리고 관련 시장, 업종 및 산업의 다양성을 반영한다. 계열회사가 많을수록 보다 광범위하게 경제와 연관을 맺게 되고 경제에 대한 파급효과 또한 보다 커지게 된다. 계열회사의 증가는 효율적인 '사업다각화'를 달성할 수 있는 정상적인 수단인 반면, 무분별한 '문어발식 확장'으로 이어져 해당 회사 뿐 아니라 해당 집단 나아가 전체 경제에 악영향을 미치기도 한다. 사기업집단이 보유한 계열회사 수는 94개에서 2개 사이, 그리고 공기업집단이 보유한 계열회사 수는 27개에서 2개 사이이다.

2. 대규모기업집단 지정 기준

기업집단은 '동일인(同一人)이 사실상 그 사업내용을 지배하는 회사의 집단'이다. 동일인은 대표주주이며, 대다수는 자연인이고 일부는 회사 또는 단체이다. 동일인이 자연인인 경우는 2개 이상의 회사가, 그리고 동일인이 회사인 경우는 그 동일인과 다른 1개 이상의 회사가 기업집단을 구성한다. 기업집단에 속하는 회사가 계열회사이다.

대규모기업집단은 기업집단 중 규모가 큰 집단을 말한다. 규모의 기준은 자산총액이며, '계열회사들의 직전 사업연도 대차대조표상 자산총액의 합계 금액'이다. '대규모기업집단'은 1987-2001년에는 법률상 공식 용어였으며 2002년부터는 2-3종류의 다른 용어로 변경되었다. 후자의 용어는 다소 길고 낯설기도 하며, 보통은 대규모기업집단으로 불린다.

대규모기업집단 지정을 위한 자산총액 기준은 1987년부터 2016년까지 30년 동안 6-9년의 간격을 두고 네 차례 변하였으며, 매년 4월 지정되었다. 사기업집단은 1987-2016년의 30년 동안, 공기업집단은 2002-2016년의 15년 동안 지정 대상이었다 (<표 1.1>, < 표 1.2>).

첫째, 대규모기업집단이 처음 지정된 1987년부터 1992년까지 6년 동안에는 지정 기준이 '자산총액 4,000억 원 이상'이었다. '대규모기업집단'은 공정거래법상의 공식 용어였다. 지정 주체는 1987-1989년에는 경제기획원장관이었다가 1990년부터 공정거래위원회로 변경되었다.

둘째, 1993년부터 2001년까지 9년 동안에는 지정 기준이 '자산총액 1-30위'였다. 이 기간 동안 30위 집단의 자산총액은

1.4조 원에서 2.7조 원 사이에서 증가 추세를 보였다. 1.4조 원 (1993년), 1.6조 원 (1994-95년), 1.9조 원 (1996년), 2.2조 원 (1997년), 2.7조 원 (1998년), 2.3조 원 (1999년), 2.6조 원 (2000년), 2.5조 원 (2001년) 등이다.

'대규모기업집단' 명칭은 유지되는 가운데, 계열회사들 간의 채무보증 제한 규정이 생기면서 1-30위 집단이 '채무보증제한 대규모기업집단'으로 재차 규정되었다. 또 1995-1998년에는 '소유분산우량기업집단'이라는 용어가 일시적으로 사용되었다. 자산총액 순위가 1-30위에 속하더라도 주식 소유의 분산 및 재무구조가 우량한 집단은 대규모기업집단 지정에서 제외되었다. 한편, 1997년부터는 계열회사의 범위가 '국내 회사'로 명시적으로 규정되었다.

셋째, 2002년부터 2008년까지 7년 동안에는 지정 기준이 '자산총액 2조 원 이상'으로 변경되었다. 30위 집단의 자산총액은 1997-2001년 사이 2.2-2.7조 원으로 증가한 상태였다.

2002년부터는 대규모기업집단이라는 용어가 법률 조항에서 없어졌으며, 대신 규제 내용을 반영하는 3가지 용어가 새로 생겼다. '상호출자제한기업집단', '채무보증제한기업집단', 그리고 '출자총액제한기업집단'이다. 두 번째 용어는 이전에 사용되던 '채무보증제한대규모기업집단'이 변경된 것이다.

3개 집단 중 첫 2개의 지정 기준은 '자산총액 2조 원 이상'으로 서로 동일한 집단이며, 따라서 '상호출자·채무보증제한기업집단'의 한 가지 유형의 집단인 셈이다. 이들 중 자산총액이

<표 1.1> 대규모기업집단 지정 기준, 1987-2018년

연도	기간 (년)	기준 (1)	기준 (2)	대상
1987-1992	6	자산총액	4,000억 원 이상	사기업집단
1993-2001	9	자산총액	1-30위	사기업집단
2002-2008	7	자산총액	2조 원 이상	사기업집단 공기업집단
2009-2016	8	자산총액	5조 원 이상	사기업집단 공기업집단
2017-2018	2	자산총액	5조 원 이상	사기업집단
1987-2018	32			사기업집단
2002-2016	15			공기업집단

주: 1993-2001년 30위 집단의 자산총액: (1993년) 1조 3,590억 원, (1994년) 1조 5,630억 원, (1995년) 1조 6,130억 원, (1996년) 1조 8,530억 원, (1997년) 2조 1,580억 원, (1998년) 2조 6,590억 원, (1999년) 2조 3,420억 원, (2000년) 2조 6,200억 원, (2001년) 2조 5,010억 원.

<표 1.2> 대규모기업집단의 명칭, 1987-2018년

연도	명칭	기준 (자산총액)
1987-1992	대규모기업집단	4,000억 원 이상
1993-2001	대규모기업집단	1-30위
	채무보증제한대규모기업집단	1-30위
(1995-1998)	소유분산우량기업집단	주식 소유 및 재무구조 우량 집단, 대규모기업집단 지정에서 제외
2002-2008	상호출자제한기업집단	2조 원 이상
	채무보증제한기업집단	2조 원 이상
	출자총액제한기업집단	5조 원 이상 (2002-04년)
		6조 원 이상 (2005-06년)
		10조 원 이상 (2007-08년)
2009-2016	상호출자제한기업집단	5조 원 이상
	채무보증제한기업집단	5조 원 이상
2017-2018	공시대상기업집단	5조 원 이상
	상호출자제한기업집단	10조 원 이상
	채무보증제한기업집단	10조 원 이상

월등하게 큰 집단이 세 번째 유형의 집단 즉 '출자총액제한기업집단'이다. 기준은 5조 원 이상 (2002-04년), 6조 원 이상 (2005-06년), 10조 원 이상 (2007-08년) 등 세 차례 변하였다.

한편, 2002년부터는, 사기업집단과 함께, 지정 기준을 충족하는 공기업집단 즉 '정부투자기관이 동일인인 경우의 기업집단'도 대규모기업집단으로 지정되었다.

넷째, 2009년부터 2016년까지 8년 동안에는 지정 기준이 '자산총액 5조 원 이상'으로 이전보다 2.5배 증가하였다. 모두 상호출자제한기업집단과 채무보증제한기업집단으로 동시에 규정되었으며, 출자총액제한기업집단은 없어졌다. 사기업집단과 공기업집단 모두 지정 대상이었다.

마지막으로 다섯째, 2017-2018년의 2년 동안에는 지정 기준이 '자산총액 5조 원 이상'으로 유지되는 가운데, '공시대상기업집단'이라는 새로운 명칭이 부여되었다. 그런 한편으로, 이들 중 '10조 원 이상'의 집단은 '상호출자제한기업집단'과 '채무보증제한기업집단'으로 별도로 규정되었다. 이 두 집단의 기준 금액은 이전에 비해 2배 증가하였다. 한편 공기업집단은 지정 대상에서 제외되었다.

3. 대규모기업집단 수

1987년부터 2016년까지 30년 동안 대규모기업집단으로 지정된 집단은 매년 30-79개이며, 1회 이상 지정된 집단은 모두 161개이다. 161개 집단 중 대다수인 140개(87%)는 사기업집단이고 나머지 21개(13%)는 공기업집단이다. 매년 지정된 집단 수는 사기업집단이 1987-2016년 사이 30-78개 그리고 공기업집단이 2002-2016년 사이 6-13개이다 (<표 1.3>).

첫째, '자산총액 4,000억 원 이상'이 기준이었던 1987-1992년에는 32-78개 사기업집단이 지정되었다. 첫 해인 1987년에는 32개였으며, 매년 조금씩 늘어나 1991년에는 61개로 거의 2배 수준이 되었고 1992년에는 78개로 최고치를 기록하였다. '78개'는, 30년 동안 지정된 집단 수 중, 전체 집단 기준으로는 2008년의 '79개'에 이어 두 번째로 큰 수치이고, 사기업집단 기준으로는 2008년의 2위 '68개'보다 많은 가장 큰 수치이다.

둘째, 1993-2001년에는 '자산총액 1-30위' 사기업집단이 지정되었다. '30개'는 30년 동안 지정된 집단 수 중 가장 작은 수치이다.

셋째, '자산총액 2조 원 이상'이 기준이었던 2002-2008년에는 매년 43-79개 집단이 지정되었다. 사기업집단이 34-68개, 공기업집단이 6-11개이다. 2002년 43개(사기업집단 34개 + 공기업집단 9개)이던 것이 매년 조금씩 늘어나 2004년에는 51개 (45개+6개) 그리고 2007년에는 62개(55개+7개)였으며, 2008년에는 79개(68개+11개)로 최고치를 기록하였다.

2008년의 '79개'는 30년 동안 지정된 집단 수 중 가장 큰 수치이며, 두 번째는 1992년의 '78개'이다. 사기업집단만 고려하

<표 1.3> 대규모기업집단 수, 1987-2018년

	전체 (개)			상위 집단 (개)		
	사기업집단	공기업집단	합	사기업집단	공기업집단	합
1987	32		32			
1988	40		40			
1989	43		43			
1990	53		53			
1991	61		61			
1992	78		78			
1993	30		30			
1994	30		30			
1995	30		30			
1996	30		30			
1997	30		30			
1998	30		30			
1999	30		30			
2000	30		30			
2001	30		30			
2002	34	9	43	12	7	19
2003	42	7	49	12	5	17
2004	45	6	51	15	3	18
2005	48	7	55	10	1	11
2006	52	7	59	14		14
2007	55	7	62	11		11
2008	68	11	79	14		14
2009	40	8	48			
2010	45	8	53			
2011	47	8	55			
2012	52	11	63			
2013	52	10	62			
2014	50	13	63			
2015	50	11	61			
2016	53	12	65			
2017	57		57	31		31
2018	60		60	32		32

(1987-2016년)

	합	매년 지정 집단		
전체	161개	30-79개 (30년)	30-49개 (15년)	51-79개 (15년)
사기업집단	140개	30-78개 (30년)	30-48개 (19년)	50-78개 (11년)
공기업집단	21개	6-13개 (15년)	6-9개 (9년)	10-13개 (6년)

주: 1) 1987-2016년 4월, 2017년 5월(상위 집단)·9월(전체), 2018년 5월 지정.
　　2) 상위 집단: (2002-08년) 출자총액제한기업집단, (2017-18년) 상호출자제한기업집단.
　　3) 2016년 9월: 새 기준에 따라(5조 원 이상 → 10조 원 이상) 4월 지정 65개 집단 중 37개(사기
　　　업집단 25개, 공기업집단 12개)가 제외되고 28개(사기업집단)만 지정이 유지됨.

면, 1992년의 '78개'가 가장 큰 수치이고 2008년의 '68개'가 그 다음이다. 사기업집단은 2002년 34개에서 매년 늘어나 2008년에는 2배인 68개였다.

한편, 43-79개 집단 중 11-19개는 상위 집단인 '출자총액제한기업집단'으로 재차 지정되었다. 5조 원 이상 (2002-04년), 6조 원 이상 (2005-06년), 그리고 10조 원 이상 (2007-08년) 집단이다. 10-15개는 사기업집단이고 나머지 1-7개는 공기업집단이다. 공기업집단은 2002-2005년에만 지정되었다.

넷째, '자산총액 5조 원 이상'이 기준이었던 2009-2016년에는 매년 48-65개 집단이 지정되었다. 사기업집단이 40-53개, 공기업집단이 8-13개이다. 2008년 79개(사기업집단 68개 + 공기업집단 11개)이던 집단 수는 2009년에는 1/3이상 줄어든 48개(40개+8개)였으며, 이후 완만하게 증가하여 2016년에는 1.4배인 65개(53개+12개)가 되었다. 2012년 이후 전체 집단은 61-65개, 사기업집단은 50-53개, 그리고 공기업집단은 10-13개 수준이었다. 2014년의 공기업집단 '13개'는 2002-2016년의 15

년 동안 지정된 공기업집단 중에서는 가장 큰 수치이다. 한편 이전 기간에 지정되었던 '출자총액제한기업집단'은 없어졌다.

그리고 다섯째, 2017-2018년에는 '자산총액 5조 원 이상' 기준이 그대로 적용되어 57-60개 사기업집단이 지정되었다. 공기업집단은 제외되었다. 57-60개 중 절반 이상인 31-32개는 '10조 원 이상'의 '상호출자제한기업집단'으로 재차 지정되었다.

전체적인 특징을 다시 요약하면 다음과 같다.

(1) 사기업집단은 1987-2016년의 30년 동안, 공기업은 2002-2016년의 15년 동안 지정되었다.

(2) 지정된 집단의 총수는 161개(사기업집단 140개 + 공기업집단 21개)이며, 이 중 2016년에 지정된 집단이 65개(53개 + 12개) 그리고 2016년 이전에 지정된 집단이 96개(87개 + 9개)이다.

(3) 1993-2001년의 9년 동안에는 가장 적은 30개 집단이 지정되었고 나머지 21년 동안에는 매년 32개(1987년)에서 79개(2008년) 사이의 집단이 지정되었다. 30-32개(10년), 40-49개(5년), 51-59개(6년), 61-65개(7년), 78-79개(2년) 등이다.

(4) 사기업집단은 30개(1993-2001년)에서 78개(1992년) 사이의 집단이, 그리고 공기업집단은 6개(2004년)에서 13개(2014년) 사이의 집단이 지정되었다. 사기업집단 수는 30-34개(11년)가 가장 빈번하였고, 그 다음이 40-48개(8년), 50-55개(8년), 61-68개(2년), 78개(1년) 등의 순이다. 공기업집단 수는 6-9개(9년)와 10-13개(6년)이다.

제2부
기업집단의
이름

1. 기업집단 이름

1987년부터 2016년까지 30년 동안 지정된 대규모기업집단은 모두 161개이다 (<표 2.1>, <표 2.2>).

사기업집단은 1987-2016년의 30년 동안 140개가 지정되었고, 공기업집단은 2002-2016년의 15년 동안 21개가 지정되었다. 2017-2018년에는, 140개 사기업집단 중 54개 그리고 6개의 신규 사기업집단이 지정되었으며, 공기업집단은 제외되었다.

140개 사기업집단은 '30-1개 연도'의 기간에 28-1개 집단이 지정되었고, 21개 공기업집단은 '15-1개 연도'의 기간에 5-1개 집단이 지정되었다.

〈표 2.1〉 167개 기업집단의 이름, 1987-2018년: (1) '가나다' 순

(1) 140개 사기업집단: 1987-2016년

ㄱ	갑을	강원산업	거평	고려통상
	고합	교보생명보험	극동건설	극동정유
	금강	금호석유화학	금호아시아나	기아
	계성제지			
ㄴ	논노	농심	농협	뉴코아
ㄷ	동국무역	동국제강	동부	동아
	동아제약	동양	동원	두산
	대교	대농	대림	대상
	대성	대신	대우	㈜대우
	대우건설	대우자동차	대우자동차판매	대우전자
	대우조선해양	대전피혁	대주건설	대한유화
	대한전선	대한조선공사	대한해운	
ㄹ	라이프	롯데		
ㅁ	문화방송	미래에셋		
ㅂ	범양상선	벽산	보광	봉명
	부영			
ㅅ	삼립식품	삼미	삼보컴퓨터	삼성
	삼양	삼천리	삼환기업	쌍방울
	쌍용	쌍용양회	서통	선명
	성신양회	성우	씨앤	CJ
	신동아	신세계	신아	신호
	새한	세아	셀트리온	
ㅇ	아남	아모레퍼시픽	영풍	오리온
	OCI	우방	우성건설	웅진
	유원건설	유진	이랜드	애경
	S-Oil	SK	STX	LS
	LG			
ㅈ	조양상선	중앙일보	중흥건설	GS
	진로			
ㅊ	청구	충남방적		
ㅋ	카카오	코닝정밀소재	코오롱	KCC
	KT	KT&G		

ㅌ	통일	태광	태영	
ㅍ	POSCO	풍산	프라임	
ㅎ	하나로텔레콤	하림	하이닉스	하이트진로
	한국유리	한국GM	한국타이어	한국투자금융
	한라	한보	한솔	한신공영
	한양	한일	한진	한진중공업
	한화	현대	현대건설	현대백화점
	현대산업개발	현대오일뱅크	현대자동차	현대중공업
	홈플러스	효성	해태	화승

(2) 6개 사기업집단: 2017-2018년 처음 지정

ㄴ	네이버	넥슨	넷마블	
ㅁ	메리츠금융			
ㅇ	SM			
ㅎ	호반건설			

(3) 21개 공기업집단: 2002-2016년

ㄱ	광해방지사업단			
ㄷ	담배인삼공사	대한주택공사		
ㅂ	부산항만공사			
ㅅ	서울메트로	서울특별시 도시철도공사		
ㅇ	인천 국제공항공사	인천도시공사	인천항만공사	SH공사
ㅋ	KT			
ㅎ	한국가스공사	한국농어촌공사	한국도로공사	한국석유공사
	한국수자원공사	한국전력공사	한국 지역난방공사	한국철도공사
	한국토지공사	한국 토지주택공사		

주: 1) 1987-2016년 4월, 2017년 5·9월, 2018년 5월 지정.
2) 사기업집단: 2017-18에 새로 지정된 6개 집단은 분리 표시함.
3) 공기업집단: 2002-16에만 지정됨; 한국토지주택공사는 대한주택공사와 한국토지공사가 통합되어 출범하였으며, 각각 별개의 집단으로 간주함.
4) KT, KT&G: 2002년에는 공기업집단(KT, 담배인삼공사), 2003년부터는 사기업집단(KT, KT&G)으로 지정되었으며, 각각 별개의 집단으로 간주함.
5) 사기업집단 24개와 공기업집단 2개는 이름이 변경됨 (<표 2.3> 참조).

〈표 2.2〉 167개 기업집단의 이름, 1987-2018년: (2) '지정 연도 수' 순

(1) 140개 사기업집단: 1987-2016년

지정 연도 수 (년)	집단 수 (개)	집단			
30	14	금호아시아나	동국제강	동부	두산
		대림	롯데	삼성	SK
		LG	코오롱	한진	한화
		현대	효성		
25	1	동양			
19	4	영풍	OCI	태광	한라
18	1	CJ			
17	4	신세계	POSCO	한솔	현대산업개발
16	3	쌍용	현대백화점	현대자동차	
15	4	고합	대성	KCC	현대중공업
14	7	동아	대상	대우조선해양	부영
		KT	KT&G	하이트진로	
13	6	대우	세아	LS	한국GM
		한국타이어	해태		
12	1	GS			
11	6	기아	대한전선	아모레퍼시픽	진로
		한일	한진중공업		
10	3	극동건설	삼미	삼양	
9	7	대우건설	벽산	이랜드	S-Oil
		STX	태영	한보	
8	5	미래에셋	아남	우성건설	하나로텔레콤
		홈플러스			
7	5	강원산업	교보생명보험	농심	한양
		현대오일뱅크			
6	8	농협	동원	문화방송	범양상선
		삼환기업	웅진	하이닉스	한국투자금융
5	4	극동정유	봉명	통일	풍산

지정 연도 수 (년)	집단 수 (개)	집단			
4	3	동국무역	삼천리	현대건설	
3	13	금강	뉴코아	대농	대신
		대우자동차	대한해운	성신양회	신동아
		신호	새한	유진	한국유리
		한신공영			
2	13	갑을	거평	고려통상	대우 자동차판매
		대우전자	대전피혁	대한유화	대한조선공사
		쌍용양회	오리온	조양상선	중흥건설
		화승			
1	28	금호석유화학	계성제지	논노	동아제약
		대교	㈜대우	대주건설	라이프
		보광	삼립식품	삼보컴퓨터	쌍방울
		서통	선명	성우	씨앤
		신아	셀트리온	우방	유원건설
		애경	중앙일보	청구	충남방적
		카카오	코닝정밀소재	프라임	하림

(2) 6개 사기업집단: 2017-2018년 처음 지정

2	4	네이버	넥슨	SM	호반건설
1	2	넷마블	메리츠금융		

(3) 21개 공기업집단: 2002-2016년

지정 연도 수 (년)	집단 수 (개)	집단			
15	3	한국가스공사	한국도로공사	한국전력공사	
12	1	한국철도공사			
8	3	대한주택공사	한국 농어촌공사	한국토지공사	
7	3	서울특별시 도시철도공사	한국 수자원공사	한국 토지주택공사	
6	3	부산항만공사	인천도시공사	한국석유공사	
5	1	인천 국제공항공사			
3	1	서울메트로			
2	1	한국 지역난방공사			
1	5	광해 방지사업단	담배인삼공사	인천항만공사	SH공사
		KT			

주: 1) 1987-2016년 4월, 2017년 5·9월, 2018년 5월 지정.
    2) 사기업집단: 2017-18년에 새로 지정된 6개 집단은 분리 표시함.
    3) 공기업집단: 2002-16년에만 지정됨; 한국토지주택공사는 대한주택공사와 한국토지공사가 통
       합되어 출범하였으며, 각각 별개의 집단으로 간주함.
    4) KT, KT&G: 2002년에는 공기업집단(KT, 담배인삼공사), 2003년부터는 사기업집단(KT,
       KT&G)으로 지정되었으며, 각각 별개의 집단으로 간주함.
    5) 사기업집단 24개와 공기업집단 2개는 이름이 변경됨 (<표 2.3> 참조).

2. 기업집단 이름의 변경

1987-2016년의 161개 집단 중 26개는 이름이 변경되었다. 유사하게 또는 전혀 다르게 새로운 이름이 붙여졌다 (<표 2.3>).

24개 사기업집단과 2개 공기업집단이 이에 해당한다. 1개 사기업집단은 2018년에 이름이 변경되었다 (동부 → DB). 또 2

개 사기업집단과 1개 공기업집단은 이름이 두 차례 변경되었다 (아모레퍼시픽, 하이트진로; 한국농어촌공사).

KT&G의 경우 2003년부터 사기업집단으로 지정되었는데, 2002년에는 '담배인삼공사'의 이름으로 공기업집단에 지정되었다. 사기업집단 및 공기업집단 각각의 기준에서는 이름 변경이 없는 것으로 간주하였다. 한편, KT는 같은 이름으로 2002년에 공기업집단, 2003년부터는 사기업집단으로 지정되었다.

〈표 2.3〉 이름이 변경된 26개 기업집단

(1) 24개 사기업집단: 1987-2018년

	이름	연도	이름	연도	이름	연도
고합	고려합섬	1987-92	고합	1993-2001		
금호아시아나	금호	1987-2003	금호아시아나	2004-18		
동부	동부	1987-2017	DB	2018		
동아	동아건설	1987-96	동아	1997-2000		
대상	미원	1987-95	대상	1997-99 2002-03		
대성	대성산업	1990-92	대성	2002-08 2011-15		
삼양	삼양사	1989-92	삼양	1999 2004-08		
CJ	제일제당	1999-2002	CJ	2003-18		
아남	아남산업	1989-92	아남	1997-2000		
아모레퍼시픽	태평양화학	1988-92	태평양	2007-08	아모레퍼시픽	2013-18

	이름	연도	이름	연도	이름	연도
OCI	동양화학	1990-92 2001-08	OCI	2009-18		
SK	선경	1987-97	SK	1998-2018		
LS	LG전선	2004	LS	2005-18		
LG	럭키금성	1987-94	LG	1995-2018		
태광	태광산업	1988-92 2001-08	태광	2011-18		
POSCO	포항제철	1989 2001-02	POSCO	2003-18		
풍산	풍산금속	1988-91	풍산	1992		
하나로 텔레콤	하나로 통신	2001-04	하나로 텔레콤	2005-08		
하이트 진로	조선맥주	1992	하이트 맥주	2003-08 2010	하이트 진로	2011-18
한국GM	GM대우	2004-10	한국GM	2011-18		
한일	한일합섬	1987	한일	1988-97		
한화	한국화약	1987-92	한화	1993-2018		
현대 오일뱅크	현대정유	2000-02	현대 오일뱅크	2005-07 2010		
홈플러스	삼성 테스코	2008-10	홈플러스	2011-15		

(2) 2개 공기업집단: 2002-2016년

인천 도시공사	인천 광역시 도시 개발공사	2010	인천 도시공사	2012-16		
한국 농어촌 공사	농업 기반공사	2002-05	한국 농촌공사	2006-08	한국 농어촌 공사	2009

주: 1) 한일 1987년 - 일부 문헌에는 '한일'로 되어 있음.
  2) 공기업집단: 2002-16년에만 지정됨.
  3) 담배인삼공사 (2002년 공기업집단) → KT&G (2003년부터 사기업집단): 각각 별개의 집단으로 간주함.

제3부

기업집단의

지정 연도 및 지정 연도 수

1. 기업집단의 지정 연도 및 지정 연도 수

어떤 집단이 특정 연도에 대규모기업집단으로 지정되었다는 것은 그 연도의 경제에 대해 지정되지 않은 집단들보다 상대적으로 더 큰 영향력을 행사하면서 중심축의 역할을 담당했다는 것을 암시한다. 또 지정된 연도 수가 많다는 것은 해당 집단이 경제에 대한 영향력을 지속적으로 행사하면서 보다 긴 기간에 걸쳐 중심축 대열에 있었다는 것을 말해 준다.

분석 기간인 1987-2016년에는 전두환 (1980년 - 1988년), 노태우 (1988-93), 김영삼 (1993-98), 김대중 (1998-2003), 노무현 (2003-08), 이명박 (2008-13), 박근혜 (2013-16) 등 7명의

대통령이 정부를 이끌었다. 같은 기간, 한국의 국내총생산 (GDP)은 9.7배(1987년 1,462억 → 2016년 1조4,147억 달러) 그리고 1인당 국민총소득(GNI)은 8배(3,467 → 27,681 달러) 증가하였으며, 경제성장률은 1/5 수준(12.5 → 2.9%)으로 낮아 졌다. IMF외환위기(1997년)와 세계금융위기(2008년)도 이 기간에 발생하였다.

'지정 연도'는 140개 사기업집단이 1987년에서 2016년 사이 그리고 21개 공기업집단이 2002년에서 2016년 사이이며, '지정 연도 수'는 사기업집단이 30-1개 연도 그리고 공기업집단이 15-1개 연도이다 (<표 3.1>, <표 3.2>).

140개 사기업집단 중 1/3정도인 53개(38%)는 2016년 현재에도 지정되었고 87개(62%)는 2016년 이전에 지정되었다. 21개 공기업집단 중에서는 절반이 넘는 12개(57%)는 2016년에도 지정되었고 9개(43%)는 그 이전에 지정되었다.

2016년 현재의 53개 사기업집단 중 1개(현대)를 제외한 52개는 2017-2018년에도 지정되었으며, 2016년 이전의 87개 중 2개는 2017-2018년(동원) 또는 2018년(유진)에도 지정되었다. 따라서 140개 집단 중 2017-2018년 기간에도 지정된 집단은 모두 54개가 된다. 한편, 2017-2018년에는 6개 사기업집단이 처음 지정되었고, 공기업집단은 지정에서 제외되었다. 1987-2018년의 32년 기간을 고려하면, 사기업집단은 146개, 공기업집단은 21개, 그리고 합계 167개이다.

1987-2016년 관련 140개 사기업집단 중 대다수인 107개 (76%)는 연속적으로 지정된 반면 33개(24%)는 2-3개 기간에 걸쳐 비연속적으로 지정되었다. 21개 공기업집단 중에서도 대다수인 16개(76%)는 연속적으로 그리고 나머지 5개(24%)는 비연속적으로 지정되었다.

3개 기간에 걸쳐 비연속적으로 지정된 집단은 사기업집단 10개, 공기업집단 1개이다: 대상 (시작 1987년 - 마지막 2003년), 대성 (1990-2015), 삼양 (1989-2008), 아모레퍼시픽 (1988-2016), 영풍 (1990-2016), 태광 (1988-2016), 태영 (1992-2016), 하이트진로 (1992-2016), 한국타이어 (1992-2016), 한라 (1987-2016), 현대오일뱅크 (2000-10); 한국석유공사 (2009-16).

비연속적으로 지정된 집단의 경우, 지정 시작 연도와 지정 마지막 연도 사이의 기간 중 지정되지 않은 동안에도 대규모기업집단 후보군으로서 한국경제에 대한 영향력을 지속시켜 온 것으로 볼 수 있다. 또 연속적·비연속적 지정 집단 모두 시작 연도 이전 그리고 마지막 연도 이후에는 대규모기업집단 후보군이었거나 후보군인 것으로 볼 수 있다. 위에서 언급한 것처럼, 2016년의 53개 사기업집단 중 52개 그리고 2016년 이전의 87개 사기업집단 중 2개는 2017-2018년에도 지정되었다.

한편, '지정 연도 수'는 140개 사기업집단이 30-1개 연도 그리고 21개 공기업집단이 15-1개 연도이며, 관련 집단 수는 사기업집단이 28-1개, 공기업집단이 5-1개이다.

<표 3.1> 167개 기업집단의 지정 연도, 1987-2018년: (1) '가나다' 순

(1) 140개 사기업집단: 1987-2016년
  (33개 집단(*)은 비연속 지정; 54개 집단은 2017-18년 또는 2018년에도 지정)

	1987-2016년			2017-2018년
	시작	중간	마지막	
갑을	1991	-	1992	
강원산업 *	1988	1989-92, 1998	1999	
거평	1997	-	1998	
고려통상	1991	-	1992	
고합	1987	1988-2000	2001	
교보생명보험 *	2007	2008, 2012-15	2016	2017-18
극동건설	1987	1988-95	1996	
극동정유	1988	1989-91	1992	
금강	1990	1991	1992	
금호석유화학	2016	-	2016	2017-18
금호아시아나	1987	1988-2015	2016	2017-18
기아	1987	1988-96	1997	
계성제지	1991	-	1991	
논노	1992	-	1992	
농심 *	1992	2003-07	2008	
농협 *	2008	2012-15	2016	2017-18
뉴코아	1996	1997	1998	
동국무역	1989	1990-91	1992	
동국제강	1987	1988-2015	2016	2017-18
동부	1987	1988-2015	2016	2017-18
동아	1987	1988-99	2000	
동아제약	1992	-	1992	
동양	1989	1990-2012	2013	
동원 *	1990	1991-92, 2002-03	2004	2017-18
두산	1987	1988-2015	2016	2017-18
대교	2008	-	2008	
대농	1990	1991	1992	
대림	1987	1988-2015	2016	2017-18

	1987-2016년			2017-2018년
	시작	중간	마지막	
대상 *	1987	1988-95, 1997-99, 2002	2003	
대성 *	1990	1991-92, 2002-08, 2011-14	2015	
대신	1990	1991	1992	
대우	1987	1988-98	1999	
㈜대우	2000	-	2000	
대우건설 *	2004	2005-06, 2011-15	2016	2017-18
대우자동차	2003	2004	2005	
대우자동차판매	2007	-	2008	
대우전자	2000	-	2001	
대우조선해양	2003	2004-15	2016	2017-18
대전피혁	1991	-	1992	
대주건설	2008	-	2008	
대한유화	1991	-	1992	
대한전선 *	1992	2003-11	2012	
대한조선공사	1987	-	1988	
대한해운 *	1991	1992	2008	
라이프	1987	-	1987	
롯데	1987	1988-2015	2016	2017-18
문화방송	2003	2004-07	2008	
미래에셋 *	2008	2010-15	2016	2017-18
범양상선	1987	1988-91	1992	
벽산	1988	1989-95	1996	
보광	2008	-	2008	
봉명	1988	1989-91	1992	
부영 *	2002	2003-08, 2010-15	2016	2017-18
삼립식품	1992	-	1992	
삼미	1987	1988-95	1996	
삼보컴퓨터	2003	-	2003	
삼성	1987	1988-2015	2016	2017-18
삼양 *	1989	1990-92, 1999, 2004-07	2008	
삼천리 *	1992	2014-15	2016	2017-18

	1987-2016년			2017-2018년
	시작	중간	마지막	
삼환기업	1987	1988-91	1992	
쌍방울	1992	-	1992	
쌍용 *	1987	1988-2001	2006	
쌍용양회	2007	-	2008	
서통	1992	-	1992	
선명	2008	-	2008	
성신양회	1990	1991	1992	
성우	1992	-	1992	
씨앤	2008	-	2008	
CJ	1999	2000-15	2016	2017-18
신동아 *	1987	1988	1992	
신세계	2000	2001-15	2016	2017-18
신아	1992	-	1992	
신호	1997	1998	1999	
새한	1998	1999	2000	
세아	2004	2005-15	2016	2017-18
셀트리온	2016	-	2016	2017-18
아남 *	1989	1990-92, 1997-99	2000	
아모레퍼시픽 *	1988	1989-92, 2007-08, 2013-15	2016	2017-18
영풍 *	1990	1991-92, 2000-08, 2010-15	2016	2017-18
오리온	2007	-	2008	
OCI *	1990	1991-92, 2001-15	2016	2017-18
우방	1992	-	1992	
우성건설	1988	1989-94	1995	
웅진	2008	2009-12	2013	
유원건설	1992	-	1992	
유진 *	2008	2011	2012	2018
이랜드 *	2005	2006-08, 2012-15	2016	2017-18
애경	2008	-	2008	
S-Oil *	2000	2009-15	2016	2017-18
SK	1987	1988-2015	2016	2017-18

	1987-2016년			2017-2018년
	시작	중간	마지막	
STX	2005	2006-12	2013	
LS	2004	2005-15	2016	2017-18
LG	1987	1988-2015	2016	2017-18
조양상선	1991	-	1992	
중앙일보	2006	-	2006	
중흥건설	2015	-	2016	2017-18
GS	2005	2006-15	2016	2017-18
진로	1990	1991-99	2000	
청구	1992	-	1992	
충남방적	1992	-	1992	
카카오	2016	-	2016	2017-18
코닝정밀소재	2014	-	2014	
코오롱	1987	1988-2015	2016	2017-18
KCC	2002	2003-15	2016	2017-18
KT	2003	2004-15	2016	2017-18
KT&G	2003	2004-15	2016	2017-18
통일	1988	1989-91	1992	
태광 *	1988	1989-92, 2001-08, 2011-15	2016	2017-18
태영 *	1992	2006-08, 2012-15	2016	2017-18
POSCO *	1989	2001-15	2016	2017-18
풍산	1988	1989-91	1992	
프라임	2008	-	2008	
하나로텔레콤	2001	2002-07	2008	
하림	2016	-	2016	2017-18
하이닉스	2006	2007-10	2011	
하이트진로 *	1992	2003-08, 2010-15	2016	2017-18
한국유리	1990	1991	1992	
한국GM	2004	2005-15	2016	2017-18
한국타이어 *	1992	2002-08, 2012-15	2016	2017-18
한국투자금융 *	2009	2010-13	2016	2017-18
한라 *	1987	1988-99, 2008, 2012-15	2016	2017-18

	1987-2016년			2017-2018년
	시작	중간	마지막	
한보 *	1987	1988-92, 1994-95	1996	
한솔 *	1996	1997-2008, 2013-15	2016	2017-18
한신공영	1990	1991	1992	
한양	1987	1988-92	1993	
한일	1987	1988-96	1997	
한진	1987	1988-2015	2016	2017-18
한진중공업	2006	2007-15	2016	2017-18
한화	1987	1988-2015	2016	2017-18
현대	1987	1988-2015	2016	
현대건설	2007	2008-09	2010	
현대백화점	2001	2002-15	2016	2017-18
현대산업개발	2000	2001-15	2016	2017-18
현대오일뱅크 *	2000	2001-02, 2005-07	2010	
현대자동차	2001	2002-15	2016	2017-18
현대중공업	2002	2003-15	2016	2017-18
홈플러스	2008	2009-14	2015	
효성	1987	1988-2015	2016	2017-18
해태	1987	1988-98	1999	
화승	1991	-	1992	

(2) 6개 사기업집단: 2017-2018년 처음 지정

	2017-2018년		
	시작	중간	마지막
네이버	2017	-	2018
넥슨	2017	-	2018
넷마블	2018	-	2018
메리츠금융	2018	-	2018
SM	2017	-	2018
호반건설	2017	-	2018

(3) 21개 공기업집단: 2002-2016년
   (5개 집단(*)은 비연속 지정)

	2002-2016년		
	시작	중간	마지막
광해방지사업단	2008	-	2008
담배인삼공사	2002	-	2002
대한주택공사	2002	2003-08	2009
부산항만공사 *	2008	2012-15	2016
서울메트로	2014	2015	2016
서울특별시 도시철도공사	2010	2011-15	2016
인천국제공항공사	2010	2011-13	2014
인천도시공사 *	2010	2012-15	2016
인천항만공사	2008	-	2008
SH공사	2016	-	2016
KT	2002	-	2002
한국가스공사	2002	2003-15	2016
한국농어촌공사	2002	2003-08	2009
한국도로공사	2002	2003-15	2016
한국석유공사 *	2009	2011-12, 2014-15	2016
한국수자원공사 *	2002	2003, 2012-15	2016
한국전력공사	2002	2003-15	2016
한국지역난방공사 *	2008	-	2014
한국철도공사	2005	2006-15	2016
한국토지공사	2002	2003-08	2009
한국토지주택공사	2010	2011-15	2016

주: 1987-2016년 4월, 2017년 5·9월, 2018년 5월 지정.

<표 3.2> 167개 기업집단의 지정 연도, 1987–2018년: (2) '지정 연도 수' 순

(1) 140개 사기업집단: 1987-2016년
  (33개 집단(*)은 비연속 지정; 54개 집단은 2017-18년 또는 2018년에도 지정)

① 30년 지정: 14개 집단

	1987-2016년			2017-2018년
	시작	중간	마지막	
금호아시아나	1987	1988-2015	2016	2017-18
동국제강	1987	1988-2015	2016	2017-18
동부	1987	1988-2015	2016	2017-18
두산	1987	1988-2015	2016	2017-18
대림	1987	1988-2015	2016	2017-18
롯데	1987	1988-2015	2016	2017-18
삼성	1987	1988-2015	2016	2017-18
SK	1987	1988-2015	2016	2017-18
LG	1987	1988-2015	2016	2017-18
코오롱	1987	1988-2015	2016	2017-18
한진	1987	1988-2015	2016	2017-18
한화	1987	1988-2015	2016	2017-18
현대	1987	1988-2015	2016	
효성	1987	1988-2015	2016	2017-18

② 25년 지정: 1개 집단

동양	1989	1990-2012	2013	

③ 19년 지정: 4개 집단

영풍 *	1990	1991-92, 2000-08, 2010-15	2016	2017-18
OCI *	1990	1991-92, 2001-15	2016	2017-18
태광 *	1988	1989-92, 2001-08, 2011-15	2016	2017-18
한라 *	1987	1988-99, 2008, 2012-15	2016	2017-18

④ 18년 지정: 1개 집단

CJ	1999	2000-15	2016	2017-18

⑤ 17년 지정: 4개 집단

	1987-2016년			2017-2018년
	시작	중간	마지막	
신세계	2000	2001-15	2016	2017-18
POSCO *	1989	2001-15	2016	2017-18
한솔 *	1996	1997-2008, 2013-15	2016	2017-18
현대산업개발	2000	2001-15	2016	2017-18

⑥ 16년 지정: 3개 집단

쌍용 *	1987	1988-2001	2006	
현대백화점	2001	2002-15	2016	2017-18
현대자동차	2001	2002-15	2016	2017-18

⑦ 15년 지정: 4개 집단

고합	1987	1988-2000	2001	
대성 *	1990	1991-92, 2002-08, 2011-14	2015	
KCC	2002	2003-15	2016	2017-18
현대중공업	2002	2003-15	2016	2017-18

⑧ 14년 지정: 7개 집단

동아	1987	1988-99	2000	
대상 *	1987	1988-95, 1997-99, 2002	2003	
대우조선해양	2003	2004-15	2016	2017-18
부영 *	2002	2003-08, 2010-15	2016	2017-18
KT	2003	2004-15	2016	2017-18
KT&G	2003	2004-15	2016	2017-18
하이트진로 *	1992	2003-08, 2010-15	2016	2017-18

⑨ 13년 지정: 6개 집단

대우	1987	1988-98	1999	
세아	2004	2005-15	2016	2017-18
LS	2004	2005-15	2016	2017-18
한국GM	2004	2005-15	2016	2017-18
한국타이어 *	1992	2002-08, 2012-15	2016	2017-18
해태	1987	1988-98	1999	

⑩ 12년 지정: 1개 집단

	1987-2016년			2017-2018년
	시작	중간	마지막	
GS	2005	2006-15	2016	2017-18

⑪ 11년 지정: 6개 집단

기아	1987	1988-96	1997	
대한전선 *	1992	2003-11	2012	
아모레퍼시픽 *	1988	1989-92, 2007-08, 2013-15	2016	2017-18
진로	1990	1991-99	2000	
한일	1987	1988-96	1997	
한진중공업	2006	2007-15	2016	2017-18

⑫ 10년 지정: 3개 집단

극동건설	1987	1988-95	1996	
삼미	1987	1988-95	1996	
삼양 *	1989	1990-92, 1999, 2004-07	2008	

⑬ 9년 지정: 7개 집단

대우건설 *	2004	2005-06, 2011-15	2016	2017-18
벽산	1988	1989-95	1996	
이랜드 *	2005	2006-08, 2012-15	2016	2017-18
S-Oil *	2000	2009-15	2016	2017-18
STX	2005	2006-12	2013	
태영 *	1992	2006-08, 2012-15	2016	2017-18
한보 *	1987	1988-92, 1994-95	1996	

⑭ 8년 지정: 5개 집단

미래에셋 *	2008	2010-15	2016	2017-18
아남 *	1989	1990-92, 1997-99	2000	
우성건설	1988	1989-94	1995	
하나로텔레콤	2001	2002-07	2008	
홈플러스	2008	2009-14	2015	

⑮ 7년 지정: 5개 집단

	1987-2016년			2017-2018년
	시작	중간	마지막	
강원산업 *	1988	1989-92, 1998	1999	
교보생명보험 *	2007	2008, 2012-15	2016	2017-18
농심 *	1992	2003-07	2008	
한양	1987	1988-92	1993	
현대오일뱅크 *	2000	2001-02, 2005-07	2010	

⑯ 6년 지정: 8개 집단

농협 *	2008	2012-15	2016	2017-18
동원 *	1990	1991-92, 2002-03	2004	2017-18
문화방송	2003	2004-07	2008	
범양상선	1987	1988-91	1992	
삼환기업	1987	1988-91	1992	
웅진	2008	2009-12	2013	
하이닉스	2006	2007-10	2011	
한국투자금융 *	2009	2010-13	2016	2017-18

⑰ 5년 지정: 4개 집단

극동정유	1988	1989-91	1992	
봉명	1988	1989-91	1992	
통일	1988	1989-91	1992	
풍산	1988	1989-91	1992	

⑱ 4년 지정: 3개 집단

동국무역	1989	1990-91	1992	
삼천리 *	1992	2014-15	2016	2017-18
현대건설	2007	2008-09	2010	

⑲ 3년 지정: 13개 집단

	1987-2016년			2017-2018년
	시작	중간	마지막	
금강	1990	1991	1992	
뉴코아	1996	1997	1998	
대농	1990	1991	1992	
대신	1990	1991	1992	
대우자동차	2003	2004	2005	
대한해운 *	1991	1992	2008	
성신양회	1990	1991	1992	
신동아 *	1987	1988	1992	
신호	1997	1998	1999	
새한	1998	1999	2000	
유진 *	2008	2011	2012	2018
한국유리	1990	1991	1992	
한신공영	1990	1991	1992	

⑳ 2년 지정: 13개 집단

갑을	1991	-	1992	
거평	1997	-	1998	
고려통상	1991	-	1992	
대우자동차판매	2007	-	2008	
대우전자	2000	-	2001	
대전피혁	1991	-	1992	
대한유화	1991	-	1992	
대한조선공사	1987	-	1988	
쌍용양회	2007	-	2008	
오리온	2007	-	2008	
조양상선	1991	-	1992	
중흥건설	2015	-	2016	2017-18
화승	1991	-	1992	

㉑ 1년 지정: 28개 집단

| | 1987-2016년 | | | 2017-2018년 |
	시작	중간	마지막	
금호석유화학	2016	-	2016	2017-18
계성제지	1991	-	1991	
논노	1992	-	1992	
동아제약	1992	-	1992	
대교	2008	-	2008	
㈜대우	2000	-	2000	
대주건설	2008	-	2008	
라이프	1987	-	1987	
보광	2008	-	2008	
삼립식품	1992	-	1992	
삼보컴퓨터	2003	-	2003	
쌍방울	1992	-	1992	
서통	1992	-	1992	
선명	2008	-	2008	
성우	1992	-	1992	
씨앤	2008	-	2008	
신아	1992	-	1992	
셀트리온	2016	-	2016	2017-18
우방	1992	-	1992	
유원건설	1992	-	1992	
애경	2008	-	2008	
중앙일보	2006	-	2006	
청구	1992	-	1992	
충남방적	1992	-	1992	
카카오	2016	-	2016	2017-18
코닝정밀소재	2014	-	2014	
프라임	2008	-	2008	
하림	2016	-	2016	2017-18

(2) 6개 사기업집단: 2017-2018년 처음 지정

① 2년 지정: 4개 집단

	2017-2018년		
	시작	중간	마지막
네이버	2017	-	2018
넥슨	2017	-	2018
SM	2017	-	2018
호반건설	2017	-	2018

② 1년 지정: 2개 집단

넷마블	2018	-	2018
메리츠금융	2018	-	2018

(3) 21개 공기업집단: 2002-2016년
　　(5개 집단(*)은 비연속 지정)

① 15년 지정: 3개 집단

	2002-2016년		
	시작	중간	마지막
한국가스공사	2002	2003-15	2016
한국도로공사	2002	2003-15	2016
한국전력공사	2002	2003-15	2016

② 12년 지정: 1개 집단

한국철도공사	2005	2006-15	2016

③ 8년 지정: 3개 집단

대한주택공사	2002	2003-08	2009
한국농어촌공사	2002	2003-08	2009
한국토지공사	2002	2003-08	2009

④ 7년 지정: 3개 집단

	2002-2016년		
	시작	중간	마지막
서울특별시 도시철도공사	2010	2011-15	2016
한국수자원공사 *	2002	2003, 2012-15	2016
한국토지주택공사	2010	2011-15	2016

⑤ 6년 지정: 3개 집단

부산항만공사 *	2008	2012-15	2016
인천도시공사 *	2010	2012-15	2016
한국석유공사 *	2009	2011-12, 2014-15	2016

⑥ 5년 지정: 1개 집단

인천국제공항공사	2010	2011-13	2014

⑦ 3년 지정: 1개 집단

서울메트로	2014	2015	2016

⑧ 2년 지정: 1개 집단

한국지역난방공사 *	2008	-	2014

⑨ 1년 지정: 5개 집단

광해방지사업단	2008	-	2008
담배인삼공사	2002	-	2002
인천항만공사	2008	-	2008
SH공사	2016	-	2016
KT	2002	-	2002

주: 1987-2016년 4월, 2017년 5·9월, 2018년 5월 지정.

2. '지정 연도 수'별 기업집단, 1987-2016년

지정 연도 및 지정 연도 수를 다른 각도에서 분석하기 위해 1987-2016년의 기간을 7개로 구분한다: ① 1987-1989년, ② 1990-1994년, ③ 1995-1999년, ④ 2000-2004년, ⑤ 2005-2009년, ⑥ 2010-2015년, ⑦ 2016년.

어떤 집단이 7개 기간 중 어느 한 기간의 연도에 마지막으로 지정되었다는 것은 그 집단이 '마지막 지정 연도'까지의 기간 동안 한국경제와 밀접한 관련이 있었다는 것을 의미한다. 다만, 구체적으로 이전 기간의 어떤 연도들에 관련이 있었는지는 집단에 따라 차이가 있다. 어떤 집단은 연이어 연속적으로 지정된 반면 어떤 집단은 띄엄띄엄 비연속적으로 지정되었다.

140개 사기업집단이 1987-2016년 사이에 지정된 연도 수는 30-1개 연도이며, 21개 공기업집단이 2002-2016년 사이에 지정된 연도 수는 15-1개 연도이다 (<표 3.3>, <표 3.4>).

첫째, 사기업집단의 '지정 연도 수' 유형은 모두 21개(1-19, 25, 30개 연도)이다. 각각 28-1개씩의 집단이 관련되어 있으며, 10개 집단 이상이 관련되어 있는 유형은 4가지이다. '1개 연도' 28개 (140개 중 20%), '30개 연도' 14개 (10%), '3개 연도' 13개 (9%), '2개 연도' 13개 집단 (9%) 등이다.

둘째, 140개 사기업집단 중 '30개 연도' 모두에 지정된 집단은 14개(10%)이다. 또 30년의 절반인 15년 이상 30년 미만 기간에 지정된 집단도 1/10남짓(12%)인 17개이다. 25-15년 사이

<표 3.3> 161개 기업집단의 지정 연도 수, 1987-2016년:
(1) '마지막 지정 연도' 기준 집단 수 (개)

(1) 140개 사기업집단: 1987-2016년

지정 연도 수 (년)	집단 수 (개)	마지막 지정 연도						
		① 1987-89년	② 1990-94년	③ 1995-99년	④ 2000-04년	⑤ 2005-09년	⑥ 2010-15년	⑦ 2016년
	140	2	33	13	10	18	11	53
30	14							14
25-15	17				1	1	2	13
14-10	23			6	3	1	1	12
9-5	29		7	4	2	3	5	8
4-1	57	2	26	3	4	13	3	6
30	14							14
25	1						1	
19	4							4
18	1							1
17	4							3
16	3					1		2
15	4				1		1	2
14	7				2			4
13	6			2				5
12	1							1
11	6			2			1	2
10	3			2		1		
9	7			2			1	4
8	5			1	1	1	1	1
7	5		1	1		1	1	1
6	8		2		1	1	2	2
5	4		4					
4	3		1				1	1
3	13		7	2		2	1	
2	13	1	6	1	1	3		1
1	28	1	12		2	8	1	4

지정 연도 수 (년)	집단 수 (개)	마지막 지정 연도						
		①	②	③	④	⑤	⑥	⑦
		1987-89년	1990-94년	1995-99년	2000-04년	2005-09년	2010-15년	2016년
	21				2	5	2	12
15	3							3
12-8	4					3		1
7-5	7						1	6
3-1	7				2	2	1	2
15	3							3
12	1							1
8	3			3				
7	3							3
6	3							3
5	1						1	
3	1							1
2	1						1	
1	5				2	2		1

주: 4월 지정; <표 3.4>, <표 3.2> 참조.

의 6개 유형 '연도 수'에 1-4개 집단이 관련되어 있다. '25개 연도' 1개, '19개 연도' 4개, '18개 연도' 1개, '17개 연도' 4개, '16개 연도' 3개, 그리고 '15개 연도' 4개 집단이다.

결국, 15년 이상 지정된 집단은 모두 31개로 전체 140개의 1/5남짓(22%)이다. 상대적으로 긴 기간 동안 영향력을 행사하면서 한국경제의 중심축을 지탱해 온 집단은 소수에 지나지 않음을 알 수 있다. 31개 집단 중 4개(고합, 동양, 대성, 쌍용)를 제외한 27개는 2016년 현재에도 지정되었다.

셋째, 140개 사기업집단의 대다수인 109개(78%)는 15년 미만의 연도들에만 지정되었다. '14-10개 연도' 지정 집단 23개 (140개 중 16%), '9-5개 연도' 지정 집단 29개(21%), '4-1개 연도' 지정 집단 57개(41%) 등이다. 10년 미만의 연도들에 지정된 집단이 140개 중 2/3가량인 86개(62%), 5년 미만의 연도들에 지정된 집단이 2/5보다 많은 57개(41%)이다. 후자의 57개 집단 중 절반가량(28개)은 1개 연도에만 지정되었다.

이들 109개 집단은 15년 이상 지정된 31개 집단들에 비해 한국경제에 대한 영향력이 덜 지속적이었으며, 특히 5개 연도 미만 지정 57개 집단은 영향력이 미미했던 것으로 볼 수 있다. 109개 집단 중 26개는 2016년 현재에도 지정되었고 나머지 83개는 그 이전에 지정되었으며, 83개 집단 중 절반 이상인 48개는 1980-1990년대에 지정되었다.

넷째, 공기업집단의 경우, '지정 연도 수' 유형은 9개(1-3, 5-8, 12, 15개 연도)이다. '1개 연도' 관련 집단이 5개, '15개, 8개, 7개, 6개 연도' 집단이 각각 3개, 그리고 '12개, 5개, 3개, 2개 연도' 집단이 각각 1개이다. 2002-2016년의 '15개 연도' 모두에 지정된 집단은 3개(14%) 그리고 15년의 절반 이상인 8년에서 15년 미만 기간에 지정된 집단은 4개(19%)이며, 따라서 8년 이상 지정된 집단은 7개(33%)이다. 공기업집단의 경우에도, 사기업집단(15년 이상 지정 31개, 22%)에서와 크게 다르지 않게, 상대적으로 긴 기간 동안 한국경제에 영향력을 행사한 집단은 소수에 지나지 않음을 알 수 있다.

〈표 3.4〉 161개 기업집단의 지정 연도 수, 1987-2016년:
(2) '마지막 지정 연도' 기준 집단 이름

(1) 140개 사기업집단: 1987-2016년

지정 연도 수 (년)	마지막 지정 연도						
	① 1987-89년	② 1990-94년	③ 1995-99년	④ 2000-04년	⑤ 2005-09년	⑥ 2010-15년	⑦ 2016년
30							금호아시아나, 동국제강, 동부, 두산, 대림, 롯데, 삼성, SK, LG, 코오롱, 한진, 한화, 현대, 효성
25						동양	
19							영풍 OCI, 태광, 한라
18							CJ
17							신세계, POSCO, 한솔, 현대산업개발
16					쌍용		현대백화점, 현대자동차
15				고합		대성	KCC, 현대중공업

지정 연도 수 (년)	마지막 지정 연도						
	①	②	③	④	⑤	⑥	⑦
	1987- 89년	1990- 94년	1995- 99년	2000- 04년	2005- 09년	2010- 15년	2016년
14				동아, 대상			대우조 선해양, 부영, KT, KT&G, 하이트 진로
13			대우, 해태				세아, LS, 한국 GM, 한국타 이어
12							GS
11			기아, 한일	진로		대한전 선	아모레 퍼시픽, 한진중 공업
10			극동건 설, 삼미		삼양		
9			벽산, 한보			STX	대우건 설, 이랜드, S-Oil, 태영
8			우성건 설	아남	하나로 텔레콤	홈플러 스	미래에 셋
7		한양	강원산 업		농심	현대오 일뱅크	교보생 명보험
6		범양상 선, 삼환기 업		동원	문화방 송	웅진, 하이닉 스	농협, 한국투 자금융
5		극동정 유, 봉명, 통일, 풍산					

지정연도수(년)	마지막 지정 연도						
	① 1987-89년	② 1990-94년	③ 1995-99년	④ 2000-04년	⑤ 2005-09년	⑥ 2010-15년	⑦ 2016년
4		동국무역				현대건설	삼천리
3		금강, 대농, 대신, 성신양회, 신동아, 한국유리, 한신공영	뉴코아, 신호	새한	대우자동차, 대한해운	유진	
2	대한조선공사	갑을, 고려통상, 대전피혁, 대한유화, 조양상선, 화승	거평	대우전자	대우자동차판매, 쌍용양회, 오리온		중흥건설
1	라이프	계성제지, 논노, 동아제약, 삼립식품, 쌍방울, 서통, 성우, 신아, 우방, 유원건설, 청구, 충남방적		㈜대우, 삼보컴퓨터	대교, 대주건설, 보광, 선명, 씨앤, 애경, 중앙일보, 프라임	코닝정밀소재	금호석유화학, 셀트리온, 카카오, 하림

(2) 21개 공기업집단: 2002-2016년

지정연도수(년)	마지막 지정 연도						
	① 1987-89년	② 1990-04년	③ 1995-99년	④ 2002-04년	⑤ 2005-09년	⑥ 2010-15년	⑦ 2016년
15							한국가스공사, 한국도로공사, 한국전력공사
12							한국철도공사
8					대한주택공사, 한국농어촌공사, 한국토지공사		
7							서울특별시도시철도공사, 한국수자원공사, 한국토지주택공사
6							부산항만공사, 인천도시공사, 한국석유공사
5					인천국제공항공사		
3							서울메트로
2						한국지역난방공사	
1				담배인삼공사, KT	광해방지사업단, 인천항만공사		SH공사

주: 4월 지정, <표 3.2> 참조.

3. '30년' 지정 14개 집단

1987-2016년의 전 기간인 '30개 연도'에 지정된 사기업집단은 14개이며, 전체 140개 집단 중 10%이다 (<표 3.5>).

금호아시아나, 동국제강, 동부, 두산, 대림, 롯데, 삼성, SK, LG, 코오롱, 한진, 한화, 현대, 그리고 효성이다. 한국경제에 대한 영향력의 지속성이 가장 긴 핵심 집단들이다.

2016년에 지정된 53개 집단 중 1/4이상(26%)을 차지하고 있으며, 1개(현대)를 제외한 52개 집단은 2017-2018년에도 지정되었다.

〈표 3.5〉 140개 사기업집단의 지정 연도 수, 1987-2016년:
(1) '30개 연도' 지정 14개 집단

지정 연도 수 (년)	마지막 지정 연도						
	① 1987-89년	② 1990-94년	③ 1995-99년	④ 2000-04년	⑤ 2005-09년	⑥ 2010-15년	⑦ 2016년
30							금호아시아나, 동국제강, 동부, 두산, 대림, 롯데, 삼성, SK, LG, 코오롱, 한진, 한화, 현대, 효성

	1987-2016년			2017-2018년
	시작	중간	마지막	
금호아시아나	1987	1988-2015	2016	2017-18
동국제강	1987	1988-2015	2016	2017-18
동부	1987	1988-2015	2016	2017-18
두산	1987	1988-2015	2016	2017-18
대림	1987	1988-2015	2016	2017-18
롯데	1987	1988-2015	2016	2017-18
삼성	1987	1988-2015	2016	2017-18
SK	1987	1988-2015	2016	2017-18
LG	1987	1988-2015	2016	2017-18
코오롱	1987	1988-2015	2016	2017-18
한진	1987	1988-2015	2016	2017-18
한화	1987	1988-2015	2016	2017-18
현대	1987	1988-2015	2016	
효성	1987	1988-2015	2016	2017-18

주: <표 3.4>, <표 3.2> 참조.

5개 집단은 이름이 변경되었다: ⓐ 금호 (1987-2003) → 금호아시아나 (2004-18), ⓑ 동부 (1987-2017) → DB (2018), ⓒ 선경 (1987-97) → SK (1998-2018), ⓓ 럭키금성 (1987-94) → LG (1995-2018), ⓔ 한국화약 (1987-92) → 한화 (1993-2018).

4. '15-25년' 지정 17개 집단

'25-15개 연도'에 지정된 사기업집단은 17개이며, 전체 140개 집단 중 12%이다. '지정 연도 수' 유형은 6개이며 각각 1-4개 집단이 관련되어 있다 (<표 3.6>).

(1) '25개 연도' 지정 1개 집단: 동양 (지정 시작 1989년 - 마지막 2013년).

(2) '19개 연도' 지정 4개 집단: 영풍 (1999-2016), OCI (1990-2016), 태광 (1988-2016), 한라 (1987-2016).

(3) '18개 연도' 지정 1개 집단: CJ (1999-2016).

(4) '17개 연도 지정' 4개 집단: 신세계 (2000-16), POSCO (1989-2016), 한솔 (1996-2016), 현대산업개발 (2000-16).

(5) '16개 연도 지정' 3개 집단: 쌍용 (1987-2006), 현대백화점 (2001-16), 현대자동차 (2001-16).

〈표 3.6〉 140개 사기업집단의 지정 연도 수, 1987-2016년:
(2) '15-25개 연도' 지정 17개 집단

지정 연도 수 (년)	마지막 지정 연도						
	① 1987-89년	② 1990-94년	③ 1995-99년	④ 2000-04년	⑤ 2005-09년	⑥ 2010-15년	⑦ 2016년
25						동양	
19							영풍, OCI, 태광, 한라
18							CJ
17							신세계, POSCO, 한솔, 현대산업개발
16					쌍용		현대백화점, 현대자동차
15				고합		대성	KCC, 현대중공업

| | 1987-2016년 | | | 2017-2018년 |
	시작	중간	마지막	
동양	1989	1990-2012	2013	
영풍 *	1990	1991-92, 2000-08, 2010-15	2016	2017-18
OCI *	1990	1991-92, 2001-15	2016	2017-18
태광 *	1988	1989-92, 2001-08, 2011-15	2016	2017-18
한라 *	1987	1988-99, 2008, 2012-15	2016	2017-18
CJ	1999	2000-15	2016	2017-18
신세계	2000	2001-15	2016	2017-18
POSCO *	1989	2001-15	2016	2017-18
한솔 *	1996	1997-2008, 2013-15	2016	2017-18
현대산업개발	2000	2001-15	2016	2017-18
쌍용 *	1987	1988-2001	2006	
현대백화점	2001	2002-15	2016	2017-18
현대자동차	2001	2002-15	2016	2017-18
고합	1987	1988-2000	2001	
대성 *	1990	1991-92, 2002-08, 2011-14	2015	
KCC	2002	2003-15	2016	2017-18
현대중공업	2002	2003-15	2016	2017-18

주: 8개 집단(*)은 비연속 지정; <표 3.4>, <표 3.2> 참조.

(6) '15개 연도 지정' 4개 집단: 고합 (1987-2001), 대성 (1990-2015), KCC (2002-16), 현대중공업 (2002-16).

6개 집단은 이름이 변경되었다: ⓐ 고려합섬 (1982-92) → 고합 (1993-2001), ⓑ 대성산업 (1990-92) → 대성 (2002-08, 2011-15), ⓒ 제일제당 (1999-2002) → CJ (2003-18), ⓓ 동양화학 (1990-92, 2001-08) → OCI (2009-18), ⓔ 태광산업 (1988-92, 2001-08) → 태광 (2011-18), ⓕ 포항제철 (1989, 2001-02) → POSCO (2003-18).

17개 집단 중 13개는 2016년에도 지정되었으며, 지정 집단 53개의 1/4(25%)을 차지하고 있다 (영풍, OCI, 태광, 한라; CJ; 신세계, POSCO, 한솔, 현대산업개발; 현대백화점, 현대자동차; KCC, 현대중공업). 이들 13개 집단은 모두 2017-2018년에도 지정되었다. '30개 연도' 지정 14개 집단과 함께 고려하면, '30-15개 연도' 지정 집단은 모두 27개로 2016년 지정 53개의 절반 이상(51%)을 차지하고 있다.

17개 집단 중 나머지 4개는 2016년 이전에 지정되었다. 마지막 지정 연도가 2010-2015년인 집단이 2개 (동양 2013; 대성 2015), 2005-2009년인 집단이 1개 (쌍용 2006), 2000-2004년인 집단이 1개 (고합 2001) 등이다.

한편, '25-15개 연도' 지정 17개 집단 중 9개(동양; CJ; 신세계, 현대산업개발; 현대백화점, 현대자동차; KCC, 현대중공업, 고합)는 연속적으로, 8개는 비연속적으로 지정되었다. 17개 집단의 최초 지정 연도는 1987년(한라; 쌍용; 고합)에서 2002년 (KCC, 현대중공업)까지 16년에, 그리고 최종 지정 연도는 2001년(고합)에서 2016년(13개 집단)까지 16년에 걸쳐 있다.

비연속 지정 8개 집단 중에서는, 4개(한라, 태광, 영풍; 대성)는 3개 기간에 그리고 4개(OCI; POSCO, 한솔; 쌍용)는 2개 기간에 걸쳐 지정되었다. 전자의 4개 집단 중 3개는 2016년까지 19년 동안 지정되었는데, 관련 기간은 30년(한라, 1987-2016), 29년(태광, 1988-2016) 그리고 27년(영풍, 1990-2016)이다.

5. '10-14년' 지정 23개 집단

'14-10개 연도'에 지정된 사기업집단은 23개이며, 전체 140개 집단 중 16%이다. '지정 연도 수' 5개 유형에 각각 1-7개 집단이 관련되어 있다 (<표 3.7>).

〈표 3.7〉 140개 사기업집단의 지정 연도 수, 1987-2016년:
(3) '10-14개 연도' 지정 23개 집단

지정 연도 수 (년)	마지막 지정 연도						
	① 1987- 89년	② 1990- 94년	③ 1995- 99년	④ 2000- 04년	⑤ 2005- 09년	⑥ 2010- 15년	⑦ 2016년
14				동아, 대상			대우조 선해양, 부영, KT, KT&G, 하이트 진로
13			대우, 해태				세아, LS, 한국 GM, 한국타 이어
12							GS
11			기아, 한일	진로		대한전 선	아모레 퍼시픽, 한진중 공업
10			극동건 설, 삼미		삼양		

	1987-2016년			2017-2018년
	시작	중간	마지막	
동아	1987	1988-99	2000	
대상 *	1987	1988-95, 1997-99, 2002	2003	
대우조선해양	2003	2004-15	2016	2017-18
부영 *	2002	2003-08, 2010-15	2016	2017-18
KT	2003	2004-15	2016	2017-18
KT&G	2003	2004-15	2016	2017-18
하이트진로 *	1992	2003-08, 2010-15	2016	2017-18
대우	1987	1988-98	1999	
해태	1987	1988-98	1999	
세아	2004	2005-15	2016	2017-18
LS	2004	2005-15	2016	2017-18
한국GM	2004	2005-15	2016	2017-18
한국타이어 *	1992	2002-08, 2012-15	2016	2017-18
GS	2005	2006-15	2016	2017-18
기아	1987	1988-96	1997	
한일	1987	1988-96	1997	
진로	1990	1991-99	2000	
대한전선 *	1992	2003-11	2012	
아모레퍼시픽 *	1988	1989-92, 2007-08, 2013-15	2016	2017-18
한진중공업	2006	2007-15	2016	2017-18
극동건설	1987	1988-95	1996	
삼미	1987	1988-95	1996	
삼양 *	1989	1990-92, 1999, 2004-07	2008	

주: 7개 집단(*)은 비연속 지정; <표 3.4>, <표 3.2> 참조.

(1) '14개 연도' 지정 7개 집단: 동아 (지정 시작 1987년 - 마지막 2000년), 대상 (1987-2003), 대우조선해양 (2003-16), 부영 (2002-16), KT (2003-16), KT&G (2003-16), 하이트진로

(1992-2016).

(2) '13개 연도' 지정 6개 집단: 대우 (1987-99), 해태 (1987-99), 세아 (2004-16), LS (2004-16), 한국GM (2004-16), 한국타이어 (1992-2016).

(3) '12개 연도' 지정 1개 집단: GS (2005-16).

(4) '11개 연도' 지정 6개 집단: 기아 (1987-97), 한일 (1987-97), 진로 (1990-2000), 대한전선 (1992-2012), 아모레퍼시픽 (1988-2016), 한진중공업 (2006-16).

(5) '10개 연도' 지정 3개 집단: 극동건설 (1987-96), 삼미 (1987-96), 삼양 (1989-2008).

KT와 KT&G의 경우, 2002년에는 공기업집단(KT, 담배인삼공사)으로 지정되었으며, 이를 고려하면 두 집단의 지정 연도 수는 각각 '15개 연도'가 된다.

8개 집단은 이름이 변경되었다: ⓐ 동아건설 (1987-96) → 동아 (1997-2000), ⓑ 미원 (1987-95) → 대상 (1997-99, 2002-03), ⓒ 삼양사 (1989-92) → 삼양 (1999, 2004-08), ⓓ 태평양화학 (1988-92) → 태평양 (2007-08) → 아모레퍼시픽 (2013-18), ⓔ LG전선 (2004) → LS (2005-18), ⓕ 조선맥주 (1992) → 하이트맥주 (2003-08, 2010) → 하이트진로 (2011-18), ⓖ GM대우 (2004-10) → 한국GM (2011-18), ⓗ 한일합섬 (1987) → 한일 (1988-97).

23개 집단 중 12개는 2016년에도 지정되었으며, 지정 집단 53개의 1/4가량(23%)를 차지하고 있다 (대우조선해양, 부영,

KT, KT&G, 하이트진로; 세아, LS, 한국GM, 한국타이어; GS; 아모레퍼시픽, 한진중공업). 이들 12개 집단은 모두 2017-2018년에도 지정되었다.

23개 집단 중 나머지 11개는 2016년 이전에 지정되었다. 마지막 지정 연도가 2010-2015년인 집단이 1개 (대한전선 2012), 2005-2009년인 집단이 1개 (삼양 2008), 2000-2004년인 집단이 3개 (동아 2000, 대상 2003; 진로 2000), 그리고 1995-1999년인 집단이 6개이다 (대우, 해태 1999; 기아, 한일 1997; 극동건설, 삼미 1996).

한편, '14-10개 연도' 지정 23개 집단 중 16개(대우조선해양, KT, KT&G, 동아; 세아, LS, 한국GM, 대우, 해태; GS; 한진중공업, 진로, 기아, 한일; 극동건설, 삼미)는 연속적으로, 7개는 비연속적으로 지정되었다. 23개 집단의 최초 지정 연도는 1987년(동아, 대상; 대우, 해태; 기아, 한일; 극동건설, 삼미)에서 2006년(한진중공업)까지 20년에, 그리고 최종 지정 연도는 1996년(극동건설, 삼미)에서 2016년(12개 집단)까지 21년에 걸쳐 있다.

비연속적으로 지정된 7개 집단 중 5개(대상, 하이트진로; 한국타이어; 아모레퍼시픽; 삼양)는 3개 기간에 그리고 2개(부영; 대한전선)는 2개 기간에 걸쳐 지정되었다. 전자의 5개 집단 중 3개는 2016년까지 11-14년 동안 지정되었는데, 관련 기간은 29년(아모레퍼시픽, 11년 지정, 1988-2016) 그리고 25년(한국타이어, 13년, 1992-2016; 하이트진로, 14년, 1992-2016)이다.

6. '5-9년' 지정 29개 집단

'9-5개 연도'에 지정된 사기업집단은 29개이며, 전체 140개 집단 중 21%이다. '지정 연도 수' 유형은 5개이며 각각 4-8개 집단이 관련되어 있다 (<표 3.8>).

(1) '9개 연도' 지정 7개 집단: 벽산 (지정 시작 1988년 - 마지막 1996년), 한보 (1987-96), STX (2005-13), 대우건설 (2004-16), 이랜드 (2005-16), S-Oil (2000-16), 태영 (1992-2016).

〈표 3.8〉 140개 사기업집단의 지정 연도 수, 1987-2016년:
(4) '5-9개 연도' 지정 29개 집단

지정 연도 수 (년)	마지막 지정 연도						
	① 1987-89년	② 1990-94년	③ 1995-99년	④ 2000-04년	⑤ 2005-09년	⑥ 2010-15년	⑦ 2016년
9			벽산, 한보			STX	대우건설, 이랜드, S-Oil, 태영
8			우성건설	아남	하나로텔레콤	홈플러스	미래에셋
7		한양	강원산업		농심	현대오일뱅크	교보생명보험
6		범양상선, 삼환기업		동원	문화방송	웅진, 하이닉스	농협, 한국투자금융
5		극동정유, 봉명, 통일, 풍산					

	1987-2016년			2017-2018년
	시작	중간	마지막	
벽산	1988	1989-95	1996	
한보 *	1987	1988-92, 1994-95	1996	
STX	2005	2006-12	2013	
대우건설 *	2004	2005-06, 2011-15	2016	2017-18
이랜드 *	2005	2006-08, 2012-15	2016	2017-18
S-Oil *	2000	2009-15	2016	2017-18
태영 *	1992	2006-08, 2012-15	2016	2017-18
우성건설	1988	1989-94	1995	
아남 *	1989	1990-92, 1997-99	2000	
하나로텔레콤	2001	2002-07	2008	
홈플러스	2008	2009-14	2015	
미래에셋 *	2008	2010-15	2016	2017-18
한양	1987	1988-92	1993	
강원산업 *	1988	1989-92, 1998	1999	
농심 *	1992	2003-07	2008	
현대오일뱅크 *	2000	2001-02, 2005-07	2010	
교보생명보험 *	2007	2008, 2012-15	2016	2017-18
범양상선	1987	1988-91	1992	
삼환기업	1987	1988-91	1992	
동원 *	1990	1991-92, 2002-03	2004	2017-18
문화방송	2003	2004-07	2008	
웅진	2008	2009-12	2013	
하이닉스	2006	2007-10	2011	
농협 *	2008	2012-15	2016	2017-18
한국투자금융 *	2009	2010-13	2016	2017-18
극동정유	1988	1989-91	1992	
봉명	1988	1989-91	1992	
통일	1988	1989-91	1992	
풍산	1988	1989-91	1992	

주: 14개 집단(*)은 비연속 지정; <표 3.4>, <표 3.2> 참조.

(2) '8개 연도' 지정 5개 집단: 우성건설 (1988-95), 아남 (1989-2000), 하나로텔레콤 (2001-08), 홈플러스 (2008-15), 미래에셋 (2008-16).

(3) '7개 연도' 지정 5개 집단: 한양 (1987-93), 강원산업 (1988-99), 농심 (1992-2008), 현대오일뱅크 (2000-10), 교보생명보험 (2007-16).

(4) '6개 연도' 지정 8개 집단: 범양상선 (1987-92), 삼환기업 (1987-92), 동원 (1990-2004), 문화방송 (2003-08), 웅진 (2008-13), 하이닉스 (2006-11), 농협 (2008-16), 한국투자금융 (2009-16).

(5) '5개 연도' 지정 4개 집단: 극동정유 (1988-92), 봉명 (1988-92), 통일 (1988-92), 풍산 (1988-92).

5개 집단은 이름이 변경되었다: ⓐ 아남산업 (1989-92) → 아남 (1997-2000), ⓑ 풍산금속 (1988-91) → 풍산 (1992), ⓒ 하나로통신 (2001-04) → 하나로텔레콤 (2005-08), ⓓ 현대정유 (2000-02) → 현대오일뱅크 (2005-07, 2010), ⓔ 삼성테스코 (2008-10) → 홈플러스 (2011-15).

29개 집단 중 8개는 2016년에도 지정되었으며, 지정 집단 53개의 1/10남짓(15%)이다 (대우건설, 이랜드, S-Oil, 태영; 미래에셋; 교보생명보험; 농협, 한국투자금융). 이들 8개 집단은 모두 2017-2018년에도 지정되었다.

29개 집단 중 대다수인 21개는 2016년 이전에 지정되었다. 21개 집단 중 1개(동원)는 2017-2018년에도 지정되었다. 마지막 지정 연도가 2010-2015년인 집단이 5개 (STX 2013; 홈플러스 2015; 현대오일뱅크 2010; 웅진 2013, 하이닉스 2011), 2005-2009년인 집단이 3개 (하나로텔레콤 2008; 농심 2008; 문화방송 2008), 2000-2004년인 집단이 2개 (아남 2000; 동원 2004), 1995-1999년인 집단이 4개 (벽산, 한보 1996; 우성건설 1995; 강원산업 1999), 그리고 1990-1994년인 집단이 7개이다 (한양 1993; 범양상선, 삼환기업 1992; 극동정유, 봉명, 통일, 풍산 1992).

한편, '9-5개 연도' 지정 29개 집단 중 15개(벽산, STX; 우성건설, 하나로텔레콤, 홈플러스; 한양; 범양상선, 삼환기업, 문화방송, 웅진, 하이닉스; 극동정유, 봉명, 통일, 풍산)는 연속적으로, 14개는 비연속적으로 지정되었다. 29개 집단의 최초 지정 연도는 1987년(한보; 한양; 범양상선, 삼환기업)에서 2009년(한국투자금융)까지 23년에, 그리고 최종 지정 연도는 1992년(범양상선, 삼환기업; 극동정유, 봉명, 통일, 풍산)에서 2016년(8개 집단)까지 25년에 걸쳐 있다.

비연속 지정 14개 집단 중 2개(태영; 현대오일뱅크)는 3개 기간에 그리고 12개(한보, 대우건설, 이랜드, S-Oil; 아남, 미래에셋; 강원산업, 농심, 교보생명보험; 동원, 농협, 한국투자금융)는 2개 기간에 걸쳐 지정되었다.

태영은 지정 연도 수는 9년인데 관련 기간은 25년(1992-2016)이다. 동원의 경우, 지정 연도 수는 6년, 관련 기간은 15년

(1990-2004)이며, 마지막 지정 연도인 2004년 이후 13-14년이 지난 2017-2018년에 다시 지정되었다. 2018년까지를 고려하면, 지정 연도 수는 8년, 관련 기간은 29년(1990-2018)이 된다.

7. '2-4년' 지정 29개 집단

'4-2개 연도'에 지정된 사기업집단은 29개이며, 전체 140개 집단 중 21%이다. '지정 연도 수' 3개 유형에 각각 3-13개 집단이 관련되어 있다 (<표 3.9>).

(1) '4개 연도' 지정 3개 집단: 동국무역 (지정 시작 1989년 - 마지막 1992년), 현대건설 (2007-10), 삼천리 (1992-2016).

(2) '3개 연도' 지정 13개 집단: 금강 (1990-92), 대농 (1990-92), 대신 (1990-92), 성신양회 (1990-92), 신동아 (1987-92), 한국유리 (1990-92), 한신공영 (1990-92), 뉴코아 (1996-98), 신호 (1997-99), 새한 (1998-2000), 대우자동차 (2003-05), 대한해운 (1991-2008), 유진 (2008-12).

(3) '2개 연도' 지정 13개 집단: 대한조선공사 (1987-88), 갑을 (1991-92), 고려통상 (1991-92), 대전피혁 (1991-92), 대한유화 (1991-92), 조양상선 (1991-92), 화승 (1991-92), 거평 (1997-98), 대우전자 (2000-01), 대우자동차판매 (2007-08), 쌍용양회 (2007-08), 오리온 (2007-08), 중흥건설 (2015-16).

29개 집단 중 2개(삼천리, 중흥건설)만 2016년에도 지정되었고, 나머지 27개는 2016년 이전에 지정되었다. 전자의 2개 집단은 2017-2018년에도 지정되었으며, 후자의 27개 집단 중에서는 1개(유진)가 2018년에 지정되었다.

2016년 이전에 지정된 27개 집단 중 2/3인 18개는 마지막 지정 연도가 1980-1990년대이다. 2010-2015년인 집단이 2개

〈표 3.9〉 140개 사기업집단의 지정 연도 수, 1987-2016년:
(5) '2-4개 연도' 지정 29개 집단

지정 연도 수 (년)	마지막 지정 연도						
	①	②	③	④	⑤	⑥	⑦
	1987-89년	1990-94년	1995-99년	2000-04년	2005-09년	2010-15년	2016년
4		동국무역				현대건설	삼천리
3		금강, 대농, 대신, 성신양회, 신동아, 한국유리, 한신공영	뉴코아, 신호	새한	대우자동차, 대한해운	유진	
2	대한조선공사	갑을, 고려통상, 대전피혁, 대한유화, 조양상선, 화승	거평	대우전자	대우자동차판매, 쌍용양회, 오리온		중흥건설

	1987-2016년			2017-2018년
	시작	중간	마지막	
동국무역	1989	1990-91	1992	
현대건설	2007	2008-09	2010	
삼천리 *	1992	2014-15	2016	2017-18
금강	1990	1991	1992	
대농	1990	1991	1992	
대신	1990	1991	1992	
성신양회	1990	1991	1992	
신동아 *	1987	1988	1992	
한국유리	1990	1991	1992	
한신공영	1990	1991	1992	
뉴코아	1996	1997	1998	
신호	1997	1998	1999	
새한	1998	1999	2000	
대우자동차	2003	2004	2005	
대한해운 *	1991	1992	2008	
유진 *	2008	2011	2012	2018
대한조선공사	1987	-	1988	
갑을	1991	-	1992	
고려통상	1991	-	1992	
대전피혁	1991	-	1992	
대한유화	1991	-	1992	
조양상선	1991	-	1992	
화승	1991	-	1992	
거평	1997	-	1998	
대우전자	2000	-	2001	
대우자동차판매	2007	-	2008	
쌍용양회	2007	-	2008	
오리온	2007	-	2008	
중흥건설	2015	-	2016	2017-18

주: 4개 집단(*)은 비연속 지정; <표 3.4>, <표 3.2> 참조.

(현대건설 2010; 유진 2012), 2005-2009년인 집단이 5개 (대우자동차 2005, 대한해운 2008; 대우자동차판매, 쌍용양회, 오리온 2008), 2000-2004년인 집단이 2개 (새한 2000; 대우전자 2001), 1995-1999년인 집단이 3개 (뉴코아 1998, 신호 1999; 거평 1998), 1990-1994년인 집단이 14개 (동국무역 1992; 금강, 대농, 대신, 성신양회, 신동아, 한국유리, 한신공영 1992; 갑을, 고려통상, 대전피혁, 대한유화, 조양상선, 화승 1992), 그리고 1987-1989년인 집단 1개이다 (대한조선공사 1988).

'4-2개 연도' 지정 29개 집단 중 25개는 연속적으로 지정되었고, 나머지 4개(삼천리; 신동아, 대한해운, 유진)는 2개 기간에 걸쳐 비연속적으로 지정되었다. 최초 지정 연도는 1987년(신동아; 대한조선공사)에서 2015년(중흥건설)까지 29년에, 그리고 최종 지정 연도는 1988년(대한조선공사)에서 2016년(삼천리; 중흥건설)까지 29년에 걸쳐 있다.

비연속 지정 4개 집단 중, 삼천리는 '지정 연도 수'는 4년, 관련 기간은 25년(1992-2016), 대한해운은 3년, 18년(1991-2008), 그리고 유진은 3년, 5년(2008-12)이다. 유진은 마지막 지정 연도인 2012년 이후 6년이 지난 2018년에 다시 지정되었다.

8. '1년' 지정 28개 집단

'1개 연도'에만 지정된 사기업집단은 28개이며, 전체 140개 집단 중 20%이다 (<표 3.10>).

4개 집단(금호석유화학, 셀트리온, 카카오, 하림)은 2016년에 지정되었고, 대다수인 나머지 24개는 2016년 이전에 지정되었다. 전자의 4개 집단은 모두 2017-2018년에도 지정되었으며, 후자의 24개 중에서는 2017-2018년에 지정된 집단은 없다.

〈표 3.10〉 140개 사기업집단의 지정 연도 수, 1987-2016년:
(6) '1개 연도' 지정 28개 집단

지정 연도 수 (년)	마지막 지정 연도						
	①	②	③	④	⑤	⑥	⑦
	1987-89년	1990-94년	1995-99년	2000-04년	2005-09년	2010-15년	2016년
1	라이프	계성제지, 논노, 동아제약, 삼립식품, 쌍방울, 서통, 성우, 신아, 우방, 유원건설, 청구, 충남방적		㈜대우, 삼보컴퓨터	대교, 대주건설, 보광, 선명, 씨앤, 애경, 중앙일보, 프라임	코닝정밀소재	금호석유화학, 셀트리온, 카카오, 하림

	1987-2016년			2017-2018년
	시작	중간	마지막	
라이프	1987	-	1987	
계성제지	1991	-	1991	
논노	1992	-	1992	
동아제약	1992	-	1992	
삼립식품	1992	-	1992	
쌍방울	1992	-	1992	
서통	1992	-	1992	
성우	1992	-	1992	
신아	1992	-	1992	
우방	1992	-	1992	
유원건설	1992	-	1992	
청구	1992	-	1992	
충남방적	1992	-	1992	
㈜대우	2000	-	2000	
삼보컴퓨터	2003	-	2003	
대교	2008	-	2008	
대주건설	2008	-	2008	
보광	2008	-	2008	
선명	2008	-	2008	
씨앤	2008	-	2008	
애경	2008	-	2008	
중앙일보	2006	-	2006	
프라임	2008	-	2008	
코닝정밀소재	2014	-	2014	
금호석유화학	2016	-	2016	2017-18
셀트리온	2016	-	2016	2017-18
카카오	2016	-	2016	2017-18
하림	2016	-	2016	2017-18

주: <표 3.4>, <표 3.2> 참조.

2016년 이전의 24개 집단의 마지막 지정 연도는 1987-2014년의 28년에 걸쳐 있다. 절반 이상인 13개는 1980년대 후반과 1990년대 전반에 지정되었다. 마지막 지정 연도가 2010-2015년인 집단이 1개 (코닝정밀소재 2014), 2005-2009년인 집단이 8개 (중앙일보 2006, 대교, 대주건설, 보광, 선명, 씨앤, 애경, 프라임 2008), 2000-2004년인 집단이 2개 (㈜대우 2000, 삼보컴퓨터 2003), 1990-1994년인 집단이 12개 (계성제지 1991, 논노, 동아제약, 삼립식품, 쌍방울, 서통, 성우, 신아, 우방, 유원건설, 청구, 충남방적 1992), 그리고 1987-1989년인 집단이 1개이다 (라이프 1987).

9. 21개 공기업집단

공기업집단은 2002-2016년의 15년 동안 21개가 지정되었다. '지정 연도 수' 유형은 9개이며, 각각 1-5개 집단이 관련되어 있다. '15개 연도' 지정 집단이 3개(15%), '8-12개 연도' 집단 4개(19%), '5-7개 연도' 집단 7개(33%), 그리고 '1-3개 연도' 집단 7개(33%)이다 (<표 3.11>).

　(1) '15개 연도' 지정 3개 집단: 한국가스공사, 한국도로공사, 한국전력공사 (지정 시작 2002년 - 마지막 2016년).

　(2) '12개 연도' 지정 1개 집단: 한국철도공사 (2005-16).

〈표 3.11〉 21개 공기업집단의 지정 연도 수, 2002-2016년

지정 연도 수(년)	마지막 지정 연도						
	① 1987-89년	② 1990-04년	③ 1995-99년	④ 2002-04년	⑤ 2005-09년	⑥ 2010-15년	⑦ 2016년
15							한국가스공사, 한국도로공사, 한국전력공사
12							한국철도공사
8					대한주택공사, 한국농어촌공사, 한국토지공사		
7							서울특별시도시철도공사, 한국수자원공사, 한국토지주택공사
6							부산항만공사, 인천도시공사, 한국석유공사
5						인천국제공항공사	
3							서울메트로
2						한국지역난방공사	
1				담배인삼공사, KT	광해방지사업단, 인천항만공사		SH공사

	2002-2016년		
	시작	중간	마지막
한국가스공사	2002	2003-15	2016
한국도로공사	2002	2003-15	2016
한국전력공사	2002	2003-15	2016
한국철도공사	2005	2006-15	2016
대한주택공사	2002	2003-08	2009
한국농어촌공사	2002	2003-08	2009
한국토지공사	2002	2003-08	2009
서울특별시 도시철도공사	2010	2011-15	2016
한국수자원공사 *	2002	2003, 2012-15	2016
한국토지주택공사	2010	2011-15	2016
부산항만공사 *	2008	2012-15	2016
인천도시공사 *	2010	2012-15	2016
한국석유공사 *	2009	2011-12, 2014-15	2016
인천국제공항공사	2010	2011-13	2014
서울메트로	2014	2015	2016
한국지역난방공사 *	2008	-	2014
담배인삼공사	2002	-	2002
KT	2002	-	2002
광해방지사업단	2008	-	2008
인천항만공사	2008	-	2008
SH공사	2016	-	2016

주: 5개 집단(*)은 비연속 지정; <표 3.4>, <표 3.2> 참조.

(3) '8개 연도' 지정 3개 집단: 대한주택공사, 한국농어촌공사, 한국토지공사 (2002-09).

(4) '7개 연도' 지정 3개 집단: 한국수자원공사 (2002-16), 서울특별시도시철도공사, 한국토지주택공사 (2010-16).

(5) '6개 연도' 지정 3개 집단: 부산항만공사 (2008-16), 한국석유공사 (2009-16), 인천도시공사 (2010-16).

(6) '5개 연도' 지정 1개 집단: 인천국제공항공사 (2010-14).

(7) '3개 연도' 지정 1개 집단: 서울메트로 (2014-16).

(8) '2개 연도' 지정 1개 집단: 한국지역난방공사 (2008-14).

(9) '1개 연도' 지정 5개 집단: 담배인삼공사, KT (2002), 광해방지사업단, 인천항만공사 (2008), SH공사 (2016).

담배인삼공사와 KT의 경우 2003년부터는 사기업집단으로 지정되어 2016년까지 14년 동안 지정되었다. 이를 고려하면 두 집단의 '지정 연도 수'는 각각 15년이 된다. 또, 한국토지주택공사(2010-16)는 대한주택공사(2002-09)와 한국토지공사(2002-09)가 통합되어 출범하였으며, 각각 별개의 집단으로 간주하였다. 연속성을 고려하면 3개 집단 모두 '지정 연도 수'가 15년 (2002-16)이 되는 셈이다.

담배인삼공사는 2003년 사기업집단으로 지정되면서부터는 KT&G로 이름이 변경되었다. 다른 2개 집단의 이름도 변경되었다: ⓐ 인천광역시도시개발공사 (2010) → 인천도시공사 (2012-16), ⓑ 농업기반공사 (2002-05) → 한국농촌공사 (2006-08) → 한국농어촌공사 (2009).

21개 집단 중 12개는 2016년에도 지정되었으며, 9개는 그 이전에 지정되었다. 마지막 지정 연도가 2010-2015년인 집단이 2개 (인천국제공항공사 2014; 한국지역난방공사 2014), 2005-2009년인 집단이 5개 (대한주택공사, 한국농어촌공사, 한국토지공사 2009; 광해방지사업단, 인천항만공사 2008), 그리고 2002-2004년인 집단이 2개이다 (담배인삼공사, KT 2002).

한편, 21개 집단 중 16개는 연속적으로, 5개는 비연속적으로 지정되었다. 최초 지정 연도는 2002년(9개 집단)에서 2016년(SH공사)까지 15년에, 그리고 최종 지정 연도 또한 2002년(담배인삼공사, KT)에서 2016년(12개 집단)까지 15년에 걸쳐 있다.

비연속적으로 지정된 5개 집단 중에서는 1개(한국석유공사)는 3개 기간에, 4개는 2개 기간에 걸쳐 지정되었다. 또 5개 집단 중 4개는 2016년까지 6-7년 동안 지정되었는데, 관련 기간은 15년(한국수자원공사, 2002-16, 7년 지정), 9년(부산항만공사, 2008-16, 6년 지정), 8년(한국석유공사, 2009-16, 6년 지정), 그리고 7년(인천도시공사, 2010-16, 6년 지정)이다. 나머지 1개 집단(한국지역난방공사)은 7년(2008-14) 동안 2개 연도에만 지정되었다.

제4부
기업집단의
순위

1. 기업집단의 순위

'지정 연도' 및 '지정 연도 수'가 대규모기업집단의 한국경제
에 대한 영향력의 시기 및 지속성 정도를 말해 준다면, '집단
순위'는 영향력의 강도를 가늠해 볼 수 있는 지표이다.

집단 순위는 자산총액이 기준이며, 자산총액은 집단 소속 계
열회사들 자산총액의 합계이다. 따라서 순위가 높다는 것은 계
열회사의 규모가 크거나 수가 많다는 것을 의미하며, 그런 만
큼 계열회사들이 보다 다양한 사업을 영위하면서 보다 광범위
하고 보다 밀접하게 경제와 연관되어 있다는 것을 의미한다.

1987년부터 2001년까지 15년 동안에는 사기업집단만 지정

되었고, 2002년 이후 2016년까지 15년 동안에는 사기업집단과 공기업집단이 함께 지정되었다. 후자의 경우 공정거래위원회 자료에는 두 집단 전체를 기준으로 순위가 매겨져 있다.

하지만 여기서는 두 집단을 분리해서 각각의 순위를 분석한다. 지정된 사기업집단(매년 30-78개, 합 140개)이 공기업집단(6-13개, 21개)보다 월등하게 많고, 사기업집단이 보다 오랜 기간 지정되어 사기업집단만의 순위를 연속적으로 고려하는 것이 중요하기 때문이다. 사기업집단 순위는 1위에서 78위까지, 그리고 공기업집단 순위는 1위에서 13위까지이다 (<표 4.1>, <표 4.2>).

1987-1992년의 경우 매년 32-78개 사기업집단이 지정되었는데, 31위 이하의 순위 정보는 없다. 1987년 2개 집단 (31-32위), 1988년 10개 집단 (31-40위), 1989년 13개 집단 (31-43위), 1990년 23개 집단 (31-53위), 1991년 31개 집단 (31-61위), 1992년 48개 집단 (31-78위) 등이 이에 해당한다.

관련 집단은 모두 55개이다. 첫째, 이들 중 28개는 1992년까지만 지정되었으며 '(31)'을 표의 최고 순위에 표시하였다. 둘째, 나머지 27개는 1987-1992년 중 일부 연도와 1993년 이후 연도에 지정되었다. 이들 27개 집단 중, 1993년 이후의 연도에 31위 이하의 순위가 있으면 그 순위를 최하 순위로 취하되 '괄호'에 표시하였고 (17개), 31위 순위가 없으면 최하 순위는 '(31)'로 표시하였다 (10개).

<표 4.1> 167개 기업집단의 순위, 1987-2018년: (1) '가나다' 순

(1) 140개 사기업집단, 1987-2016년

	지정 연도 (시작 - 마지막)	지정 연도 수 (년)	순위 (위)		연도	
			최고	최하	최고	최하
갑을	1991-92	2	(31)	-	1992	-
강원산업	1988-99	7	26	(31)	1999	1992
거평	1997-98	2	28	-	1998	-
고려통상	1991-92	2	(31)	-	1992	-
고합	1987-2001	15	17	30	1998	2001
교보생명보험	2007-16	7	34	62	2016	2008
극동건설	1987-96	10	20	28	1991	1996
극동정유	1988-92	5	19	26	1991	1988
금강	1990-92	3	(31)	-	1992	-
금호석유화학	2016-16	1	52	-	2016	-
금호아시아나	1987-2016	30	8	22	2000	1987
기아	1987-97	11	8	13	1997	1987
계성제지	1991-91	1	(31)	-	1991	-
논노	1992-92	1	(31)	-	1992	-
농심	1992-2008	7	39	(49)	2004	2008
농협	2008-16	6	9	67	2015	2008
뉴코아	1996-98	3	25	29	1997	1996
동국무역	1989-92	4	(31)	-	1992	-
동국제강	1987-2016	30	15	38	2000	2016
동부	1987-2016	30	13	36	2004	2016
동아	1987-2000	14	10	15	1998	1996
동아제약	1992-92	1	(31)	-	1992	-
동양	1989-2013	25	17	(39)	2001	2013
동원	1990-2004	6	28	(32)	2002	2003
두산	1987-2016	30	11	15	2001	1989

주: 1) 1987-1992년의 '31위 이하' 순위 정보가 없으며 관련 집단은 55개임; ① 1992년까지만 지정된 경우 '(31)'을 최고 순위에 표시함 (28개 집단), ② 1993년 이후의 지정 연도에 31위 이하 순위가 없는 경우 '(31)'을 최하 순위에 표시함 (10개 집단), ③ 1993년 이후의 지정 연도에 31위 이하 순위가 있는 경우 해당 순위를 '괄호'에 넣어 최하 순위에 표시함 (17개 집단).
2) 대한해운: 1991년 (61개 집단 지정) 및 1992년 (78개 집단) '31위 이하', 2008년 '65위' → 최고 순위는 (31), 최하 순위는 (65)로 표시함.
3) 같은 순위가 있는 경우 마지막 연도를 취함; 1개 종류 순위만 있는 경우 최고 순위에 표시함.

	지정 연도 (시작 - 마지막)	지정 연도 수 (년)	순위 (위)		연도	
			최고	최하	최고	최하
대교	2008-08	1	68	-	2008	-
대농	1990-92	3	(31)	-	1992	-
대림	1987-2016	30	9	22	1987	2011
대상	1987-2003	14	26	(41)	1998	2003
대성	1990-2015	15	32	(47)	2002	2015
대신	1990-92	3	(31)	-	1992	-
대우	1987-99	13	2	4	1999	1997
㈜대우	2000-00	1	7	-	2000	-
대우건설	2004-16	9	15	28	2004	2013
대우자동차	2003-05	3	27	42	2003	2005
대우자동차판매	2007-08	2	55	64	2007	2008
대우전자	2000-01	2	24	28	2000	2001
대우조선해양	2003-16	14	15	26	2009	2004
대전피혁	1991-92	2	(31)	-	1992	-
대주건설	2008-08	1	55	-	2008	-
대한유화	1991-92	2	(31)	-	1992	-
대한전선	1992-2012	11	25	(49)	2009	2012
대한조선공사	1987-88	2	28	(31)	1987	1988
대한해운	1991-2008	3	(31)	(65)	1992	2008
라이프	1987-87	1	29	-	1987	-
롯데	1987-2016	30	5	11	2016	1998
문화방송	2003-08	6	39	56	2003	2008
미래에셋	2008-16	8	25	44	2016	2008
범양상선	1987-92	6	15	(31)	1987	1992
벽산	1988-96	9	29	(31)	1995	1991
보광	2008-08	1	59	-	2008	-
봉명	1988-92	5	(31)	-	1992	-
부영	2002-16	14	16	39	2016	2007
삼립식품	1992-92	1	(31)	-	1992	-
삼미	1987-96	10	16	26	1988	1996
삼보컴퓨터	2003-03	1	36	-	2003	-
삼성	1987-2016	30	1	4	2016	1991

	지정 연도 (시작 - 마지막)	지정 연도 수 (년)	순위 (위)		연도	
			최고	최하	최고	최하
삼양	1989-2008	10	30	(60)	1999	2008
삼천리	1992-2016	4	45	(50)	2015	2016
삼환기업	1987-92	6	30	(31)	1987	1992
쌍방울	1992-92	1	(31)	-	1992	-
쌍용	1987-2006	16	5	42	1987	2006
쌍용양회	2007-08	2	44	54	2007	2008
서통	1992-92	1	(31)	-	1992	-
선명	2008-08	1	66	-	2008	-
성신양회	1990-92	3	(31)	-	1992	-
성우	1992-92	1	(31)	-	1992	-
씨앤	2008-08	1	63	-	2008	-
CJ	1999-2016	18	14	28	2012	1999
신동아	1987-92	3	(31)	-	1992	-
신세계	2000-16	17	14	29	2016	2000
신아	1992-92	1	(31)	-	1992	-
신호	1997-99	3	25	30	1998	1997
새한	1998-2000	3	25	30	1999	1998
세아	2004-16	13	32	44	2005	2014
셀트리온	2016-16	1	48	-	2016	-
아남	1989-2000	8	21	(31)	1998	1992
아모레퍼시픽	1988-2016	11	29	(52)	1990	2013
영풍	1990-2016	19	25	(41)	2001	2010
오리온	2007-08	2	54	61	2007	2008
OCI	1990-2016	19	23	(47)	2016	2006
우방	1992-92	1	(31)	-	1992	-
우성건설	1988-95	8	24	27	1994	1995
웅진	2008-13	6	31	49	2012	2013
유원건설	1992-92	1	(31)	-	1992	-
유진	2008-12	3	47	52	2011	2012
이랜드	2005-16	9	26	51	2007	2012
애경	2008-08	1	51	-	2008	-

	지정 연도 (시작 - 마지막)	지정 연도 수 (개)	순위 (위)		연도	
			최고	최하	최고	최하
S-Oil	2000-16	9	18	30	2000	2009
SK	1987-2016	30	3	7	2016	1989
STX	2005-13	9	13	28	2012	2005
LS	2004-16	13	15	19	2012	2006
LG	1987-2016	30	2	4	2004	2016
조양상선	1991-92	2	(31)	-	1992	-
중앙일보	2006-06	1	52	.	2006	-
중흥건설	2015-16	2	41	49	2016	2015
GS	2005-16	12	7	9	2016	2005
진로	1990-2000	11	19	(31)	1997	1991
청구	1992-92	1	(31)	-	1992	-
충남방적	1992-92	1	(31)	-	1992	-
카카오	2016-16	1	53	-	2016	-
코닝정밀소재	2014-14	1	43	-	2014	-
코오롱	1987-2016	30	17	36	2002	2010
KCC	2002-16	15	23	35	2008	2013
KT	2003-16	14	5	13	2004	2016
KT&G	2003-16	14	21	41	2003	2011
통일	1988-92	5	25	(31)	1990	1992
태광	1988-2016	19	29	(46)	2002	2011
태영	1992-2016	9	44	(50)	2015	2006
POSCO	1989-2016	17	5	8	2009	2004
풍산	1988-92	5	(31)	-	1992	-
프라임	2008-08	1	58	-	2008	-
하나로텔레콤	2001-08	8	20	52	2002	2008
하림	2016-16	1	29	-	2016	-
하이닉스	2006-11	6	14	17	2008	2011
하이트진로	1992-2016	14	22	(49)	2006	2016
한국유리	1990-92	3	(31)	-	1992	-
한국GM	2004-16	13	17	43	2005	2016

	지정 연도 (시작 - 마지막)	지정 연도 수 (년)	순위 (위)		연도	
			최고	최하	최고	최하
한국타이어	1992-2016	13	32	(57)	2016	2008
한국투자금융	2009-16	6	35	47	2016	2012
한라	1987-2016	19	12	(53)	1998	2008
한보	1987-96	9	14	(31)	1996	1992
한솔	1996-2016	17	11	51	2000	2016
한신공영	1990-92	3	(31)	-	1992	-
한양	1987-93	7	19	30	1987	1990
한일	1987-97	11	12	27	1990	1997
한진	1987-2016	30	5	11	2002	2016
한진중공업	2006-16	11	29	39	2010	2016
한화	1987-2016	30	8	13	2016	2010
현대	1987-2016	30	1	22	2000	2016
현대건설	2007-10	4	23	25	2010	2008
현대백화점	2001-16	16	21	34	2016	2010
현대산업개발	2000-16	17	22	47	2001	2016
현대오일뱅크	2000-10	7	13	43	2001	2010
현대자동차	2001-16	16	2	5	2016	2001
현대중공업	2002-16	15	7	11	2014	2007
홈플러스	2008-15	8	35	43	2011	2008
효성	1987-2016	30	14	33	1988	2007
해태	1987-99	13	24	(31)	1999	1990
화승	1991-92	2	(31)	-	1992	-

(2) 6개 사기업집단: 2017-2018년 처음 지정

네이버	2017-18	2	49	51	2018	2017
넥슨	2017-18	2	52	56	2018	2017
넷마블	2018-18	1	57	-	2018	-
메리츠금융	2018-18	1	51	-	2018	-
SM	2017-18	2	37	46	2018	2017
호반건설	2017-18	2	44	47	2018	2017

주: 같은 순위가 있는 경우 마지막 연도를 취함; 1개 종류 순위만 있는 경우 최고 순위에 표시함.

(3) 21개 공기업집단: 2002-2016년

	지정 연도 (시작 - 마지막)	지정 연도 수 (년)	순위 (위)		연도	
			최고	최하	최고	최하
광해방지사업단	2008-08	1	10	-	2008	-
담배인삼공사	2002-02	1	9	-	2002	-
대한주택공사	2002-09	8	2	5	2009	2002
부산항만공사	2008-16	6	8	12	2008	2016
서울메트로	2014-16	3	10	11	2016	2014
서울특별시 도시철도공사	2010-16	7	7	11	2010	2016
인천 국제공항공사	2010-14	5	6	9	2010	2014
인천도시공사	2010-16	6	7	9	2013	2016
인천항만공사	2008-08	1	11	-	2008	-
SH공사	2016-16	1	5	-	2016	-
KT	2002-02	1	2	-	2002	-
한국가스공사	2002-16	15	4	7	2016	2002
한국농어촌공사	2002-09	8	6	8	2004	2009
한국도로공사	2002-16	15	2	3	2006	2016
한국석유공사	2009-16	6	5	8	2012	2016
한국수자원공사	2002-16	7	5	6	2015	2016
한국전력공사	2002-16	15	1	2	2016	2011
한국 지역난방공사	2008-14	2	9	13	2008	2014
한국철도공사	2005-16	12	5	7	2011	2016
한국토지공사	2002-09	8	4	-	2009	-
한국 토지주택공사	2010-16	7	1	2	2011	2016

주: 1) 1987-2016년 4월, 2017년 5·9월, 2018년 5월 지정.
   2) 같은 순위가 있는 경우 마지막 연도를 취함; 1개 종류 순위만 있는 경우 최고 순위에 표시함.

〈표 4.2〉 167개 기업집단의 순위, 1987-2018년: (2) '지정 연도 수' 순

(1) 140개 사기업집단: 1987-2016년

① 30년 지정: 14개 집단

	지정 연도 (시작 - 마지막)	지정 연도 수 (년)	순위 (위)		연도	
			최고	최하	최고	최하
금호아시아나	1987-2016	30	8	22	2000	1987
동국제강	1987-2016	30	15	38	2000	2016
동부	1987-2016	30	13	36	2004	2016
두산	1987-2016	30	11	15	2001	1989
대림	1987-2016	30	9	22	1987	2011
롯데	1987-2016	30	5	11	2016	1998
삼성	1987-2016	30	1	4	2016	1991
SK	1987-2016	30	3	7	2016	1989
LG	1987-2016	30	2	4	2004	2016
코오롱	1987-2016	30	17	36	2002	2010
한진	1987-2016	30	5	11	2002	2016
한화	1987-2016	30	8	13	2016	2010
현대	1987-2016	30	1	22	2000	2016
효성	1987-2016	30	14	33	1988	2007

② 25년 지정: 1개 집단

동양	1989-2013	25	17	(39)	2001	2013

③ 19년 지정: 4개 집단

영풍	1990-2016	19	25	(41)	2001	2010
OCI	1990-2016	19	23	(47)	2016	2006
태광	1988-2016	19	29	(46)	2002	2011
한라	1987-2016	19	12	(53)	1998	2008

주: 1) 1987-1992년의 '31위 이하' 순위 정보가 없으며 관련 집단은 55개임; ① 1992년까지만 지정된 경우 '(31)'을 최고 순위에 표시함 (28개 집단), ② 1993년 이후의 지정 연도에 31위 이하 순위가 없는 경우 '(31)'을 최하 순위에 표시함 (10개 집단), ③ 1993년 이후의 지정 연도에 31위 이하 순위가 있는 경우 해당 순위를 '괄호'에 넣어 최하 순위에 표시함 (17개 집단).
2) 대한해운: 1991년 (61개 집단 지정) 및 1992년 (78개 집단) '31위 이하', 2008년 '65위' → 최고 순위는 (31), 최하 순위는 (65)로 표시함.
3) 같은 순위가 있는 경우 마지막 연도를 취함; 1개 종류 순위만 있는 경우 최고 순위에 표시함.

④ 18년 지정: 1개 집단

	지정 연도 (시작 - 마지막)	지정 연도 수 (년)	순위 (위)		연도	
			최고	최하	최고	최하
CJ	1999-2016	18	14	28	2012	1999

⑤ 17년 지정: 4개 집단

신세계	2000-16	17	14	29	2016	2000
POSCO	1989-2016	17	5	8	2009	2004
한솔	1996-2016	17	11	51	2000	2016
현대산업개발	2000-16	17	22	47	2001	2016

⑥ 16년 지정: 3개 집단

쌍용	1987-2006	16	5	42	1987	2006
현대백화점	2001-16	16	21	34	2016	2010
현대자동차	2001-16	16	2	5	2016	2001

⑦ 15년 지정: 4개 집단

고합	1987-2001	15	17	30	1998	2001
대성	1990-2015	15	32	(47)	2002	2015
KCC	2002-16	15	23	35	2008	2013
현대중공업	2002-16	15	7	11	2014	2007

⑧ 14년 지정: 7개 집단

동아	1987-2000	14	10	15	1998	1996
대상	1987-2003	14	26	(41)	1998	2003
대우조선해양	2003-16	14	15	26	2009	2004
부영	2002-16	14	16	39	2016	2007
KT	2003-16	14	5	13	2004	2016
KT&G	2003-16	14	21	41	2003	2011
하이트진로	1992-2016	14	22	(49)	2006	2016

⑨ 13년 지정: 6개 집단

	지정 연도 (시작 - 마지막)	지정 연도 수 (년)	순위 (위)		연도	
			최고	최하	최고	최하
대우	1987-99	13	2	4	1999	1997
세아	2004-16	13	32	44	2005	2014
LS	2004-16	13	15	19	2012	2006
한국GM	2004-16	13	17	43	2005	2016
한국타이어	1992-2016	13	32	(57)	2016	2008
해태	1987-99	13	24	(31)	1999	1990

⑩ 12년 지정: 1개 집단

GS	2005-16	12	7	9	2016	2005

⑪ 11년 지정: 6개 집단

기아	1987-97	11	8	13	1997	1987
대한전선	1992-2012	11	25	(49)	2009	2012
아모레퍼시픽	1988-2016	11	29	(52)	1990	2013
진로	1990-2000	11	19	(31)	1997	1991
한일	1987-97	11	12	27	1990	1997
한진중공업	2006-16	11	29	39	2010	2016

⑫ 10년 지정: 3개 집단

극동건설	1987-96	10	20	28	1991	1996
삼미	1987-96	10	16	26	1988	1996
삼양	1989-2008	10	30	(60)	1999	2008

⑬ 9년 지정: 7개 집단

	지정 연도 (시작 - 마지막)	지정 연도 수 (년)	순위 (위)		연도	
			최고	최하	최고	최하
대우건설	2004-16	9	15	28	2004	2013
벽산	1988-96	9	29	(31)	1995	1991
이랜드	2005-16	9	26	51	2007	2012
S-Oil	2000-16	9	18	30	2000	2009
STX	2005-13	9	13	28	2012	2005
태영	1992-2016	9	44	(50)	2015	2006
한보	1987-96	9	14	(31)	1996	1992

⑭ 8년 지정: 5개 집단

미래에셋	2008-16	8	25	44	2016	2008
아남	1989-2000	8	21	(31)	1998	1992
우성건설	1988-95	8	24	27	1994	1995
하나로텔레콤	2001-08	8	20	52	2002	2008
홈플러스	2008-15	8	35	43	2011	2008

⑮ 7년 지정: 5개 집단

강원산업	1988-99	7	26	(31)	1999	1992
교보생명보험	2007-16	7	34	62	2016	2008
농심	1992-2008	7	39	(49)	2004	2008
한양	1987-93	7	19	30	1987	1990
현대오일뱅크	2000-10	7	13	43	2001	2010

⑯ 6년 지정: 8개 집단

	지정 연도 (시작 - 마지막)	지정 연도 수 (년)	순위 (위)		연도	
			최고	최하	최고	최하
농협	2008-16	6	9	67	2015	2008
동원	1990-2004	6	28	(32)	2002	2003
문화방송	2003-08	6	39	56	2003	2008
범양상선	1987-92	6	15	(31)	1987	1992
삼환기업	1987-92	6	30	(31)	1987	1992
웅진	2008-13	6	31	49	2012	2013
하이닉스	2006-11	6	14	17	2008	2011
한국투자금융	2009-16	6	35	47	2016	2012

⑰ 5년 지정: 4개 집단

극동정유	1988-92	5	19	26	1991	1988
봉명	1988-92	5	(31)	-	1992	-
통일	1988-92	5	25	(31)	1990	1992
풍산	1988-92	5	(31)	-	1992	-

⑱ 4년 지정: 3개 집단

동국무역	1989-92	4	(31)	-	1992	-
삼천리	1992-2016	4	45	(50)	2015	2016
현대건설	2007-10	4	23	25	2010	2008

⑲ 3년 지정: 13개 집단

	지정 연도 (시작 - 마지막)	지정 연도 수 (년)	순위 (위)		연도	
			최고	최하	최고	최하
금강	1990-92	3	(31)	-	1992	-
뉴코아	1996-98	3	25	29	1997	1996
대농	1990-92	3	(31)	-	1992	-
대신	1990-92	3	(31)	-	1992	-
대우자동차	2003-05	3	27	42	2003	2005
대한해운	1991-2008	3	(31)	(65)	1992	2008
성신양회	1990-92	3	(31)	-	1992	-
신동아	1987-92	3	(31)	-	1992	-
신호	1997-99	3	25	30	1998	1997
새한	1998-2000	3	25	30	1999	1998
유진	2008-12	3	47	52	2011	2012
한국유리	1990-92	3	(31)	-	1992	-
한신공영	1990-92	3	(31)	-	1992	-

⑳ 2년 지정: 13개 집단

갑을	1991-92	2	(31)	-	1992	-
거평	1997-98	2	28	-	1998	-
고려통상	1991-92	2	(31)	-	1992	-
대우자동차판매	2007-08	2	55	64	2007	2008
대우전자	2000-01	2	24	28	2000	2001
대전피혁	1991-92	2	(31)	-	1992	-
대한유화	1991-92	2	(31)	-	1992	-
대한조선공사	1987-88	2	28	(31)	1987	1988
쌍용양회	2007-08	2	44	54	2007	2008
오리온	2007-08	2	54	61	2007	2008
조양상선	1991-92	2	(31)	-	1992	-
중흥건설	2015-16	2	41	49	2016	2015
화승	1991-92	2	(31)	-	1992	-

㉑ 1년 지정: 28개 집단

	지정 연도 (시작 - 마지막)	지정 연도 수 (년)	순위 (위)		연도	
			최고	최하	최고	최하
금호석유화학	2016-16	1	52	-	2016	-
계성제지	1991-91	1	(31)	-	1991	-
논노	1992-92	1	(31)	-	1992	-
동아제약	1992-92	1	(31)	-	1992	-
대교	2008-08	1	68	-	2008	-
㈜대우	2000-00	1	7	-	2000	-
대주건설	2008-08	1	55	-	2008	-
라이프	1987-87	1	29	-	1987	-
보광	2008-08	1	59	-	2008	-
삼립식품	1992-92	1	(31)	-	1992	-
삼보컴퓨터	2003-03	1	36	-	2003	-
쌍방울	1992-92	1	(31)	-	1992	-
서통	1992-92	1	(31)	-	1992	-
선명	2008-08	1	66	-	2008	-
성우	1992-92	1	(31)	-	1992	-
씨앤	2008-08	1	63	-	2008	-
신아	1992-92	1	(31)	-	1992	-
셀트리온	2016-16	1	48	-	2016	-
우방	1992-92	1	(31)	-	1992	-
유원건설	1992-92	1	(31)	-	1992	-
애경	2008-08	1	51	-	2008	-
중앙일보	2006-06	1	52	-	2006	-
청구	1992-92	1	(31)	-	1992	-
충남방적	1992-92	1	(31)	-	1992	-
카카오	2016-16	1	53	-	2016	-
코닝정밀소재	2014-14	1	43	-	2014	-
프라임	2008-08	1	58	-	2008	-
하림	2016-16	1	29	-	2016	-

(2) 6개 사기업집단: 2017-2018년 처음 지정

① 2년 지정: 4개 집단

	지정 연도 (시작 - 마지막)	지정 연도 수 (년)	순위 (위)		연도	
			최고	최하	최고	최하
네이버	2017-18	2	49	51	2018	2017
넥슨	2017-18	2	52	56	2018	2017
SM	2017-18	2	37	46	2018	2017
호반건설	2017-18	2	44	47	2018	2017

② 1년 지정: 2개 집단

넷마블	2018-18	1	57	-	2018	-
메리츠금융	2018-18	1	51	-	2018	-

(3) 21개 공기업집단: 2002-2016년

① 15년 지정: 3개 집단

한국가스공사	2002-16	15	4	7	2016	2002
한국도로공사	2002-16	15	2	3	2006	2016
한국전력공사	2002-16	15	1	2	2016	2011

② 12년 지정: 1개 집단

한국철도공사	2005-16	12	5	7	2011	2016

③ 8년 지정: 3개 집단

대한주택공사	2002-09	8	2	5	2009	2002
한국농어촌공사	2002-09	8	6	8	2004	2009
한국토지공사	2002-09	8	4	-	2009	-

주: 1) 1987-2016년 4월, 2017년 5·9월, 2018년 5월 지정.
　　2) 같은 순위가 있는 경우 마지막 연도를 취함; 1개 종류 순위만 있는 경우 최고 순위에 표시함.

④ 7년 지정: 3개 집단

	지정 연도 (시작 - 마지막)	지정 연도 수 (년)	순위 (위)		연도	
			최고	최하	최고	최하
서울특별시 도시철도공사	2010-16	7	7	11	2010	2016
한국수자원공사	2002-16	7	5	6	2015	2016
한국 토지주택공사	2010-16	7	1	2	2011	2016

⑤ 6년 지정: 3개 집단

부산항만공사	2008-16	6	8	12	2008	2016
인천도시공사	2010-16	6	7	9	2013	2016
한국석유공사	2009-16	6	5	8	2012	2016

⑥ 5년 지정: 1개 집단

인천 국제공항공사	2010-14	5	6	9	2010	2014

⑦ 3년 지정: 1개 집단

서울메트로	2014-16	3	10	11	2016	2014

⑧ 2년 지정: 1개 집단

한국 지역난방공사	2008-14	2	9	13	2008	2014

⑨ 1년 지정: 5개 집단

광해방지사업단	2008-08	1	10	-	2008	-
담배인삼공사	2002-02	1	9	-	2002	-
인천항만공사	2008-08	1	11	-	2008	-
SH공사	2016-16	1	5	-	2016	-
KT	2002-02	1	2	-	2002	-

2. '순위'별 기업집단, 1987-2016년

　사기업집단의 순위는 흔히 '재계(財界) 순위'로 불리며, '5대, 10대, 30대 그룹' 등으로 나누는 것이 관례이다. 이 점을 고려하여 여기서는 순위를 5개 유형으로 나누어 분석한다. ⓐ '1-10'위, ⓑ '1-11+'위 (1위 - 11위 이하), ⓒ '11-30'위, ⓓ '11-31+'위 (11위 - 31위 이하), ⓔ '31+'위 (31위 이하) 등이다. 그리고 앞의 두 유형의 경우에는, 각각 3개('1-5', '1-10', '6-10'위), 4개('1-30', '1-31+', '6-30', '6-31+'위)의 보다 자세한 유형들을 고려한다.

　1987-2016년의 30년 동안 지정된 140개 사기업집단의 순위는 1-78위, 그리고 2002-2016년의 15년 동안 지정된 21개 공기업집단의 순위는 1-13위이다 (<표 4.3>, <표 4.4>).

　앞에서 언급한 것처럼, 1987-1992년의 경우 '31위 이하의 순위' 정보가 없다. 1987년 2개 집단(31-32위), 1988년 10개 집단 (31-40위), 1989년 13개 집단 (31-43위), 1990년 23개 집단 (31-53위), 1991년 31개 집단 (31-61위), 1992년 48개 집단 (31-78위) 등이 이에 해당한다.

　관련 집단은 모두 55개인데, 28개는 1992년까지만 지정되었고, 27개는 1993년 이후에도 지정되었다. 후자의 27개 집단의 경우, 1993년 이후 연도에 31위 이하의 순위가 있으면 그 순위를 최하 순위로 취하고 (17개), 31위 이하의 순위가 없으면 최하 순위는 '31위 이하'로 하였다 (10개).

〈표 4.3〉 161개 기업집단의 순위, 1987-2016년:
(1) '마지막 지정 연도' 기준 집단 수 (개)

(1) 140개 사기업집단: 1987-2016년

순위 (위)	집단 수 (개)	마지막 지정 연도						
		①	②	③	④	⑤	⑥	⑦
		1987-89년	1990-94년	1995-99년	2000-04년	2005-09년	2010-15년	2016년
	140	2	33	13	10	18	11	53
1-10	8			1	1			6
1-11+	12			1	1	1		9
11-30	24	1	2	7	3		3	8
11-31+	38	1	3	4	4	3	3	20
31+	58		28		1	14	5	10
1-5	4			1				3
1-10	2							2
6-10	2				1			1
1-30	4							4
1-31+	1					1		
6-30	6			1	1			4
6-31+	1							1
11-30	24	1	2	7	3		3	8
11-31+	38	1	3	4	4	3	3	20
31+	58		28		1	14	5	10

(2) 21개 공기업집단: 2002-2016년

	21				2	5	2	12
1-5	7				1	2		4
1-10	4							4
6-10	5				1	2	1	1
6-11+	4						1	3
11+	1					1		

주: <표 4.4> 참조.

첫째, 140개 사기업집단 중 82개(59%)는 1회 이상 '30대 그룹'에 속한 적이 있고, 58개(41%)는 31위 이하의 순위를 유지하였다. 전자의 82개 집단 중에서는, 20개(140개의 15%)는 '10대 그룹'에 속한 적이 있고, 대다수인 62개(44%)는 11위 이하 순위를 가졌다.

둘째, '10대 그룹'에 속한 20개 집단 중 '1-10위'를 줄곧 유지한 집단은 8개이다. 전체 140개의 1/20남짓(6%)이다. 이들 8개 집단 중 4개는 '5대 그룹'(1-5위)에 줄곧 속하였고, 2개는 '1-10위' 그리고 2개는 '6-10위'의 순위를 가졌다. 보다 강한 영향력을 행사하면서 한국경제의 중심축의 핵을 형성한 집단은 극소수에 지나지 않음을 알 수 있다.

셋째, '10대 그룹'에 속한 적이 있는 20개 집단 중 나머지 12개는 '1-11+위'(1위 - 11위 이하)의 순위를 가졌다. 역시 전체 140개 집단의 1/20남짓(9%)이다. 12개 집단 중 10개는 1-30위를 유지하였고, 2개는 31위 이하 순위를 가진 적이 있었다. 전자의 10개 집단 중에서는 4개는 '1-30위'의 순위를, 6개는 '6-30위'의 순위를 가졌다. 또 후자의 2개 집단은 각각 '1-31+위'(1위 - 31위 이하), '6-31+위'(6위 - 31위 이하)의 유형에 속하였다.

결국, 140개 사기업집단의 1/10남짓(15%)인 '10대 그룹' 관련 20개 집단이 한국경제의 중심축을 지탱한 핵심 집단들인 셈이다. 이들 내에서는, 1-5위에 줄곧 속한 4개 집단, 1-10위에 줄곧 속한 8개 집단, 1-10위에 속한 적이 있는 20개 집단 등 3개 부류의 순서로 중심축의 범위가 확대되어 간 것으로 볼 수 있다. 20개 집단 중 5개(대우; ㈜대우; 쌍용; 기아, 동아)를 제외한 15개는 2016년 현재에도 지정되었다.

넷째, '10대 그룹'에 속한 적이 있는 20개 집단을 제외하면

'30대 그룹'에 속한 적이 있는 사기업집단은 62개이며, 이들은 11위 이하의 순위를 가졌다. 이 62개 중 '11-30위'를 유지한 집단은 24개로 140개 집단 전체의 1/5가량(17%)이다. 24개 집단 중 8개는 2016년에도 지정되었으며, 16개는 그 이전에 지정되었다. 후자의 16개 집단 중에서는 1개(라이프)는 1980년대에 그리고 9개는 1990년대에 마지막으로 지정되었다.

위에서 살펴본 것처럼, '1-10위' 집단은 8개 그리고 '1-11+위'의 12개 집단 중 '1-30위' 집단은 10개이다. 여기에 '11-30위' 24개 집단을 합하면, '1-30위'에 속한 집단은 모두 42개(8+10+24개)가 되며, 이는 전체 140개 사기업집단의 1/3가량(30%)이다. 한국경제의 중심축을 형성하는 집단의 범위를 '1-30위'로 넓혀보더라도 여전히 소수의 집단들이 관련되어 있음을 알 수 있다.

다섯째, '30대 그룹'에 속한 11위 이하 62개 집단 중 나머지 38개는 '11-31+위'(11위 - 31위 이하)의 순위를 가졌다. 140개 사기업집단의 1/3가량(27%)이다. 38개 집단 중 절반 이상인 20개는 2016년에도 지정되었고, 나머지 18개는 그 이전에 지정되었다. 1개 집단(대한조선공사)은 1980년대에 그리고 7개 집단은 1990년대에 마지막으로 지정되었다.

여섯째, 140개 사기업집단 중 나머지 58개는 '31+위'(31위 이하)의 순위를 가졌다. 전체의 2/5 수준(41%)이다. 이들 중 절반가량인 28개 집단은 1990년대 전반에 마지막으로 지정되었으며, 다른 10개 집단은 2016년에도 지정되었다.

마지막으로 일곱째, 21개 공기업집단의 순위는 1-13위였는데, 16개 집단(76%)이 '1-10위'의 순위를 가졌고, 이들 중 7개 (33%)는 '1-5위'를 유지하였다. 이들 7개 집단이 핵심 공기업 집단인 셈이다. 7개 집단 중 4개는 2016년에도 지정되었고 3개는 그 이전에 마지막으로 지정되었다.

〈표 4.4〉 161개 기업집단의 순위, 1987-2016년:
(2) '마지막 지정 연도' 기준 집단 이름

(1) 140개 사기업집단: 1987-2016년

순위 (위)	마지막 지정 연도						
	① 1987- 89년	② 1990- 94년	③ 1995- 99년	④ 2000- 04년	⑤ 2005- 09년	⑥ 2010- 15년	⑦ 2016년
1-5			대우				삼성, LG, 현대자 동차
1-10							SK, POSCO
6-10				㈜대우			GS
1-30							롯데, 한진, 현대, KT
1- 31+					쌍용		
6-30			기아	동아			금호아 시아나, 대림, 한화, 현대중 공업
6- 31+							농협

순위 (위)	마지막 지정 연도						
	①	②	③	④	⑤	⑥	⑦
	1987-89년	1990-94년	1995-99년	2000-04년	2005-09년	2010-15년	2016년
11-30	라이프	한양, 극동정유	한일, 극동건설, 삼미, 우성건설, 뉴코아, 신호, 거평	고합, 새한, 대우전자		STX, 하이닉스, 현대건설	두산, CJ, 신세계, 대우조선해양, LS, 대우건설, S-Oil, 하림
11-31+	대한조선공사	범양상선, 삼환기업, 통일	해태, 벽산, 한보, 강원산업	대상, 진로, 아남, 동원	삼양, 하나로텔레콤, 대우자동차	동양, 대한전선, 현대오일뱅크	동국제강, 동부, 코오롱, 효성, 영풍, OCI, 태광, 한라, 한솔, 현대산업개발, 현대백화점, KCC, 부영, KT&G, 하이트진로, 한국 GM, 아모레퍼시픽, 한진중공업, 이랜드, 미래에셋

순위	마지막 지정 연도						
(위)	①	②	③	④	⑤	⑥	⑦
	1987-89년	1990-94년	1995-99년	2000-04년	2005-09년	2010-15년	2016년
31+		봉명, 풍산, 동국무역, 금강, 대농, 대신, 성신양회, 신동아, 한국유리, 한신공영, 갑을, 고려통상, 대전피혁, 대한유화, 조양상선, 화승, 계성제지, 논노, 동아제약, 삼립식품, 쌍방울, 서통, 성우, 신아, 우방, 유원건설, 청구, 충남방적		삼보컴퓨터	농심, 문화방송, 대한해운, 대우자동차판매, 쌍용양회, 오리온, 대교, 대주건설, 보광, 선명, 씨앤, 애경, 중앙일보, 프라임	대성, 홈플러스, 웅진, 유진, 코닝정밀소재	세아, 한국타이어, 태영, 교보생명보험, 한국투자금융, 삼천리, 중흥건설, 금호석유화학, 셀트리온, 카카오

(2) 21개 공기업집단: 2002-2016년

순위 (위)	마지막 지정 연도						
	① 1987-89년	② 1990-04년	③ 1995-99년	④ 2002-04년	⑤ 2005-09년	⑥ 2010-15년	⑦ 2016년
1-5				KT	대한주택공사, 한국토지공사		SH공사, 한국도로공사, 한국전력공사, 한국토지주택공사
1-10							한국가스공사, 한국석유공사, 한국수자원공사, 한국철도공사
6-10			담배인삼공사		광해방지사업단, 한국농어촌공사	인천국제공항공사	인천도시공사
6-11+						한국지역난방공사	부산항만공사, 서울메트로, 서울특별시도시철도공사
11+					인천항만공사		

주: 4월 지정; <표 4.1>, <표 4.2> 참조.

3. '1-10위' 8개 집단

'1-10위' 순위를 유지한 집단은 8개이며, 전체 140개 사기업
집단 중 6%이다. 4개는 '1-5위', 2개는 '1-10위', 그리고 2개는
'6-10위'를 유지하였다 (<표 4.5>).

〈표 4.5〉 140개 사기업집단의 순위, 1987-2016년:
(1) '1-10위' 8개 집단

순위 (위)	마지막 지정 연도						
	① 1987-89년	② 1990-94년	③ 1995-99년	④ 2000-04년	⑤ 2005-09년	⑥ 2010-15년	⑦ 2016년
1-5			대우				삼성, LG, 현대자동차
1-10							SK, POSCO
6-10				㈜대우			GS

	지정 연도 (시작 - 마지막)	지정 연도 수 (년)	순위 (위)		연도	
			최고	최하	최고	최하
대우	1987-99	13	2	4	1999	1997
삼성	1987-2016	30	1	4	2016	1991
LG	1987-2016	30	2	4	2004	2016
현대자동차	2001-16	16	2	5	2016	2001
SK	1987-2016	30	3	7	2016	1989
POSCO	1989-2016	17	5	8	2009	2004
㈜대우	2000-00	1	7	-	2000	-
GS	2005-16	12	7	9	2016	2005

주: <표 4.4>, <표 4.1>, <표 4.2> 참조.

(1) '1-5위' 4개 집단: ⓐ 삼성 [1-4위] (30개 연도 지정, 지정 시작 1987년 - 마지막 2016년) *[2-4위 (1987-2000) → 1위 (2001-16)]. ⓑ LG [2-4위] (30개 연도, 1987-2016) *[2-4위 (1987-2005) → 4위 (2006-16)]. ⓒ 현대자동차 [2-5위] (16개 연도, 2001-16) *[3-5위 (2001-04) → 2위 (2005-16)]. ⓓ 대우 [2-4위] (13개 연도, 1987-99).

(2) '1-10위' 2개 집단: ⓐ SK [3-7위] (30개 연도, 1987-2016) *[3-7위 (1987-2005) → 3위 (2006-16)]. ⓑ POSCO [5-8위] (17개 연도, 1989-2016) *[5-8위 (1989-2009) → 6위 (2010-16)].

(3) '6-10위' 2개 집단: ⓐ GS [7-9위] (12개 연도, 2005-16) *[9위 (2005) → 7-8위 (2006-16)]. ⓑ ㈜대우 [7위] (1개 연도, 2000).

8개 집단 중 2개는 1999-2000년에 마지막으로 지정되었고 (대우 1999, ㈜대우 2000), 나머지 6개는 2016년에도 지정되었다. 또, '지정 연도 수'를 보면, 1987-2016년의 전 기간인 '30개 연도'에 지정된 집단이 3개 (삼성, LG, SK), '17-16개 연도' 지정 2개 (POSCO, 현대자동차), '13-12개 연도' 지정 2개 (대우, GS), '1개 연도' 지정 1개 (㈜대우) 등이다.

㈜대우를 제외한 12개 연도 이상 지정 7개 집단이 보다 오랜 기간 동안 보다 강한 영향력을 행사하면서 한국경제의 중심축을 형성한 집단들이다. 7개 집단 중에서는 30년 동안 지정된 3개(삼성, LG, SK)가 핵심 집단인 셈이다. 삼성은 2001-2016

년 1위, SK는 2006-2016년 3위, 그리고 LG는 2006-2016년 4위를 유지하였다. 또, 현대자동차(16년 지정)는 2005-2016년 2위, POSCO(17년 지정)는 2010-2016년 6위, 그리고 GS(12년 지정)는 2006-2016년 7-8위였다.

4. '1위 – 11위 이하' 12개 집단

'1-11+위'(1위 - 11위 이하) 순위를 가진 집단은 12개이며, 전체 140개 사기업집단 중 9%이다. 4개는 '1-30위', 1개는 '1-31+위'(1위 - 31위 이하), 6개는 '6-30위', 그리고 1개는 '6-31+위'(6위 - 31위 이하)를 가졌다 (<표 4.6>).

(1) '1-30위' 4개 집단: ⓐ 롯데 [5-11위] (30개 연도 지정, 지정 시작 1987년 - 마지막 2016년) *[5-11위 (1987-2009) → 5위 (2010-16)]. ⓑ 한진 [5-11위] (30개 연도, 1987-2016) *[5-7위 (1987-2004) → 8-11위 (2005-16)]. ⓒ 현대 [1-22위] (30개 연도, 1987-2016) *[1위 (1987-2000) → 2-21위 (2001-09) → 21-22위 (2010-16)]. ⓓ KT [5-13위] (14개 연도, 2003-16) *[5-9위 (2003-08) → 11-13위 (2009-16)].

(2) '1-31+위' 1개 집단: 쌍용 [5-42위] (16개 연도, 1987-2006) *[5-10위 (1987-2000) → 12위 (2001) → 42위 (2006)].

〈표 4.6〉 140개 사기업집단의 순위, 1987-2016년: (2) '1위 – 11위 이하' 12개 집단

순위 (위)	마지막 지정 연도						
	① 1987-89년	② 1990-94년	③ 1995-99년	④ 2000-04년	⑤ 2005-09년	⑥ 2010-15년	⑦ 2016년
1-30							롯데, 한진, 현대, KT
1-31+					쌍용		
6-30			기아	동아			금호아시아나, 대림, 한화, 현대중공업
6-31+							농협

	지정 연도 (시작 - 마지막)	지정 연도 수 (년)	순위 (위)		연도	
			최고	최하	최고	최하
롯데	1987-2016	30	5	11	2016	1998
한진	1987-2016	30	5	11	2002	2016
현대	1987-2016	30	1	22	2000	2016
KT	2003-16	14	5	13	2004	2016
쌍용	1987-2006	16	5	42	1987	2006
기아	1987-97	11	8	13	1997	1987
동아	1987-2000	14	10	15	1998	1996
금호아시아나	1987-2016	30	8	22	2000	1987
대림	1987-2016	30	9	22	1987	2011
한화	1987-2016	30	8	13	2016	2010
현대중공업	2002-16	15	7	11	2014	2007
농협	2008-16	6	9	67	2015	2008

주: <표 4.4>, <표 4.1>, <표 4.2> 참조.

(3) '6-30위' 6개 집단: ⓐ 금호아시아나 [8-22위] (30개 연도, 1987-2016) *[16-22위 (1987-90) → 8-13위 (1991-2011) → 16-20위 (2012-16)]. ⓑ 대림 [9-22위] (30개 연도, 1987-2016) *[9-15위 (1987-99) →16-22위 (2000-16)]. ⓒ 한화 [8-13위] (30개 연도, 1987-2016) *[8-10위 (1987-2001) → 8-13위 (2002-16)]. ⓓ 현대중공업 [7-11위] (15개 연도, 2002-16) *[10-11위 (2002-07) → 7-9위 (2008-16)]. ⓔ 동아 [10-15위] (14개 연도, 1987-2000). ⓕ 기아 [8-13위] (11개 연도, 1987-97) *[10-13위 (1987-89) → 8-9위 (1990-97)].

(4) '6-31+위' 1개 집단: 농협 [9-67위] (6개 연도, 2008-16) *[67위 (2008) → 34위 (2012) → 9-10위 (2013-16)].

12개 집단 중 3개는 1997-2006년에 마지막으로 지정되었고 (기아 1997, 동아 2000, 쌍용 2006), 9개는 2016년에도 지정되었다. 또, '지정 연도 수'를 보면, '30개 연도' 지정 6개 집단 (롯데, 한진, 현대, 금호아시아나, 대림, 한화), '16-11개 연도' 5개 집단 (쌍용, 현대중공업, KT, 동아, 기아), 그리고 '6개 연도' 1개 집단 (농협)이다.

이들 12개 집단 또한, '1-10위'의 7개 집단(㈜대우 제외)과 함께, 한국경제에 대한 영향력의 강도와 지속성이 큰 집단들이다. 12개 집단 중에서는 30년 동안 줄곧 지정된 6개 집단의 중요성이 상대적으로 큰 것으로 볼 수 있다. 현대는 1987-2000년 1위, 롯데는 2010-2016년 5위, 한진은 1987-2004년 5-7위, 한화는 1987-2001년 8-10위, 금호아시아나는 1991-2011년 8-13

위, 그리고 대림은 1987-1999년 9-15위를 유지하였다. 또, 현대중공업(15년 지정)은 2008-2016년 7-9위, KT(14년 지정)는 2003-2008년 5-9위, 그리고 농협(6년 지정)은 2013-2016년 9-10위였다.

5. '11-30위' 24개 집단

'11-30위' 순위를 가진 집단은 24개이며, 140개 사기업집단 중 17%이다 (<표 4.7>).

24개 집단 중 8개는 2016년에도 지정되었고, 나머지 16개는 그 이전에 지정되었다. 후자의 16개 중에서는, 마지막 지정 연

〈표 4.7〉 140개 사기업집단의 순위, 1987-2016년:
(3) '11-30위' 24개 집단

순위 (위)	마지막 지정 연도						
	① 1987-89년	② 1990-94년	③ 1995-99년	④ 2000-04년	⑤ 2005-09년	⑥ 2010-15년	⑦ 2016년
11-30	라이프	한양, 극동정유	한일, 극동건설, 삼미, 우성건설, 뉴코아, 신호, 거평	고합, 새한, 대우전자		STX, 하이닉스, 현대건설	두산, CJ, 신세계, 대우조선해양, LS, 대우건설, S-Oil, 하림

	지정 연도 (시작 - 마지막)	지정 연도 수 (년)	순위 (위)		연도	
			최고	최하	최고	최하
라이프	1987-87	1	29	-	1987	-
한양	1987-93	7	19	30	1987	1990
극동정유	1988-92	5	19	26	1991	1988
한일	1987-97	11	12	27	1990	1997
극동건설	1987-96	10	20	28	1991	1996
삼미	1987-96	10	16	26	1988	1996
우성건설	1988-95	8	24	27	1994	1995
뉴코아	1996-98	3	25	29	1997	1996
신호	1997-99	3	25	30	1998	1997
거평	1997-98	2	28	-	1998	-
고합	1987-2001	15	17	30	1998	2001
새한	1998-2000	3	25	30	1999	1998
대우전자	2000-01	2	24	28	2000	2001
STX	2005-13	9	13	28	2012	2005
하이닉스	2006-11	6	14	17	2008	2011
현대건설	2007-10	4	23	25	2010	2008
두산	1987-2016	30	11	15	2001	1989
CJ	1999-2016	18	14	28	2012	1999
신세계	2000-16	17	14	29	2016	2000
대우조선해양	2003-16	14	15	26	2009	2004
LS	2004-16	13	15	19	2012	2006
대우건설	2004-16	9	15	28	2004	2013
S-Oil	2000-16	9	18	30	2000	2009
하림	2016-16	1	29	-	2016	-

주: <표 4.4>, <표 4.1>, <표 4.2> 참조.

도가 2010-2015년인 집단이 3개, 2000-2004년 집단 3개, 1995-1999년 집단 7개, 1990-1994년 집단 2개, 그리고 1987-1989년 집단 1개이다.

(1) '2016년' 마지막 지정 8개 집단: 두산 [11-15위] (30개

연도 지정, 지정 시작 1987년 - 마지막 2016년), CJ [14-28위] (18개 연도, 1999-2016), 신세계 [14-29위] (17개 연도, 2000-16), 대우조선해양 [15-26위] (14개 연도, 2003-16), LS [15-19위] (13개 연도, 2004-16), 대우건설 [15-28위] (9개 연도, 2004-16), S-Oil [18-30위] (9개 연도, 2000-16), 하림 [29위] (1개 연도, 2016).

(2) '2010-2015년' 마지막 지정 3개 집단: STX [13-28위] (9개 연도, 2005-13), 하이닉스 [14-17위] (6개 연도, 2006-11), 현대건설 [23-25위] (4개 연도, 2007-10).

(3) '2000-2004년' 마지막 지정 3개 집단: 고합 [17-30위] (15개 연도, 1987-2001), 새한 [25-30위] (3개 연도, 1998-2000), 대우전자 [24-28위] (2개 연도, 2000-01).

(4) '1995-1999년' 마지막 지정 7개 집단: 한일 [12-27위] (11개 연도, 1987-97), 극동건설 [20-28위] (10개 연도, 1987-96), 삼미 [16-26위] (10개 연도, 1987-96), 우성건설 [24-27위] (8개 연도, 1988-95), 뉴코아 [25-29위] (3개 연도, 1996-98), 신호 [25-30위] (3개 연도, 1997-99), 거평 [28위] (2개 연도, 1997-98).

(5) '1990-1994년' 마지막 지정 2개 집단: 한양 [19-30위] (7개 연도, 1987-93), 극동정유 [19-26위] (5개 연도, 1988-92).

(6) '1987-1989년' 마지막 지정 1개 집단: 라이프 [29위] (1개 연도, 1987).

24개 집단의 '지정 연도 수'는 30년에서 1년까지 다양하다.

10년 이상 지정 집단이 9개, 10년 미만 지정 집단이 15개이다. 전자의 9개 집단은 한국경제에 대한 영향력의 강도와 지속성이 상당한 집단들이다. '30개 연도' 지정 집단 1개 (두산), '18-15개 연도' 3개 (CJ, 신세계, 고합), '14-10개 연도' 5개 (대우조선해양, LS, 한일, 극동건설, 삼미), '9-5개 연도' 7개 (대우건설, S-Oil, STX, 우성건설, 한양, 하이닉스, 극동정유), '4-1개 연도' 8개 (현대건설, 새한, 뉴코아, 신호, 대우전자, 거평, 하림, 라이프) 등이다.

6. '11위 – 31위 이하' 38개 집단

'11-31+위'(11위 - 31위 이하) 순위를 가진 집단은 38개이며, 140개 사기업집단 중 27%이다 (<표 4.8>).

38개 집단 중 절반 이상인 20개는 2016년에도 지정되었고, 나머지 18개는 그 이전에 지정되었다. 후자의 18개 집단의 마지막 지정 연도는 2010-2015년 (3개 집단), 2005-2009년 (3개), 2000-2004년 (4개), 1995-1999년 (4개), 1990-1994년 (3개), 1987-1989년 (1개) 등이다.

(1) '2016년' 마지막 지정 20개 집단: 동국제강 [15-38위] (30개 연도 지정, 지정 시작 1987년 - 마지막 2016년), 동부 [13-36위] (30개 연도, 1987-2016), 코오롱 [17-36위] (30개 연도, 1987-2016), 효성 [14-33위] (30개 연도, 1987-2016), 영풍

[25-41위] (19개 연도, 1990-2016), OCI [23-47위] (19개 연도, 1990-2016), 태광 [29-46위] (19개 연도, 1988-2016), 한라 [12-53위] (19개 연도, 1987-2016), 한솔 [11-51위] (17개 연도, 1996-2016), 현대산업개발 [22-47위] (17개 연도, 2000-16), 현

〈표 4.8〉 140개 사기업집단의 순위, 1987-2016년: (4) '11위 - 31위 이하' 38개 집단

순위 (위)	마지막 지정 연도						
	① 1987-89년	② 1990-94년	③ 1995-99년	④ 2000-04년	⑤ 2005-09년	⑥ 2010-15년	⑦ 2016년
11-31+	대한조선공사	범양상선, 삼환기업, 통일	해태, 벽산, 한보, 강원산업	대상, 진로, 아남, 동원	삼양, 하나로텔레콤, 대우자동차	동양, 대한전선, 현대오일뱅크	동국제강, 동부, 코오롱, 효성, 영풍, OCI, 태광, 한라, 한솔, 현대산업개발, 현대백화점, KCC, 부영, KT&G, 하이트진로, 한국GM, 아모레퍼시픽, 한진중공업, 이랜드, 미래에셋

	지정 연도 (시작 - 마지막)	지정 연도 수 (년)	순위 (위)		연도	
			최고	최하	최고	최하
대한조선공사	1987-88	2	28	(31)	1987	1988
범양상선	1987-92	6	15	(31)	1987	1992
삼환기업	1987-92	6	30	(31)	1987	1992
통일	1988-92	5	25	(31)	1990	1992
해태	1987-99	13	24	(31)	1999	1990
벽산	1988-96	9	29	(31)	1995	1991
한보	1987-96	9	14	(31)	1996	1992
강원산업	1988-99	7	26	(31)	1999	1992
대상	1987-2003	14	26	(41)	1998	2003
진로	1990-2000	11	19	(31)	1997	1991
아남	1989-2000	8	21	(31)	1998	1992
동원	1990-2004	6	28	(32)	2002	2003
삼양	1989-2008	10	30	(60)	1999	2008
하나로텔레콤	2001-08	8	20	52	2002	2008
대우자동차	2003-05	3	27	42	2003	2005
동양	1989-2013	25	17	(39)	2001	2013
대한전선	1992-2012	11	25	(49)	2009	2012
현대오일뱅크	2000-10	7	13	43	2001	2010
동국제강	1987-2016	30	15	38	2000	2016
동부	1987-2016	30	13	36	2004	2016
코오롱	1987-2016	30	17	36	2002	2010
효성	1987-2016	30	14	33	1988	2007
영풍	1990-2016	19	25	(41)	2001	2010
OCI	1990-2016	19	23	(47)	2016	2006
태광	1988-2016	19	29	(46)	2002	2011
한라	1987-2016	19	12	(53)	1998	2008
한솔	1996-2016	17	11	51	2000	2016
현대산업개발	2000-16	17	22	47	2001	2016
현대백화점	2001-16	16	21	34	2016	2010
KCC	2002-16	15	23	35	2008	2013
부영	2002-16	14	16	39	2016	2007
KT&G	2003-16	14	21	41	2003	2011

	지정 연도 (시작 - 마지막)	지정 연도 수 (년)	순위 (위)		연도	
			최고	최하	최고	최하
하이트진로	1992-2016	14	22	(49)	2006	2016
한국GM	2004-16	13	17	43	2005	2016
아모레퍼시픽	1988-2016	11	29	(52)	1990	2013
한진중공업	2006-16	11	29	39	2010	2016
이랜드	2005-16	9	26	51	2007	2012
미래에셋	2008-16	8	25	44	2016	2008

주: <표 4.4>, <표 4.1>, <표 4.2> 참조.

대백화점 [21-34위] (16개 연도, 2001-16), KCC [23-35위] (15개 연도, 2002-16), 부영 [16-39위] (14개 연도, 2002-16), KT&G [21-41위] (14개 연도, 2003-16), 하이트진로 [22-49위] (14개 연도, 1992-2016), 한국GM [17-43위] (13개 연도, 2004-16), 아모레퍼시픽 [29-52위] (11개 연도, 1988-2016), 한진중공업 [29-39위] (11개 연도, 2006-16), 이랜드 [26-51위] (9개 연도, 2005-16), 미래에셋 [25-44위] (8개 연도, 2008-16).

(2) '2010-2015년' 마지막 지정 3개 집단: 동양 [17-39위] (25개 연도, 1989-2013), 대한전선 [25-49위] (11개 연도, 1992-2012), 현대오일뱅크 [13-43위] (7개 연도, 2000-10).

(3) '2005-2009년' 마지막 지정 3개 집단: 삼양 [30-60위] (10개 연도, 1989-2008), 하나로텔레콤 [20-52위] (8개 연도, 2001-08), 대우자동차 [27-42위] (3개 연도, 2003-05).

(4) '2000-2004년' 마지막 지정 4개 집단: 대상 [26-41위] (14개 연도, 1987-2003), 진로 [19-31+위] (11개 연도, 1990-2000),

아남 [21-31+위] (8개 연도, 1989-2000), 동원 [28-32위] (6개 연도, 1990-2004).

(5) '1995-1999년' 마지막 지정 4개 집단: 해태 [24-31+위] (13개 연도, 1987-99), 벽산 [29-31+위] (9개 연도, 1988-96), 한보 [14-31+위] (9개 연도, 1987-96), 강원산업 [26-31+위] (7개 연도, 1988-99).

(6) '1990-1994년' 마지막 지정 3개 집단: 범양상선 [15-31+위] (6개 연도, 1987-92), 삼환기업 [30-31+위] (6개 연도, 1987-92), 통일 [25-31+위] (5개 연도, 1988-92).

(7) '1987-1989년' 마지막 지정 1개 집단: 대한조선공사 [28-31+위] (2개 연도, 1987-88).

38개 집단의 '지정 연도 수'는 30년에서 2년까지 다양하다. 10년 이상 지정 집단이 24개, 10년 미만 지정 집단이 14개이다. 전자의 24개 집단은 한국경제에 대한 영향력의 강도와 지속성이 상대적으로 큰 집단들이다.

'30개 연도'에 지정된 집단이 4개 (동국제강, 동부, 코오롱, 효성), '25개 연도' 1개 (동양), '19-15개 연도' 8개 (영풍, OCI, 태광, 한라, 한솔, 현대산업개발, 현대백화점, KCC), 그리고 '14-10개 연도' 11개이다 (부영, KT&G, 하이트진로, 대상, 한국GM, 해태, 아모레퍼시픽, 한진중공업, 대한전선, 진로, 삼양). 나머지 14개 집단 중에서는, '9-5개 연도' 12개 (이랜드, 벽산, 한보, 미래에셋, 하나로텔레콤, 아남, 현대오일뱅크, 강원산업, 동원, 범양상선, 삼환기업, 통일) 그리고 '3-2개 연도' 2

개이다 (대우자동차, 대한조선공사).

7. '31위 이하' 58개 집단

140개 사기업집단 중 나머지 58개는 '31+위'(31위 이하) 순위를 가졌다. 전체의 2/5이상인 41%를 차지하고 있다 (<표 4.9>).

58개 집단의 절반가량인 28개는 1990-1994년에 마지막으로 지정되었고, 나머지 30개 집단의 마지막 지정 연도는 2016년 (10개), 2010-2015년 (5개), 2005-2009년 (14개), 2000-2004년 (1개) 등이다.

(1) '2016년' 마지막 지정 10개 집단: 세아 [32-44위] (13개 연도 지정, 지정 시작 2004년 - 마지막 2016년), 한국타이어 [32-57위] (13개 연도, 1992-2016), 태영 [44-50위] (9개 연도, 1992-2016), 교보생명보험 [34-62위] (7개 연도, 2007-16), 한국투자금융 [35-47위] (6개 연도, 2009-16), 삼천리 [45-50위] (4개 연도, 1992-2016), 중흥건설 [41-49위] (2개 연도, 2015-16), 금호석유화학 [52위] (1개 연도, 2016), 셀트리온 [48위] (1개 연도, 2016), 카카오 [53위] (1개 연도, 2016).

(2) '2010-2015년' 마지막 지정 5개 집단: 대성 [32-47위] (15개 연도, 1990-2015), 홈플러스 [35-43위] (8개 연도, 2008-15), 웅진 [31-49위] (6개 연도, 2008-13), 유진 [47-52위]

<表 4.9> 140개 사기업집단의 순위, 1987-2016년:
(5) '31위 이하' 58개 집단

순위 (위)	마지막 지정 연도						
	① 1987-89년	② 1990-94년	③ 1995-99년	④ 2000-04년	⑤ 2005-09년	⑥ 2010-15년	⑦ 2016년
31+		봉명, 풍산, 동국무역, 금강, 대농, 대신, 성신양회, 신동아, 한국유리, 한신공영, 갑을, 고려통상, 대전피혁, 대한유화, 조양상선, 화승, 계성제지, 논노, 동아제약, 삼립식품, 쌍방울, 서통, 성우, 신아, 우방, 유원건설, 청구, 충남방적		삼보컴퓨터	농심, 문화방송, 대한해운, 대우자동차판매, 쌍용양회, 오리온, 대교, 대주건설, 보광, 선명, 씨앤, 애경, 중앙일보, 프라임	대성, 홈플러스, 웅진, 유진, 코닝정밀소재	세아, 한국타이어, 태영, 교보생명보험, 한국투자금융, 삼천리, 중흥건설, 금호석유화학, 셀트리온, 카카오

	지정 연도 (시작 - 마지막)	지정 연도 수 (년)	순위 (위)		연도	
			최고	최하	최고	최하
봉명	1988-92	5	(31)	-	1992	-
풍산	1988-92	5	(31)	-	1992	-
동국무역	1989-92	4	(31)	-	1992	-
금강	1990-92	3	(31)	-	1992	-
대농	1990-92	3	(31)	-	1992	-
대신	1990-92	3	(31)	-	1992	-
성신양회	1990-92	3	(31)	-	1992	-
신동아	1987-92	3	(31)	-	1992	-
한국유리	1990-92	3	(31)	-	1992	-
한신공영	1990-92	3	(31)	-	1992	-
갑을	1991-92	2	(31)	-	1992	-
고려통상	1991-92	2	(31)	-	1992	-
대전피혁	1991-92	2	(31)	-	1992	-
대한유화	1991-92	2	(31)	-	1992	-
조양상선	1991-92	2	(31)	-	1992	-
화승	1991-92	2	(31)	-	1992	-
계성제지	1991-91	1	(31)	-	1991	-
논노	1992-92	1	(31)	-	1992	-
동아제약	1992-92	1	(31)	-	1992	-
삼립식품	1992-92	1	(31)	-	1992	-
쌍방울	1992-92	1	(31)	-	1992	-
서통	1992-92	1	(31)	-	1992	-
성우	1992-92	1	(31)	-	1992	-
신아	1992-92	1	(31)	-	1992	-
우방	1992-92	1	(31)	-	1992	-
유원건설	1992-92	1	(31)	-	1992	-
청구	1992-92	1	(31)	-	1992	-
충남방적	1992-92	1	(31)	-	1992	-
삼보컴퓨터	2003-03	1	36	-	2003	-

	지정 연도 (시작 - 마지막)	지정 연도 수 (년)	순위 (위)		연도	
			최고	최하	최고	최하
농심	1992-2008	7	39	(49)	2004	2008
문화방송	2003-08	6	39	56	2003	2008
대한해운	1991-2008	3	(31)	(65)	1992	2008
대우자동차판매	2007-08	2	55	64	2007	2008
쌍용양회	2007-08	2	44	54	2007	2008
오리온	2007-08	2	54	61	2007	2008
대교	2008-08	1	68	-	2008	-
대주건설	2008-08	1	55	-	2008	-
보광	2008-08	1	59	-	2008	-
선명	2008-08	1	66	-	2008	-
씨앤	2008-08	1	63	-	2008	-
애경	2008-08	1	51	-	2008	-
중앙일보	2006-06	1	52	-	2006	-
프라임	2008-08	1	58	-	2008	-
대성	1990-2015	15	32	(47)	2002	2015
홈플러스	2008-15	8	35	43	2011	2008
웅진	2008-13	6	31	49	2012	2013
유진	2008-12	3	47	52	2011	2012
코닝정밀소재	2014-14	1	43	-	2014	-
세아	2004-16	13	32	44	2005	2014
한국타이어	1992-2016	13	32	(57)	2016	2008
태영	1992-2016	9	44	(50)	2015	2006
교보생명보험	2007-16	7	34	62	2016	2008
한국투자금융	2009-16	6	35	47	2016	2012
삼천리	1992-2016	4	45	(50)	2015	2016
중흥건설	2015-16	2	41	49	2016	2015
금호석유화학	2016-16	1	52	-	2016	-
셀트리온	2016-16	1	48	-	2016	-
카카오	2016-16	1	53	-	2016	-

주: <표 4.4>, <표 4.1>, <표 4.2> 참조.

(3개 연도, 2008-12), 코닝정밀소재 [43위] (1개 연도, 2014).

(3) '2005-2009년' 마지막 지정 14개 집단: 농심 [39-49위] (7개 연도, 1992-2008), 문화방송 [39-56위] (6개 연도, 2003-08), 대한해운 [31+ - 65위] (3개 연도, 1991-2008), 대우자동차판매 [55-64위] (2개 연도, 2007-08), 쌍용양회 [44-54위] (2개 연도, 2007-08), 오리온 [54-61위] (2개 연도, 2007-08); (이하 1개 연도) 대교 [68위] (2008), 대주건설 [55위] (2008), 보광 [59위] (2008), 선명 [66위] (2008), 씨앤 [63위] (2008), 애경 [51위] (2008), 중앙일보 [52위] (2006), 프라임 [58위] (2008).

(4) '2000-2004년' 마지막 지정 1개 집단: 삼보컴퓨터 [36위] (1개 연도, 2003).

(5) '1990-1994년' 마지막 지정 28개 집단: [이하 31+위] 봉명 (5개 연도, 1988-92), 풍산 (5개 연도, 1988-92), 동국무역 (4개 연도, 1989-92); (이하 3개 연도) 금강 (1990-92), 대농 (1990-92), 대신 (1990-92), 성신양회 (1990-92), 신동아 (1987-92), 한국유리 (1990-92), 한신공영 (1990-92); (이하 2개 연도) 갑을 (1991-92), 고려통상 (1991-92), 대전피혁 (1991-92), 대한유화 (1991-92), 조양상선 (1991-92), 화승 (1991-92); (이하 1개 연도) 계성제지 (1991), 논노 (1992), 동아제약 (1992), 삼립식품 (1992), 쌍방울 (1992), 서통 (1992), 성우 (1992), 신아 (1992), 우방 (1992), 유원건설 (1992), 청구 (1992), 충남방적 (1992).

58개 집단의 '지정 연도 수'는 15년에서 1년 사이이다. 10년 이상 지정 집단이 3개, 10년 미만 지정 집단이 55개이다. '15개 연도' 지정 집단 1개 (대성), '13개 연도' 2개 (세아, 한국타이어), '9-5개 연도' 9개 (태영, 홈플러스, 교보생명보험, 농심, 한국투자금융, 웅진, 문화방송, 봉명, 풍산), 그리고 '4-1개 연도' 46개이다. 10년 이상 지정된 3개 집단은 낮은 순위를 가지면서 한국경제에 대한 영향력을 보다 더 지속적으로 행사한 것으로 볼 수 있으며, 반면 5년 미만 동안 지정된 47개(140개의 33%)는 영향력의 강도나 지속성이 가장 작은 집단들이다.

8. 21개 공기업집단

공기업집단은 2002-2016년의 15년 동안 21개가 지정되었으며, 공기업집단만의 순위는 1-13위이다. 16개 집단이 '1-10위'를 유지하였다. 순위의 유형은 5개이며, 각각 1-7개 집단이 관련되어 있다. '1-5위' 7개(33%), '1-10위' 4개(19%), '6-10위' 5개(24%), '6-11+위'(6위 - 11위 이하) 4개(19%), '11+위'(11위 이하) 1개(5%) 등이다 (<표 4.10>).

(1) '1-5위' 7개 집단: ⓐ 한국도로공사 [2-3위] (15개 연도 지정, 지정 시작 2002년 - 마지막 2016년) *[3위 (2002) → 2위 (2003-06) → 3위 (2007-16)]. ⓑ 한국전력공사 [1-2위] (15개 연도, 2002-16) *[1위 (2002-09) → 2위 (2010-11) → 1위

(2012-16)]. ⓒ 한국토지주택공사 [1-2위] (7개 연도, 2010-16)
*[1위 (2010-11) → 2위 (2012-16)]. ⓓ SH공사 [5위] (1개 연
도, 2016). ⓔ 대한주택공사 [2-5위] (8개 연도, 2002-09) *[5위
(2002) → 3위 (2003-06) → 2위 (2007-09). ⓕ 한국토지공사

〈표 4.10〉 21개 공기업집단의 순위, 2002-2016년

순위 (위)	마지막 지정 연도						
	①	②	③	④	⑤	⑥	⑦
	1987-89년	1990-04년	1995-99년	2002-04년	2005-09년	2010-15년	2016년
1-5				KT	대한주택공사, 한국토지공사		한국도로공사, 한국전력공사, 한국토지주택공사, SH공사
1-10							한국가스공사, 한국철도공사, 한국수자원공사, 한국석유공사
6-10				담배인삼공사	한국농어촌공사, 광해방지사업단	인천국제공항공사	인천도시공사
6-11+						한국지역난방공사	서울특별시도시철도공사, 부산항만공사, 서울메트로
11+					인천항만공사		

	지정 연도 (시작 - 마지막)	지정 연도 수 (년)	순위 (위)		연도	
			최고	최하	최고	최하
KT	2002-02	1	2	-	2002	-
대한주택공사	2002-09	8	2	5	2009	2002
한국토지공사	2002-09	8	4	-	2009	-
한국도로공사	2002-16	15	2	3	2006	2016
한국전력공사	2002-16	15	1	2	2016	2011
한국 토지주택공사	2010-16	7	1	2	2011	2016
SH공사	2016-16	1	5	-	2016	-
한국가스공사	2002-16	15	4	7	2016	2002
한국철도공사	2005-16	12	5	7	2011	2016
한국수자원공사	2002-16	7	5	6	2015	2016
한국석유공사	2009-16	6	5	8	2012	2016
담배인삼공사	2002-02	1	9	-	2002	-
한국농어촌공사	2002-09	8	6	8	2004	2009
광해방지사업단	2008-08	1	10	-	2008	-
인천 국제공항공사	2010-14	5	6	9	2010	2014
인천도시공사	2010-16	6	7	9	2013	2016
한국 지역난방공사	2008-14	2	9	13	2008	2014
서울특별시 도시철도공사	2010-16	7	7	11	2010	2016
부산항만공사	2008-16	6	8	12	2008	2016
서울메트로	2014-16	3	10	11	2016	2014
인천항만공사	2008-08	1	11	-	2008	-

주: <표 4.4>, <표 4.1>, <표 4.2> 참조.

[4위] (8개 연도, 2002-09). ⑧ KT [2위] (1개 연도, 2002).

(2) '1-10위' 4개 집단: ⓐ 한국가스공사 [4-7위] (15개 연도, 2002-16) *[5-7위 (2002-09) → 4위 (2010-16). ⓑ 한국철도공

사 [5-7위] (12개 연도, 2005-16). ⓒ 한국수자원공사 [5-6위] (7개 연도, 2002-16). ⓓ 한국석유공사 [5-8위] (6개 연도, 2009-16).

(3) '6-10위' 5개 집단: ⓐ 인천도시공사 [7-9위] (6개 연도, 2010-16), ⓑ 인천국제공항공사 [6-9위] (5개 연도, 2010-14), ⓒ 한국농어촌공사 [6-8위] (8개 연도, 2002-09), ⓓ 광해방지사업단 [10위] (1개 연도, 2008), ⓔ 담배인삼공사 [9위] (1개 연도, 2002).

(4) '6위 - 11위 이하' 4개 집단: ⓐ 서울특별시도시철도공사 [7-11위] (7개 연도, 2010-16) *[7-10위 (2010-15) → 11위 (2016)]. ⓑ 부산항만공사 [8-12위] (6개 연도, 2008-16) *[8위 (2008) → 10-12위 (2012-16)]. ⓒ 서울메트로 [10-11위] (3개 연도, 2014-16). ⓓ 한국지역난방공사 [9-13위] (2개 연도, 2008-14).

(5) '11위 이하' 1개 집단: 인천항만공사 [11위] (1개 연도, 2008).

21개 집단 중 12개는 2016년에도 지정되었고, 9개는 그 이전에 지정되었다. 후자의 9개 집단 중에서는, '2010-2015년' 마지막 지정 2개 (인천국제공항공사, 한국지역난방공사), '2005-2009년' 5개 (대한주택공사, 한국토지공사; 한국농어촌공사, 광해방지사업단; 인천항만공사), 그리고 '2002-2004년' 2개이다 (KT; 담배인삼공사).

또, '지정 연도 수'를 보면, 2002-2016년의 전 기간인 '15개 연도'에 지정된 집단이 3개 (한국도로공사, 한국전력공사, 한국가스공사), '12-8개 연도' 지정 4개 (한국철도공사, 대한주택공사, 한국토지공사, 한국농어촌공사), '7-5개 연도' 지정 7개 (한국토지주택공사, 한국수자원공사, 서울특별시도시철도공사, 한국석유공사, 인천도시공사, 부산항만공사, 인천국제공항공사), 그리고 '3-1개 연도' 지정 7개이다.

'1-10위'의 순위를 유지한 16개 집단 중 8개 연도 이상 지정된 7개 집단이 보다 오랜 기간 동안 보다 큰 영향력을 행사해 온 주요 공기업집단들이다. 7개 집단 중에서는 '15개 연도 지정, 1-5위' 관련 2개 집단(한국전력공사 1-2위, 한국도로공사 2-3위)이 핵심 집단인 셈이다. 한국전력공사는 13개 연도 (2002-09, 2012-16)에 1위였다. 나머지 5개 집단은 대한주택공사 (8개 연도 지정, 2-5위), 한국토지공사 (8개 연도, 4위), 한국가스공사 (15개 연도, 4-7위), 한국철도공사 (12개 연도, 5-7위), 그리고 한국농어촌공사(8개 연도, 6-8위)이다.

제5부

기업집단의
자산총액 (1)

1. 기업집단의 자산총액

'자산총액'은 대규모기업집단의 지정 기준이며 '순위'를 결정한다. 지정 직전의 사업연도 현재 집단 소속 '계열회사들'의 대차대조표상 자산총액을 합한 금액이다. 계열회사 수가 많을수록 그리고 개개 계열회사 자산총액이 클수록 집단 자산총액은 커지고 순위 또한 높아질 수 있게 된다. 대규모기업집단 지정 기준은 자산총액 '4,000억 원 이상 (1987-92년) → 1-30위 (1993-2001년) → 2조 원 이상 (2002-08년) → 5조 원 이상 (2009-16년)' 등 네 차례 변하였다.

'자산총액'은 재화·서비스를 생산·판매할 수 있는 집단의 능력 또는 잠재력을 반영하는 지표이며, '계열회사 수'는 생산·판매하는 재화·서비스 및 관련 시장·업종·산업의 다양성을 반영하는 지표이다. 따라서 집단의 자산총액이 클수록, 보다 많은 수의 계열회사 그리고 보다 큰 규모의 계열회사를 통해, 보다 큰 정도로 경제와 밀접해지고 경제에서의 비중 또한 늘어나는 것으로 볼 수 있다.

'순위'에서와 마찬가지로, 사기업집단과 공기업집단을 분리해서 각각의 '자산총액'을 분석한다. 1987-2016년의 30년 동안 지정된 140개 사기업집단의 자산총액은 351.5-0.4조 원이며, 2002-2016년의 15년 동안 지정된 21개 공기업집단의 자산총액은 208.3-2.1조 원이다 (<표 5.1>, <표 5.2>).

1987-1992년의 경우 매년 32-78개 사기업집단이 지정되었는데, 31위 이하의 순위와 자산총액 정보는 없다. 모두 55개 집단이 관련되어 있다. 1987년 2개 (31-32위), 1988년 10개 (31-40위), 1989년 13개 (31-43위), 1990년 23개 (31-53위), 1991년 31개 (31-61위), 1992년 48개 (31-78위) 등이다.

55개 집단 중 28개는 1992년까지만 지정되어 자산총액 정보가 없다. 나머지 27개는 1987-1992년 중 일부 연도와 1993년 이후 연도에 지정되었는데, 1993년 이후의 자산총액을 기준으로 금액을 '괄호'에 넣어 표에 표시하였다. 1987-1992년의 30위 집단 자산총액은 1987-1990년 '0.4-0.8조 원' 그리고 1991-1992년 '1.2-1.3조 원'이었다.

〈표 5.1〉 167개 기업집단의 자산총액, 1987-2018년: (1) '가나다' 순

(1) 140개 사기업집단: 1987-2016년

	지정 연도 (시작 - 마지막)	지정 연도 수 (년)	자산총액 (조 원)		연도	
			최대	최소	최대	최소
갑을	1991-92	2	-	-	-	-
강원산업	1988-99	7	3.0	(2.7)	1999	1998
거평	1997-98	2	2.8	2.5	1998	1997
고려통상	1991-92	2	-	-	-	-
고합	1987-2001	15	5.2	0.6	1999	1987
교보생명보험	2007-16	7	8.5	2.3	2016	2007
극동건설	1987-96	10	2.2	0.7	1996	1988
극동정유	1988-92	5	1.7	0.6	1992	1988
금강	1990-92	3	-	-	-	-
금호석유화학	2016-16	1	5.1	-	2016	-
금호아시아나	1987-2016	30	37.6	0.7	2009	1987
기아	1987-97	11	14.3	1.4	1997	1987
계성제지	1991-91	1	-	-	-	-
논노	1992-92	1	-	-	-	-
농심	1992-2008	7	3.0	(2.0)	2008	2003
농협	2008-16	6	50.1	2.1	2016	2008
뉴코아	1996-98	3	2.8	2.0	1998	1996
동국무역	1989-92	4	-	-	-	-
동국제강	1987-2016	30	10.8	0.9	2012	1987
동부	1987-2016	30	17.8	0.6	2014	1988
동아	1987-2000	14	9.1	1.5	1998	1987
동아제약	1992-92	1	-	-	-	-
동양	1989-2013	25	7.8	(1.5)	2012	1991
동원	1990-2004	6	3.1	(1.0)	2004	1991
두산	1987-2016	30	33.1	1.1	2015	1987

주: 1) 1987-1992년의 '31위 이하' 자산총액 정보가 없으며 관련 집단은 55개임; 1992년까지만 지정된 경우는 금액 표시가 없음 (28개 집단), 1993년 이후의 연도에도 지정된 경우는 1993년 이후 금액을 기준으로 금액을 '괄호'에 넣어 표시함 (27개 집단); 1987-1992년의 30위 집단 자산총액은 0.4-0.8조 원(1987-90년) / 1.2-1.3조 원(1991-92년)임; <표 4.1>, <표 4.2> '주' 참조.
2) 같은 금액이 있는 경우 마지막 연도를 취함; 1개 종류 금액만 있는 경우 최대 금액에 표시함.

	지정 연도 (시작 - 마지막)	지정 연도 수 (년)	자산총액 (조 원)		연도	
			최대	최소	최대	최소
대교	2008-08	1	2.0	-	2008	-
대농	1990-92	3	-	-	-	-
대림	1987-2016	30	18.8	1.7	2016	1988
대상	1987-2003	14	2.8	(0.5)	1998	1987
대성	1990-2015	15	7.8	(2.1)	2013	2003
대신	1990-92	3	-	-	-	-
대우	1987-99	13	78.2	7.9	1999	1987
㈜대우	2000-00	1	13.1	-	2000	-
대우건설	2004-16	9	11.4	5.5	2013	2005
대우자동차	2003-05	3	3.1	2.6	2003	2005
대우자동차판매	2007-08	2	2.2	2.1	2008	2007
대우전자	2000-01	2	3.5	2.7	2000	2001
대우조선해양	2003-16	14	20.0	3.6	2015	2003
대전피혁	1991-92	2	-	-	-	-
대주건설	2008-08	1	2.9	-	2008	-
대한유화	1991-92	2	-	-	-	-
대한전선	1992-2012	11	8.6	(2.5)	2009	2003
대한조선공사	1987-88	2	(0.5)	-	1987	-
대한해운	1991-2008	3	(2.2)	-	2008	-
라이프	1987-87	1	0.5	-	1987	-
롯데	1987-2016	30	103.3	1.6	2016	1987
문화방송	2003-08	6	2.7	2.1	2008	2003
미래에셋	2008-16	8	10.9	3.4	2016	2008
범양상선	1987-92	6	1.1	(0.9)	1987	1990
벽산	1988-96	9	1.9	(1.3)	1996	1992
보광	2008-08	1	2.5	-	2008	-
봉명	1988-92	5	-	-	-	-
부영	2002-16	14	20.4	2.1	2016	2002
삼립식품	1992-92	1	-	-	-	-
삼미	1987-96	10	2.5	0.8	1996	1987
삼보컴퓨터	2003-03	1	2.2	-	2003	-
삼성	1987-2016	30	351.5	5.6	2015	1987

	지정 연도 (시작 - 마지막)	지정 연도 수 (년)	자산총액 (조 원)		연도	
			최대	최소	최대	최소
삼양	1989-2008	10	2.5	(2.0)	2008	2004
삼천리	1992-2016	4	6.0	(5.4)	2015	2014
삼환기업	1987-92	6	(0.4)	-	1987	-
쌍방울	1992-92	1	-	-	-	-
쌍용	1987-2006	16	16.5	2.8	1997	1987
쌍용양회	2007-08	2	3.0	2.9	2007	2008
서통	1992-92	1	-	-	-	-
선명	2008-08	1	2.2	-	2008	-
성신양회	1990-92	3	-	-	-	-
성우	1992-92	1	-	-	-	-
씨앤	2008-08	1	2.3	-	2008	-
CJ	1999-2016	18	24.8	2.7	2016	1999
신동아	1987-92	3	-	-	-	-
신세계	2000-16	17	29.2	2.7	2016	2000
신아	1992-92	1	-	-	-	-
신호	1997-99	3	3.1	2.2	1998	1997
새한	1998-2000	3	3.5	2.7	1999	1998
세아	2004-16	13	7.8	3.2	2016	2004
셀트리온	2016-16	1	5.9	-	2016	-
아남	1989-2000	8	4.3	(2.7)	1998	1998
아모레퍼시픽	1988-2016	11	6.6	(0.8)	2016	1990
영풍	1990-2016	19	10.6	(2.6)	2016	2000
오리온	2007-08	2	2.5	2.2	2008	2007
OCI	1990-2016	19	12.2	(2.2)	2013	2003
우방	1992-92	1	-	-	-	-
우성건설	1988-95	8	2.1	0.6	1995	1988
웅진	2008-13	6	9.3	4.9	2012	2008
유원건설	1992-92	1	-	-	-	-
유진	2008-12	3	5.2	3.1	2011	2008
이랜드	2005-16	9	7.5	2.6	2016	2005
애경	2008-08	1	3.0	-	2008	-

	지정 연도 (시작 - 마지막)	지정 연도 수 (개)	자산총액 (조 원)		연도	
			최대	최소	최대	최소
S-Oil	2000-16	9	13.3	5.5	2012	2000
SK	1987-2016	30	160.8	2.5	2016	1987
STX	2005-13	9	24.3	4.1	2013	2005
LS	2004-16	13	21.0	5.1	2015	2004
LG	1987-2016	30	105.8	5.5	2016	1987
조양상선	1991-92	2	-	-	-	-
중앙일보	2006-06	1	2.2	-	2006	-
중흥건설	2015-16	2	7.6	5.6	2016	2015
GS	2005-16	12	60.3	18.7	2016	2005
진로	1990-2000	11	4.3	(1.3)	1998	1992
청구	1992-92	1	-	-	-	-
충남방적	1992-92	1	-	-	-	-
카카오	2016-16	1	5.1	-	2016	-
코닝정밀소재	2014-14	1	6.8	-	2014	-
코오롱	1987-2016	30	9.6	0.7	2013	1987
KCC	2002-16	15	10.2	2.3	2015	2002
KT	2003-16	14	35.0	27.1	2014	2008
KT&G	2003-16	14	9.6	4.2	2016	2003
통일	1988-92	5	1.0	(0.6)	1991	1988
태광	1988-2016	19	7.4	(2.3)	2014	2002
태영	1992-2016	9	6.8	(2.3)	2016	2006
POSCO	1989-2016	17	84.5	5.9	2015	1989
풍산	1988-92	5	-	-	-	-
프라임	2008-08	1	2.6	-	2008	-
하나로텔레콤	2001-08	8	4.2	2.9	2003	2008
하림	2016-16	1	9.9	-	2016	-
하이닉스	2006-11	6	16.1	10.4	2011	2006
하이트진로	1992-2016	14	6.3	(2.1)	2010	2003
한국유리	1990-92	3	-	-	-	-
한국GM	2004-16	13	10.2	4.6	2012	2004

	지정 연도 (시작 - 마지막)	지정 연도 수 (년)	자산총액 (조 원)		연도	
			최대	최소	최대	최소
한국타이어	1992-2016	13	9.4	(2.1)	2016	2003
한국투자금융	2009-16	6	8.3	5.0	2016	2010
한라	1987-2016	19	8.6	(0.5)	1998	1988
한보	1987-96	9	5.1	(0.6)	1996	1987
한솔	1996-2016	17	9.4	3.0	2000	1996
한신공영	1990-92	3	-	-	-	-
한양	1987-93	7	2.1	0.6	1993	1989
한일	1987-97	11	2.7	1.5	1993	1987
한진	1987-2016	30	39.5	2.6	2014	1987
한진중공업	2006-16	11	9.0	3.7	2014	2006
한화	1987-2016	30	54.7	1.8	2016	1987
현대	1987-2016	30	88.8	6.1	1999	2005
현대건설	2007-10	4	9.8	6.1	2010	2007
현대백화점	2001-16	16	12.8	2.9	2016	2001
현대산업개발	2000-16	17	7.5	2.8	2012	2004
현대오일뱅크	2000-10	7	7.2	3.7	2001	2005
현대자동차	2001-16	16	209.7	36.1	2016	2001
현대중공업	2002-16	15	58.4	10.3	2014	2002
홈플러스	2008-15	8	8.1	3.5	2013	2008
효성	1987-2016	30	11.7	1.0	2012	1987
해태	1987-99	13	4.0	(0.5)	1999	1987
화승	1991-92	2	-	-	-	-

(2) 6개 사기업집단: 2017-2018년 처음 지정

네이버	2017-18	2	7.1	6.6	2018	2017
넥슨	2017-18	2	6.7	5.5	2018	2017
넷마블	2018-18	1	5.7	-	2018	-
메리츠금융	2018-18	1	6.9	-	2018	-
SM	2017-18	2	8.6	7.0	2018	2017
호반건설	2017-18	2	8.0	7.0	2018	2017

주: 같은 금액이 있는 경우 마지막 연도를 취함; 1개 종류 금액만 있는 경우 최대 금액에 표시함.

(3) 21개 공기업집단: 2002-2016년

	지정 연도 (시작 - 마지막)	지정 연도 수 (년)	자산총액 (조 원)		연도	
			최대	최소	최대	최소
광해방지사업단	2008-08	1	2.1	-	2008	-
담배인삼공사	2002-02	1	4.0	-	2002	-
대한주택공사	2002-09	8	64.3	14.5	2009	2002
부산항만공사	2008-16	6	5.5	3.5	2016	2008
서울메트로	2014-16	3	6.4	6.2	2014	2015
서울특별시 도시철도공사	2010-16	7	7.4	6.1	2010	2016
인천 국제공항공사	2010-14	5	8.2	7.8	2010	2012
인천도시공사	2010-16	6	11.7	6.8	2015	2010
인천항만공사	2008-08	1	2.1	-	2008	-
SH공사	2016-16	1	23.7	-	2016	-
KT	2002-02	1	32.6	-	2002	-
한국가스공사	2002-16	15	45.2	9.1	2015	2002
한국농어촌공사	2002-09	8	5.2	4.1	2009	2002
한국도로공사	2002-16	15	57.7	26.4	2016	2002
한국석유공사	2009-16	6	23.9	13.0	2012	2009
한국수자원공사	2002-16	7	25.5	9.5	2014	2002
한국전력공사	2002-16	15	208.3	90.9	2016	2002
한국 지역난방공사	2008-14	2	5.0	2.2	2014	2008
한국철도공사	2005-16	12	23.1	8.7	2011	2005
한국토지공사	2002-09	8	41.4	14.4	2009	2004
한국 토지주택공사	2010-16	7	173.7	130.3	2014	2010

주: 1) 1987-2016년 4월, 2017년 5·9월, 2018년 5월 지정.
　　2) 같은 금액이 있는 경우 마지막 연도를 취함; 1개 종류 금액만 있는 경우 최대 금액에 표시함.

〈표 5.2〉 167개 기업집단의 자산총액, 1987-2018년: (2) '지정 연도 수' 순

(1) 140개 사기업집단: 1987-2016년

① 30년 지정: 14개 집단

	지정 연도 (시작 - 마지막)	지정 연도 수 (년)	자산총액 (조 원)		연도	
			최대	최소	최대	최소
금호아시아나	1987-2016	30	37.6	0.7	2009	1987
동국제강	1987-2016	30	10.8	0.9	2012	1987
동부	1987-2016	30	17.8	0.6	2014	1988
두산	1987-2016	30	33.1	1.1	2015	1987
대림	1987-2016	30	18.8	1.7	2016	1988
롯데	1987-2016	30	103.3	1.6	2016	1987
삼성	1987-2016	30	351.5	5.6	2016	1987
SK	1987-2016	30	160.8	2.5	2016	1987
LG	1987-2016	30	105.8	5.5	2016	1987
코오롱	1987-2016	30	9.6	0.7	2013	1987
한진	1987-2016	30	39.5	2.6	2014	1987
한화	1987-2016	30	54.7	1.8	2016	1987
현대	1987-2016	30	88.8	6.1	1999	2005
효성	1987-2016	30	11.7	1.0	2012	1987

② 25년 지정: 1개 집단

동양	1989-2013	25	7.8	(1.5)	2012	1991

③ 19년 지정: 4개 집단

영풍	1990-2016	19	10.6	(2.6)	2016	2000
OCI	1990-2016	19	12.2	(2.2)	2013	2003
태광	1988-2016	19	7.4	(2.3)	2014	2002
한라	1987-2016	19	8.6	(0.5)	1998	1988

주: 1) 1987-1992년의 '31위 이하' 자산총액 정보가 없으며 관련 집단은 55개임; 1992년까지만 지정
된 경우는 금액 표시가 없음 (28개 집단), 1993년 이후의 연도에도 지정된 경우는 1993년 이
후 금액을 기준으로 금액을 '괄호'에 넣어 표시함 (27개 집단); 1987-1992년의 30위 집단 자
산총액은 0.4-0.8조 원(1987-90년) / 1.2-1.3조 원(1991-92년)임; <표 4.1>, <표 4.2> '주' 참조.
2) 같은 금액이 있는 경우 마지막 연도를 취함; 1개 종류 금액만 있는 경우 최대 금액에 표시함.

④ 18년 지정: 1개 집단

	지정 연도 (시작 - 마지막)	지정 연도 수 (년)	자산총액 (조 원)		연도	
			최대	최소	최대	최소
CJ	1999-2016	18	24.8	2.7	2016	1999

⑤ 17년 지정: 4개 집단

신세계	2000-16	17	29.2	2.7	2016	2000
POSCO	1989-2016	17	84.5	5.9	2015	1989
한솔	1996-2016	17	9.4	3.0	2000	1996
현대산업개발	2000-16	17	7.5	2.8	2012	2004

⑥ 16년 지정: 3개 집단

쌍용	1987-2006	16	16.5	2.8	1997	1987
현대백화점	2001-16	16	12.8	2.9	2016	2001
현대자동차	2001-16	16	209.7	36.1	2016	2001

⑦ 15년 지정: 4개 집단

고합	1987-2001	15	5.2	0.6	1999	1987
대성	1990-2015	15	7.8	(2.1)	2013	2003
KCC	2002-16	15	10.2	2.3	2015	2002
현대중공업	2002-16	15	58.4	10.3	2014	2002

⑧ 14년 지정: 7개 집단

동아	1987-2000	14	9.1	1.5	1998	1987
대상	1987-2003	14	2.8	(0.5)	1998	1987
대우조선해양	2003-16	14	20.0	3.6	2015	2003
부영	2002-16	14	20.4	2.1	2016	2002
KT	2003-16	14	35.0	27.1	2014	2008
KT&G	2003-16	14	9.6	4.2	2016	2003
하이트진로	1992-2016	14	6.3	(2.1)	2010	2003

⑨ 13년 지정: 6개 집단

	지정 연도 (시작 - 마지막)	지정 연도 수 (년)	자산총액 (조 원)		연도	
			최대	최소	최대	최소
대우	1987-99	13	78.2	7.9	1999	1987
세아	2004-16	13	7.8	3.2	2016	2004
LS	2004-16	13	21.0	5.1	2015	2004
한국GM	2004-16	13	10.2	4.6	2012	2004
한국타이어	1992-2016	13	9.4	(2.1)	2016	2003
해태	1987-99	13	4.0	(0.5)	1999	1987

⑩ 12년 지정: 1개 집단

GS	2005-16	12	60.3	18.7	2016	2005

⑪ 11년 지정: 6개 집단

기아	1987-97	11	14.3	1.4	1997	1987
대한전선	1992-2012	11	8.6	(2.5)	2009	2003
아모레퍼시픽	1988-2016	11	6.6	(0.8)	2016	1990
진로	1990-2000	11	4.3	(1.3)	1998	1992
한일	1987-97	11	2.7	1.5	1993	1987
한진중공업	2006-16	11	9.0	3.7	2014	2006

⑫ 10년 지정: 3개 집단

극동건설	1987-96	10	2.2	0.7	1996	1988
삼미	1987-96	10	2.5	0.8	1996	1987
삼양	1989-2008	10	2.5	(2.0)	2008	2004

⑬ 9년 지정: 7개 집단

	지정 연도 (시작 - 마지막)	지정 연도 수 (년)	자산총액 (조 원)		연도	
			최대	최소	최대	최소
대우건설	2004-16	9	11.4	5.5	2013	2005
벽산	1988-96	9	1.9	(1.3)	1996	1992
이랜드	2005-16	9	7.5	2.6	2016	2005
S-Oil	2000-16	9	13.3	5.5	2012	2000
STX	2005-13	9	24.3	4.1	2013	2005
태영	1992-2016	9	6.8	(2.3)	2016	2006
한보	1987-96	9	5.1	(0.6)	1996	1987

⑭ 8년 지정: 5개 집단

미래에셋	2008-16	8	10.9	3.4	2016	2008
아남	1989-2000	8	4.3	(2.7)	1998	1998
우성건설	1988-95	8	2.1	0.6	1995	1988
하나로텔레콤	2001-08	8	4.2	2.9	2003	2008
홈플러스	2008-15	8	8.1	3.5	2013	2008

⑮ 7년 지정: 5개 집단

강원산업	1988-99	7	3.0	(2.7)	1999	1998
교보생명보험	2007-16	7	8.5	2.3	2016	2007
농심	1992-2008	7	3.0	(2.0)	2008	2003
한양	1987-93	7	2.1	0.6	1993	1989
현대오일뱅크	2000-10	7	7.2	3.7	2001	2005

⑯ 6년 지정: 8개 집단

	지정 연도 (시작 - 마지막)	지정 연도 수 (년)	자산총액 (조 원)		연도	
			최대	최소	최대	최소
농협	2008-16	6	50.1	2.1	2016	2008
동원	1990-2004	6	3.1	(1.0)	2004	1991
문화방송	2003-08	6	2.7	2.1	2008	2003
범양상선	1987-92	6	1.1	(0.9)	1987	1990
삼환기업	1987-92	6	(0.4)	-	1987	-
웅진	2008-13	6	9.3	4.9	2012	2008
하이닉스	2006-11	6	16.1	10.4	2011	2006
한국투자금융	2009-16	6	8.3	5.0	2016	2010

⑰ 5년 지정: 4개 집단

극동정유	1988-92	5	1.7	0.6	1992	1988
봉명	1988-92	5	-	-	-	-
통일	1988-92	5	1.0	(0.6)	1991	1988
풍산	1988-92	5	-	-	-	-

⑱ 4년 지정: 3개 집단

동국무역	1989-92	4	-	-	-	-
삼천리	1992-2016	4	6.0	(5.4)	2015	2014
현대건설	2007-10	4	9.8	6.1	2010	2007

⑲ 3년 지정: 13개 집단

	지정 연도 (시작 - 마지막)	지정 연도 수 (년)	자산총액 (조 원)		연도	
			최대	최소	최대	최소
금강	1990-92	3	-	-	-	-
뉴코아	1996-98	3	2.8	2.0	1998	1996
대농	1990-92	3	-	-	-	-
대신	1990-92	3	-	-	-	-
대우자동차	2003-05	3	3.1	2.6	2003	2005
대한해운	1991-2008	3	(2.2)	-	2008	-
성신양회	1990-92	3	-	-	-	-
신동아	1987-92	3	-	-	-	-
신호	1997-99	3	3.1	2.2	1998	1997
새한	1998-2000	3	3.5	2.7	1999	1998
유진	2008-12	3	5.2	3.1	2011	2008
한국유리	1990-92	3	-	-	-	-
한신공영	1990-92	3	-	-	-	-

⑳ 2년 지정: 13개 집단

갑을	1991-92	2	-	-	-	-
거평	1997-98	2	2.8	2.5	1998	1997
고려통상	1991-92	2	-	-	-	-
대우자동차판매	2007-08	2	2.2	2.1	2008	2007
대우전자	2000-01	2	3.5	2.7	2000	2001
대전피혁	1991-92	2	-	-	-	-
대한유화	1991-92	2	-	-	-	-
대한조선공사	1987-88	2	(0.5)	-	1987	-
쌍용양회	2007-08	2	3.0	2.9	2007	2008
오리온	2007-08	2	2.5	2.2	2008	2007
조양상선	1991-92	2	-	-	-	-
중흥건설	2015-16	2	7.6	5.6	2016	2015
화승	1991-92	2	-	-	-	-

㉑ 1년 지정: 28개 집단

	지정 연도 (시작 - 마지막)	지정 연도 수 (년)	자산총액 (조 원)		연도	
			최대	최소	최대	최소
금호석유화학	2016-16	1	5.1	-	2016	-
계성제지	1991-91	1	-	-	-	-
논노	1992-92	1	-	-	-	-
동아제약	1992-92	1	-	-	-	-
대교	2008-08	1	2.0	-	2008	-
㈜대우	2000-00	1	13.1	-	2000	-
대주건설	2008-08	1	2.9	-	2008	-
라이프	1987-87	1	0.5	-	1987	-
보광	2008-08	1	2.5	-	2008	-
삼립식품	1992-92	1	-	-	-	-
삼보컴퓨터	2003-03	1	2.2	-	2003	-
쌍방울	1992-92	1	-	-	-	-
서통	1992-92	1	-	-	-	-
선명	2008-08	1	2.2	-	2008	-
성우	1992-92	1	-	-	-	-
씨앤	2008-08	1	2.3	-	2008	-
신아	1992-92	1	-	-	-	-
셀트리온	2016-16	1	5.9	-	2016	-
우방	1992-92	1	-	-	-	-
유원건설	1992-92	1	-	-	-	-
애경	2008-08	1	3.0	-	2008	-
중앙일보	2006-06	1	2.2	-	2006	-
청구	1992-92	1	-	-	-	-
충남방적	1992-92	1	-	-	-	-
카카오	2016-16	1	5.1	-	2016	-
코닝정밀소재	2014-14	1	6.8	-	2014	-
프라임	2008-08	1	2.6	-	2008	-
하림	2016-16	1	9.9	-	2016	-

(2) 6개 사기업집단: 2017-2018년 처음 지정

① 2년 지정: 4개 집단

	지정 연도 (시작 - 마지막)	지정 연도 수 (년)	자산총액 (조 원)		연도	
			최대	최소	최대	최소
네이버	2017-18	2	7.1	6.6	2018	2017
넥슨	2017-18	2	6.7	5.5	2018	2017
SM	2017-18	2	8.6	7.0	2018	2017
호반건설	2017-18	2	8.0	7.0	2018	2017

② 1년 지정: 2개 집단

넷마블	2018-18	1	5.7	-	2018	-
메리츠금융	2018-18	1	6.9	-	2018	-

(3) 21개 공기업집단: 2002-2016년

① 15년 지정: 3개 집단

한국가스공사	2002-16	15	45.2	9.1	2015	2002
한국도로공사	2002-16	15	57.7	26.4	2016	2002
한국전력공사	2002-16	15	208.3	90.9	2016	2002

② 12년 지정: 1개 집단

한국철도공사	2005-16	12	23.1	8.7	2011	2005

③ 8년 지정: 3개 집단

대한주택공사	2002-09	8	64.3	14.5	2009	2002
한국농어촌공사	2002-09	8	5.2	4.1	2009	2002
한국토지공사	2002-09	8	41.4	14.4	2009	2004

주: 1) 1987-2016년 4월, 2017년 5·9월, 2018년 5월 지정.
　　2) 같은 금액이 있는 경우 마지막 연도를 취함; 1개 종류 금액만 있는 경우 최대 금액에 표시함.

④ 7년 지정: 3개 집단

	지정 연도 (시작 - 마지막)	지정 연도 수 (년)	자산총액 (조 원)		연도	
			최대	최소	최대	최소
서울특별시 도시철도공사	2010-16	7	7.4	6.1	2010	2016
한국수자원공사	2002-16	7	25.5	9.5	2014	2002
한국 토지주택공사	2010-16	7	173.7	130.3	2014	2010

⑤ 6년 지정: 3개 집단

부산항만공사	2008-16	6	5.5	3.5	2016	2008
인천도시공사	2010-16	6	11.7	6.8	2015	2010
한국석유공사	2009-16	6	23.9	13.0	2012	2009

⑥ 5년 지정: 1개 집단

인천 국제공항공사	2010-14	5	8.2	7.8	2010	2012

⑦ 3년 지정: 1개 집단

서울메트로	2014-16	3	6.4	6.2	2014	2015

⑧ 2년 지정: 1개 집단

한국 지역난방공사	2008-14	2	5.0	2.2	2014	2008

⑨ 1년 지정: 5개 집단

광해방지사업단	2008-08	1	2.1	-	2008	-
담배인삼공사	2002-02	1	4.0	-	2002	-
인천항만공사	2008-08	1	2.1	-	2008	-
SH공사	2016-16	1	23.7	-	2016	-
KT	2002-02	1	32.6	-	2002	-

2. '자산총액'별 기업집단, 1987-2016년

자산총액을 6개 유형으로 나누어 분석한다. ⓐ '100+'조 원
(100조 원 이상), ⓑ '50-99'조 원, ⓒ '20-49'조 원, ⓓ '10-19'
조 원, ⓔ '1-9'조 원, ⓕ '1'조 원 내외 등이다. 그리고 4개 유
형의 경우에는 2-3개의 보다 자세한 유형들을 고려한다: ⓐ 3
개 유형 ('300+'(300 이상), '200-299', '100-199' 조 원); ⓑ 2
개 유형 ('60-99', '50-59' 조 원); ⓔ 2개 유형 ('5-9', '1-4' 조
원); ⓕ 2개 유형 (1조 원 미만, 1조 원 내외).

140개 사기업집단의 자산총액은 351.5-0.4조 원, 그리고 21
개 공기업집단의 자산총액은 208.3-2.1조 원이다 (<표 5.3>,
<표 5.4>).

첫째, 140개 사기업집단 중 1/3가량인 38개(27%)는 '10조
원 이상'의 금액을 가진 적이 있고, 대다수인 나머지 102개
(73%)는 '10조 원 미만'의 금액을 가졌다. 전자의 38개 집단
중에서는, 12개(140개의 9%)는 '50조 원 이상', 26개(18%)는
'10-49조 원'의 금액을 가진 적이 있다. 또 후자의 102개 집단
중에서는, 71개(51%)는 '1-9조 원'을 가진 적이 있고, 나머지
31개(22%)는 '1조 원 내외'의 금액을 유지하였다.

둘째, '50조 원 이상'을 보유한 적이 있는 12개 집단 중
'100+'조 원(100조 원 이상)을 보유한 적이 있는 집단은 5개이
다. 전체 140개의 1/20남짓(4%)이다. 이들 5개 집단 중 1개는
'300+'조 원(300조 원 이상), 1개는 '200-299'조 원, 그리고

〈표 5.3〉 161개 기업집단의 자산총액, 1987-2016년:
(1) '마지막 지정 연도' 기준 집단 수 (개)

(1) 140개 사기업집단: 1987-2016년

자산총액 (조 원)	집단 수 (개)	마지막 지정 연도						
		① 1987-89년	② 1990-94년	③ 1995-99년	④ 2000-04년	⑤ 2005-09년	⑥ 2010-15년	⑦ 2016년
	140	2	33	13	10	18	11	53
100+	5							5
50-99	7			1				6
20-49	10						1	9
10-19	16			1	1	1	1	12
1-9	71		4	11	9	17	9	21
1 내외	31	2	29					
300+	1							1
200-299	1							1
100-199	3							3
60-99	4			1				3
50-59	3							3
20-49	10						1	9
10-19	16			1	1	1	1	12
5-9	33			1	2		9	21
1-4	38			4	10	7	17	
1 미만	3	2	1					
1 내외	28		28					

(2) 21개 공기업집단: 2002-2016년

자산총액	집단 수	①	②	③	④	⑤	⑥	⑦
	21				2	5	2	12
100+	2							2
50-99	2					1		1
20-49	7				1	1		5
10-19	1							1
5-9	6					1	2	3
1-4	3				1	2		

주: <표 5.4> 참조.

3개는 '100-199'조 원을 가진 적이 있다. 이들 5개 집단이 한국경제 중심축의 핵심을 형성한 것으로 볼 수 있다.

셋째, '50조 원 이상' 보유 12개 집단 중 나머지 7개는 '50-99조 원'을 보유한 적이 있다. 역시 전체 140개 집단의 1/20 수준(5%)이다. 7개 집단 중에서는, 4개는 '60-99조 원' 그리고 3개는 '50-59조 원'을 가진 적이 있다.

결국, 140개 사기업집단의 1/10가량(9%)인 '50조 원 이상' 관련 12개 집단이 한국경제의 중심축을 지탱해온 주요 집단들인 셈이다. 이들 중에서는, '100조 원 이상' 5개 집단, '60-99조 원' 4개 집단, '50-59조 원' 3개 집단 등 3개 부류의 순서로 중심축의 범위가 확대되어간 것으로 볼 수 있다. 12개 집단 중 1개(대우)를 제외한 11개는 2016년 현재에도 지정되었다.

넷째, '50조 원 이상' 보유 12개 집단을 제외하면 '10조 원 이상' 보유 집단은 26개이다. 전체 140개 집단의 1/5가량(18%)이다. 이들이 보유한 적이 있는 금액은 '10-49조 원'이며, '20-49조 원' 집단이 10개(7%), '10-19조 원' 집단이 16개(11%)이다. 26개 집단 중 5개(STX; 하이닉스, 쌍용, ㈜대우, 기아)를 제외한 21개는 2016년에도 지정되었다.

'10-49조 원' 보유 26개 집단 역시 '50조 원 이상' 보유 12개 집단과 함께 한국경제의 중심축을 형성한 주요 집단들이다. 이들 38개 집단은 140개 전체 사기업집단의 1/3에 조금 못 미치는 수준(27%)이다. 중심축을 형성하는 집단의 범위를 '10조 원 이상'으로 넓혀보더라도 여전히 소수의 집단들이 관련되어 있음을 알 수 있다. 38개 집단 중 6개를 제외한 32개는 2016년에도 지정되었으며, 전자의 6개 집단 중 2개(대우; 기아)는 1990년대 후반에 마지막으로 지정되었다.

다섯째, 140개 사기업집단 중 절반 이상인 71개(51%)는 '1-9조 원'을 가진 적이 있다. '5-9조 원' 집단이 33개(24%), '1-4조 원' 집단이 38개(27%)이다. 전자의 33개 집단 중 12개를 제외한 21개는 2016년에도 지정되었고, 후자의 38개 집단은 모두 2016년 이전에 지정되었다. 전자의 33개 집단 중 1개(한보)는 1990년대 후반에 마지막으로 지정되었고, 후자의 38개 중 4개(한양, 범양상선, 극동정유, 통일)는 1990년대 전반에 그리고 10개는 1990년대 후반에 마지막으로 지정되었다.

여섯째, 140개 사기업집단 중 나머지 31개(22%)는 1조 원 내외의 금액을 가졌다. '1조 원 미만' 3개 집단, '1조 원 내외' 28개 집단이다. 전자의 3개 집단 중 2개(대한조선공사, 라이프)는 1987-1989년에 그리고 1개(삼환기업)는 1990년대 전반에 마지막으로 지정되었다. 후자의 28개 집단의 경우, 1987-1992년 사이에 31위 이하에 지정되었는데, 자산총액 정보가 없다. 이 기간 중 30위 집단의 자산총액은 1987-1990년 '0.4-0.8조 원', 1991-1992년 '1.2-1.3조 원'이었다.

마지막으로 일곱째, 2002-2016년 사이 21개 공기업집단이 보유한 자산총액은 208.3-2.1조 원이다. 21개 집단 중 1/5가량인 4개(19%)는 '50조 원 이상'을 가진 적이 있으며, 이들 중 2개(10%)는 '100+'조 원(100조 원 이상)을 가진 적이 있다. '50

조 원 이상' 관련 4개 집단이 핵심 공기업집단인 셈이다. 나머지 17개 집단은, '20-49조 원' 보유 7개, '10-19조 원' 보유 1개, 그리고 '1-9조 원' 보유 9개이다.

〈표 5.4〉 161개 기업집단의 자산총액, 1987-2016년:
(2) '마지막 지정 연도' 기준 집단 이름

(1) 140개 사기업집단: 1987-2016년

자산총액 (조 원)	마지막 지정 연도						
	① 1987-89년	② 1990-94년	③ 1995-99년	④ 2000-04년	⑤ 2005-09년	⑥ 2010-15년	⑦ 2016년
300+							삼성
200-299							현대자동차
100-199							롯데, SK, LG
60-99			대우				현대, POSCO, GS
50-59							한화, 현대중공업, 농협
20-49						STX	금호아시아나, 두산, 한진, CJ, 신세계, 대우조선해양, 부영, KT, LS

자산 총액 (조 원)	마지막 지정 연도						
	①	②	③	④	⑤	⑥	⑦
	1987- 89년	1990- 94년	1995- 99년	2000- 04년	2005- 09년	2010- 15년	2016년
10- 19			기아	㈜대우	쌍용	하이닉스	동국제강, 동부, 대림, 효성, 영풍, OCI, 현대백화점, KCC, 한국GM, 대우건설, S-Oil, 미래에셋
5-9			한보	고합, 동아	동양, 대성, 대한전선, 홈플러스, 현대오일 뱅크, 웅진, 현대건설, 유진, 코닝정밀 소재		코오롱, 태광, 한라, 한솔, 현대산업 개발, KT&G, 하이트진로, 세아, 한국타이어, 아모레퍼 시픽, 한진중공업, 이랜드, 태영, 교보생명 보험, 한국투자 금융, 삼천리, 중흥건설, 금호석유 화학, 셀트리온, 카카오, 하림

자산총액 (조원)	마지막 지정 연도						
	①	②	③	④	⑤	⑥	⑦
	1987-89년	1990-94년	1995-99년	2000-04년	2005-09년	2010-15년	2016년
1-4		한양, 범양상선, 극동정유, 통일	해태, 한일, 극동건설, 삼미, 벽산, 우성건설, 강원산업, 뉴코아, 신호, 거평	대상, 진로, 아남, 동원, 새한, 대우전자, 삼보컴퓨터	삼양, 하나로텔레콤, 농심, 문화방송, 대우자동차, 대한해운, 대우자동차판매, 쌍용양회, 오리온, 대교, 대주건설, 보광, 선명, 씨앤, 애경, 중앙일보, 프라임		

자산 총액 (조 원)	마지막 지정 연도						
	①	②	③	④	⑤	⑥	⑦
	1987- 89년	1990- 94년	1995- 99년	2000- 04년	2005- 09년	2010- 15년	2016년
1 미만	대한조 선공사, 라이프	삼환기업					
1 내외		봉명, 풍산, 동국무역, 금강, 대농, 대신, 성신양회, 신동아, 한국유리, 한신공영, 갑을, 고려통상, 대전피혁, 대한유화, 조양상선, 화승, 계성제지, 논노, 동아제약, 삼립식품, 쌍방울, 서통, 성우, 신아, 우방, 유원건설, 청구, 충남방적					

(2) 21개 공기업집단: 2002-2016년

자산 총액 (조원)	마지막 지정 연도						
	① 1987-89년	② 1990-04년	③ 1995-99년	④ 2002-04년	⑤ 2005-09년	⑥ 2010-15년	⑦ 2016년
100+							한국전력공사, 한국토지주택공사
50-99					대한주택공사		한국도로공사
20-49				KT	한국토지공사		한국가스공사, 한국철도공사, 한국수자원공사, 한국석유공사, SH공사
10-19							인천도시공사
5-9				한국농어촌공사	인천국제공항공사, 한국지역난방공사		서울특별시도시철도공사, 부산항만공사, 서울메트로
1-4				담배인삼공사	광해방지사업단, 인천항만공사		

주: 4월 지정; <표 5.1>, <표 5.2> 참조.

3. '50조 원 이상' 보유 12개 집단

'50조 원 이상'의 자산총액을 보유한 적이 있는 집단은 12개이며, 전체 140개 사기업집단의 1/10가량(9%)이다. 1개는 '300조 원 이상', 1개는 '200-299조 원', 3개는 '100-199조 원', 4개는 '60-99조 원', 그리고 3개는 '50-59조 원'을 보유한 적이 있다 (<표 5.5>).

(1) '300조 원 이상' 보유 1개 집단: 삼성 [5.6-351.5조 원] (1-4위; 30개 연도 지정, 지정 시작 1987년 - 마지막 2016년) *[5.6조 원 (1987) → 10.4조 원 (1990) → 51.7조 원 (1997)

〈표 5.5〉 140개 사기업집단의 자산총액, 1987-2016년:
(1) '50조 원 이상' 보유 12개 집단

자산총액 (조 원)	마지막 지정 연도						
	① 1987-89년	② 1990-94년	③ 1995-99년	④ 2000-04년	⑤ 2005-09년	⑥ 2010-15년	⑦ 2016년
300+							삼성
200-299							현대자동차
100-199							롯데, SK, LG
60-99			대우				현대, POSCO, GS
50-59							한화, 현대중공업, 농협

	지정 연도 (시작 - 마지막)	지정 연도 수 (년)	자산총액 (조 원)		연도	
			최대	최소	최대	최소
삼성	1987-2016	30	351.5	5.6	2015	1987
현대자동차	2001-16	16	209.7	36.1	2016	2001
롯데	1987-2016	30	103.3	1.6	2016	1987
SK	1987-2016	30	160.8	2.5	2016	1987
LG	1987-2016	30	105.8	5.5	2016	1987
대우	1987-99	13	78.2	7.9	1999	1987
현대	1987-2016	30	88.8	6.1	1999	2005
POSCO	1989-2016	17	84.5	5.9	2015	1989
GS	2005-16	12	60.3	18.7	2016	2005
한화	1987-2016	30	54.7	1.8	2016	1987
현대중공업	2002-16	15	58.4	10.3	2014	2002
농협	2008-16	6	50.1	2.1	2016	2008

주: <표 5.4>, <표 5.1>, <표 5.2> 참조.

→ 107.6조 원 (2005) → 230.9조 원 (2011) → 306.1조 원 (2013) → 351.5조 원 (2015; 140개 집단 중 최대치) → 348.2 조 원 (2016)].

(2) '200-299조 원' 보유 1개 집단: 현대자동차 [36.1-209.7 조 원] (2-5위; 16개 연도, 2001-16) *[36.1조 원 (2001) → 52.3조 원 (2004) → 100.8조 원 (2010) → 209.7조 원 (2016)].

(3) '100-199조 원' 보유 3개 집단: ⓐ 롯데 [1.6-103.3조 원] (5-11위; 30개 연도, 1987-2016) *[1.6조 원 (1987) → 10.4조 원 (1999) → 67.3조 원 (2010) → 103.3조 원 (2016)]. ⓑ SK [2.5-160.8조 원] (3-7위; 30개 연도, 1987-2016) *[2.5조 원

(1987) → 10.7조 원 (1994) → 54.8조 원 (2006) → 136.5조 원 (2012) → 160.8조 원 (2016)]. ⓒ LG [5.5-105.8조 원] (2-4위; 30개 연도, 1987-2016) *[5.5조 원 (1987) → 11.2조 원 (1990) → 52.8조 원 (1998) → 100.8조 원 (2012) → 105.8 조 원 (2016)].

(4) '60-99조 원' 보유 4개 집단: ⓐ 현대 [6.1-88.8조 원] (1-22위; 30개 연도, 1987-2016) *[8조 원 (1987) → 10.8조 원 (1989) → 53.6조 원 (1997) → 88.8조 원 (1999) → 53.6조 원 (2001) → 11.8조 원 (2002) → 6.1조 원 (2005) → 12.6조 원 (2009) → 12.3조 원 (2016)]. ⓑ POSCO [5.9-84.5조 원] (5-8 위; 17개 연도, 1989-2016) *[5.9조 원 (1989) → 21.2조 원 (2001) → 52.9조 원 (2010) → 84.5조 원 (2015) → 80.2조 원 (2016)]. ⓒ GS [18.7-60.3조 원] (7-9위; 12개 연도, 2005-16) *[18.7조 원 (2005) → 51.4조 원 (2012) → 60.3조 원 (2016)]. ⓓ 대우 [7.9-78.2조 원] (2-4위; 13개 연도, 1987-99) *[7.9조 원 (1987) → 11.8조 원 (1990) → 53조 원 (1998) → 78.2조 원 (1999)].

(5) '50-59조 원' 보유 3개 집단: ⓐ 한화 [1.8-54.7조 원] (8-13위; 30개 연도, 1987-2016) *[1.8조 원 (1987) → 11조 원 (1997) → 54.7조 원 (2016)]. ⓑ 현대중공업 [10.3-58.4조 원] (7-11위; 15개 연도, 2002-16) *[10.3조 원 (2002) → 58.4조 원 (2014) → 53.5조 원 (2016)]. ⓒ 농협 [2.1-50.1조 원] (9-67위; 6개 연도, 2008-16) *[2.1조 원 (2008) → 38.9조 원

(2013) → 50.1조 원 (2016)].

12개 집단 중 1개(대우)는 1999년에 마지막으로 지정되었고, 나머지 11개는 2016년에도 지정되었다. 또, '지정 연도 수'를 보면, 1987-2016년의 '30개 연도'에 지정된 집단이 6개 (삼성, 롯데, SK, LG, 현대, 한화), '17-15개 연도' 지정 3개 (POSCO, 현대자동차, 현대중공업), '13-12개 연도' 지정 2개 (대우, GS), '6개 연도' 지정 1개 (농협) 등이다. '50조 원 이상'을 보유한 적이 있는 12개 집단이 한국경제의 중심축을 형성한 집단들이며, 이들 중 '100조 원 이상' 보유 5개(삼성, 현대자동차, 롯데, SK, LG)가 핵심 집단들이다.

4. '20–49조 원' 보유 10개 집단

'20-49조 원'의 자산총액을 보유한 적이 있는 집단은 10개이며, 140개 사기업집단의 7%이다. '30-39조 원' 보유 집단 4개 그리고 '20-29조 원' 보유 집단 6개이다 (<표 5.6>).

(1) '30-39조 원' 보유 4개 집단: ⓐ 금호아시아나 [0.7-37.6조 원] (8-22위; 30개 연도 지정, 지정 시작 1987년 - 마지막 2016년) *[0.7조 원 (1987) → 10.4조 원 (1998) → 37.6조 원 (2009) → 15.2조 원 (2016)]. ⓑ 두산 [1.1-33.1조 원] (11-15위; 30개 연도, 1987-2016) *[1.1조 원 (1987) → 11.2조 원 (2001) → 33.1조 원 (2015) → 32.4조 원 (2016)]. ⓒ 한진

[2.6-39.5조 원] (5-11위; 30개 연도, 1987-2016) *[2.6조 원 (1987) → 10.6조 원 (1995) → 39.5조 원 (2014) → 37조 원

〈표 5.6〉 140개 사기업집단의 자산총액, 1987-2016년:
(2) '20-49조 원' 보유 10개 집단

자산 총액 (조 원)	마지막 지정 연도						
	① 1987-89년	② 1990-94년	③ 1995-99년	④ 2000-04년	⑤ 2005-09년	⑥ 2010-15년	⑦ 2016년
20-49						STX	금호아시아나, 두산, 한진, CJ, 신세계, 대우조선해양, 부영, KT, LS

	지정 연도 (시작 - 마지막)	지정 연도 수 (년)	자산총액 (조 원)		연도	
			최대	최소	최대	최소
STX	2005-13	9	24.3	4.1	2013	2005
금호아시아나	1987-2016	30	37.6	0.7	2009	1987
두산	1987-2016	30	33.1	1.1	2015	1987
한진	1987-2016	30	39.5	2.6	2014	1987
CJ	1999-2016	18	24.8	2.7	2016	1999
신세계	2000-16	17	29.2	2.7	2016	2000
대우조선해양	2003-16	14	20.0	3.6	2015	2003
부영	2002-16	14	20.4	2.1	2016	2002
KT	2003-16	14	35.0	27.1	2014	2008
LS	2004-16	13	21.0	5.1	2015	2004

주: <표 5.4>, <표 5.1>, <표 5.2> 참조.

(2016)]. ⓓ KT [27.1-35조 원] (5-13위; 14개 연도, 2003-16) *[30.8조 원 (2003) → 27.1조 원 (2008) → 35조 원 (2014) → 31.3조 원 (2016)].

(2) '20-29조 원' 보유 6개 집단: ⓐ CJ [2.7-24.8조 원] (14-28위; 18개 연도, 1999-2016) *[2.7조 원 (1999) → 10.3조 원 (2008) → 24.8조 원 (2016)]. ⓑ 신세계 [2.7-29.2조 원] (14-29위; 17개 연도, 2000-16) *[2.7조 원 (2000) → 10.7조 원 (2008) → 29.2조 원 (2016)]. ⓒ 대우조선해양 [3.6-20조 원] (15-26위; 14개 연도, 2003-16) *[3.6조 원 (2003) → 16.7 조 원 (2009) → 20조 원 (2015) → 19.2조 원 (2016)]. ⓓ 부 영 [2.1-20.4조 원] (16-39위; 14개 연도, 2002-16) *[2.1조 원 (2002) → 11.4조 원 (2011) → 20.4조 원 (2016)]. ⓔ LS [5.1-21조 원] (15-19위; 13개 연도, 2004-16) *[5.1조 원 (2004) → 12.8조 원 (2009) → 21조 원 (2015) → 20.2조 원 (2016)]. ⓕ STX [4.1-24.3조 원] (13-28위; 9개 연도, 2005-13) *[4.1조 원 (2005) → 10.9조 원 (2008) → 24.3조 원 (2013)].

10개 집단 중 1개(STX)는 2013년에 마지막으로 지정되었고, 나머지 11개는 2016년에도 지정되었다. 또, '지정 연도 수'를 보면, '30개 연도' 지정 집단이 3개 (금호아시아나, 두산, 한진), '18-17개 연도' 지정 2개 (CJ, 신세계), '14-13개 연도' 지정 4개 (대우조선해양, 부영, KT, LS), '9개 연도' 지정 1개 (STX) 등이다. '20-49조 원' 보유 10개 집단 또한, '50조 원

이상' 보유 12개 집단과 함께, 한국경제의 중심축을 형성한 주
요 집단들이다.

5. '10-19조 원' 보유 16개 집단

'10-19조 원'의 자산총액을 보유한 적이 있는 집단은 16개이
며, 140개 사기업집단의 1/10남짓(11%)이다. '15-19조 원' 보
유 집단 4개 그리고 '10-14.9조 원' 보유 집단 12개이다 (<표
5.7>).

〈표 5.7〉 140개 사기업집단의 자산총액, 1987-2016년:
(3) '10-19조 원' 보유 16개 집단

자산 총액 (조 원)	마지막 지정 연도						
	①	②	③	④	⑤	⑥	⑦
	1987- 89년	1990- 94년	1995- 99년	2000- 04년	2005- 09년	2010- 15년	2016년
10- 19			기아	㈜대우	쌍용	하이닉스	동국제강, 동부, 대림, 효성, 영풍, OCI, 현대백화점, KCC, 한국GM, 대우건설, S-Oil, 미래에셋

	지정 연도 (시작 - 마지막)	지정 연도 수 (년)	자산총액 (조 원)		연도	
			최대	최소	최대	최소
기아	1987-97	11	14.3	1.4	1997	1987
㈜대우	2000-00	1	13.1	-	2000	-
쌍용	1987-2006	16	16.5	2.8	1997	1987
하이닉스	2006-11	6	16.1	10.4	2011	2006
동국제강	1987-2016	30	10.8	0.9	2012	1987
동부	1987-2016	30	17.8	0.6	2014	1988
대림	1987-2016	30	18.8	1.7	2016	1988
효성	1987-2016	30	11.7	1.0	2012	1987
영풍	1990-2016	19	10.6	(2.6)	2016	2000
OCI	1990-2016	19	12.2	(2.2)	2013	2003
현대백화점	2001-16	16	12.8	2.9	2016	2001
KCC	2002-16	15	10.2	2.3	2015	2002
한국GM	2004-16	13	10.2	4.6	2012	2004
대우건설	2004-16	9	11.4	5.5	2013	2005
S-Oil	2000-16	9	13.3	5.5	2012	2000
미래에셋	2008-16	8	10.9	3.4	2016	2008

주: <표 5.4>, <표 5.1>, <표 5.2> 참조.

(1) '15-19조 원' 보유 4개 집단: ⓐ 동부 [0.6-17.8조 원] (13-36위; 30개 연도 지정, 지정 시작 1987년 - 마지막 2016 년) *[0.7조 원 (1987) → 0.6조 원 (1988) → 12.3조 원 (2009) → 17.8조 원 (2014) → 8.2조 원 (2016)]. ⓑ 대림 [1.7-18.8조 원] (9-22위; 30개 연도, 1987-2016) *[1.8조 원 (1987) → 1.7조 원 (1988) → 11.1조 원 (2009) → 18.8조 원 (2016)]. ⓒ 하이닉스 [10.4-16.1조 원] (14-17위; 6개 연도, 2006-11) *[10.4조 원 (2006) → 16.1조 원 (2011)]. ⓓ 쌍용

[2.8-16.5조 원] (5-42위; 16개 연도, 1987-2006) *[2.8조 원 (1987) → 16.5조 원 (1997) → 3.1조 원 (2006)].

(2) '10-14.9조 원' 보유 12개 집단: ⓐ 동국제강 [0.9-10.8조 원] (15-38위; 30개 연도, 1987-2016) *[0.9조 원 (1987) → 10.8조 원 (2012) → 7.9조 원 (2016)]. ⓑ 효성 [1-11.7조 원] (14-33위; 30개 연도, 1987-2016) *[1조 원 (1987) → 11.7조 원 (2012) → 11.5조 원 (2016)]. ⓒ 영풍 [2.6-10.6조 원] (25-41위; 19개 연도, 1990-2016) *[2.6조 원 (2000) → 10.6조 원 (2016)]. ⓓ OCI [2.2-12.2조 원] (23-47위; 19개 연도, 1990-2016) *[2.8조 원 (2001) → 2.2조 원 (2003) → 12.2조 원 (2013) → 11.6조 원 (2016)]. ⓔ 현대백화점 [2.9-12.8조 원] (21-34위; 16개 연도, 2001-16) *[2.9조 원 (2001) → 12.8조 원 (2016)]. ⓕ KCC [2.3-10.2조 원] (23-35위; 15개 연도, 2002-16) *[2.3조 원 (2002) → 10.2조 원 (2015) → 9.8조 원 (2016)]. ⓖ 한국GM [4.6-10.2조 원] (17-43위; 13개 연도, 2004-16) *[4.6조 원 (2004) → 10.2조 원 (2012) → 7.5조 원 (2016)]. ⓗ 대우건설 [5.5-11.4조 원] (15-28위; 9개 연도, 2004-16) *[5.5조 원 (2005) → 11.4조 원 (2013) → 10.7조 원 (2016)]. ⓘ S-Oil [5.5-13.3조 원] (18-30위; 9개 연도, 2000-16) *[5.5조 원 (2000) → 13.3조 원 (2012) → 10.9조 원 (2016)]. ⓙ 미래에셋 [3.4-10.9조 원] (25-44위; 8개 연도, 2008-16) *[3.4조 원 (2008) → 10.9조 원 (2016)]. ⓚ ㈜대우 [13.1조 원] (7위; 1개 연도, 2000). ⓛ 기아 [1.4-14.3조 원]

(8-13위; 11개 연도, 1987-97) *[1.4조 원 (1987) → 14.3조 원 (1997)].

16개 집단 중 4개는 1997-2011년에 마지막으로 지정되었고 (기아 1997, ㈜대우 2000, 쌍용 2006, 하이닉스 2011), 나머지 12개는 2016년에도 지정되었다. 또, '지정 연도 수'를 보면, '30개 연도' 지정 집단이 4개 (동국제강, 동부, 대림, 효성), '19-15개 연도' 지정 5개 (영풍, OCI, 현대백화점, 쌍용, KCC), '13-11개 연도' 지정 2개 (한국GM, 기아), '9-6개 연도' 지정 4개 (대우건설, S-Oil, 미래에셋, 하이닉스), 그리고 '1개 연도' 지정 1개(㈜대우)이다.

6. '5-9조 원' 보유 33개 집단

'5-9조 원'의 자산총액을 보유한 적이 있는 집단은 33개이며, 전체 140개 사기업집단의 1/4가량(24%)이다 (<표 5.8>).

33개 집단 중 대다수인 21개는 2016년에도 지정되었고, 나머지 12개는 그 이전에 지정되었다. 후자의 12개 중에서는, 마지막 지정 연도가 2010-2015년인 집단이 9개, 2000-2004년인 집단이 2개, 그리고 1995-1999년인 집단이 1개이다.

(1) '2016년' 마지막 지정 21개 집단: 코오롱 [0.7-9.6조 원] (17-36위; 30개 연도 지정, 지정 시작 1987년 - 마지막 2016년), 태광 [2.3-7.4조 원] (29-46위; 19개 연도, 1988-2016), 한

라 [0.5-8.6조 원] (12-53위; 19개 연도, 1987-2016), 한솔 [3-9.4조 원] (11-51위; 17개 연도, 1996-2016), 현대산업개발 [2.8-7.5조 원] (22-47위; 17개 연도, 2000-16), KT&G [4.2-9.6 조 원] (21-41위; 14개 연도, 2003-16), 하이트진로 [2.1-6.3조 원] (22-49위; 14개 연도, 1992-2016), 세아 [3.2-7.8조 원]

〈표 5.8〉 140개 사기업집단의 자산총액, 1987-2016년:
(4) '5-9조 원' 보유 33개 집단

자산총액 (조 원)	마지막 지정 연도						
	①	②	③	④	⑤	⑥	⑦
	1987-89년	1990-94년	1995-99년	2000-04년	2005-09년	2010-15년	2016년
5-9			한보	고합, 동아	동양, 대성, 대한전선, 홈플러스, 현대오일뱅크, 웅진, 현대건설, 유진, 코닝정밀소재		코오롱, 태광, 한라, 한솔, 현대산업개발, KT&G, 하이트진로, 세아, 한국타이어, 아모레퍼시픽, 한진중공업, 이랜드, 태영, 교보생명보험, 한국투자금융, 삼천리, 중흥건설, 금호석유화학, 셀트리온, 카카오, 하림

	지정 연도 (시작 - 마지막)	지정 연도 수 (년)	자산총액 (조 원)		연도	
			최대	최소	최대	최소
한보	1987-96	9	5.1	(0.6)	1996	1987
고합	1987-2001	15	5.2	0.6	1999	1987
동아	1987-2000	14	9.1	1.5	1998	1987
동양	1989-2013	25	7.8	(1.5)	2012	1991
대성	1990-2015	15	7.8	(2.1)	2013	2003
대한전선	1992-2012	11	8.6	(2.5)	2009	2003
홈플러스	2008-15	8	8.1	3.5	2013	2008
현대오일뱅크	2000-10	7	7.2	3.7	2001	2005
웅진	2008-13	6	9.3	4.9	2012	2008
현대건설	2007-10	4	9.8	6.1	2010	2007
유진	2008-12	3	5.2	3.1	2011	2008
코닝정밀소재	2014-14	1	6.8	-	2014	-
코오롱	1987-2016	30	9.6	0.7	2013	1987
태광	1988-2016	19	7.4	(2.3)	2014	2002
한라	1987-2016	19	8.6	(0.5)	1998	1988
한솔	1996-2016	17	9.4	3.0	2000	1996
현대산업개발	2000-16	17	7.5	2.8	2012	2004
KT&G	2003-16	14	9.6	4.2	2016	2003
하이트진로	1992-2016	14	6.3	(2.1)	2010	2003
세아	2004-16	13	7.8	3.2	2016	2004
한국타이어	1992-2016	13	9.4	(2.1)	2016	2003
아모레퍼시픽	1988-2016	11	6.6	(0.8)	2016	1990
한진중공업	2006-16	11	9.0	3.7	2014	2006
이랜드	2005-16	9	7.5	2.6	2016	2005
태영	1992-2016	9	6.8	(2.3)	2016	2006
교보생명보험	2007-16	7	8.5	2.3	2016	2007
한국투자금융	2009-16	6	8.3	5.0	2016	2010
삼천리	1992-2016	4	6.0	(5.4)	2015	2014
중흥건설	2015-16	2	7.6	5.6	2016	2015
금호석유화학	2016-16	1	5.1	-	2016	-
셀트리온	2016-16	1	5.9	-	2016	-
카카오	2016-16	1	5.1	-	2016	-
하림	2016-16	1	9.9	-	2016	-

주: <표 5.4>, <표 5.1>, <표 5.2> 참조.

(32-44위; 13개 연도, 2004-16), 한국타이어 [2.1-9.4조 원] (32-57위; 13개 연도, 1992-2016), 아모레퍼시픽 [0.8-6.6조 원] (29-52위; 11개 연도, 1988-2016), 한진중공업 [3.7-9조 원] (29-39위; 11개 연도, 2006-16), 이랜드 [2.6-7.5조 원] (26-51 위; 9개 연도, 2005-16), 태영 [2.3-6.8조 원] (44-50위; 9개 연도, 1992-2016), 교보생명보험 [2.3-8.5조 원] (34-62위; 7개 연도, 2007-16), 한국투자금융 [5-8.3조 원] (35-47위; 6개 연도, 2009-16), 삼천리 [5.4-6조 원] (45-50위; 4개 연도, 1992-2016), 중흥건설 [5.6-7.6조 원] (41-49위; 2개 연도, 2015-16), 금호석유화학 [5.1조 원] (52위; 1개 연도, 2016), 셀트리온 [5.9조 원] (48위; 1개 연도, 2016), 카카오 [5.1조 원] (53위; 1개 연도, 2016), 하림 [9.9조 원] (29위; 1개 연도, 2016).

(2) '2010-2015년' 마지막 지정 9개 집단: 동양 [1.5-7.8조 원] (17-39위; 25개 연도, 1989-2013), 대성 [2.1-7.8조 원] (32-47위; 15개 연도, 1990-2015), 대한전선 [2.5-8.6조 원] (25-49위; 11개 연도, 1992-2012), 홈플러스 [3.5-8.1조 원] (35-43위; 8개 연도, 2008-15), 현대오일뱅크 [3.7-7.2조 원] (13-43위; 7개 연도, 2000-10), 웅진 [4.9-9.3조 원] (31-49위; 6개 연도, 2008-13), 현대건설 [6.1-9.8조 원] (23-25위; 4개 연도, 2007-10), 유진 [3.1-5.2조 원] (47-52위; 3개 연도, 2008-12), 코닝정밀소재 [6.8조 원] (43위; 1개 연도, 2014).

(3) '2000-2004년' 마지막 지정 2개 집단: 고합 [0.6-5.2조 원] (17-30위; 15개 연도, 1987-2001), 동아 [1.5-9.1조 원] (10-15위; 14개 연도, 1987-2000).

(4) '1995-1999년' 마지막 지정 1개 집단: 한보 [0.6-5.1조 원] (14 - 31+위; 9개 연도, 1987-96).

33개 집단의 '지정 연도 수'는 30년에서 1년까지 다양하다. 10년 이상 지정된 집단이 16개, 10년 미만 지정된 집단이 17개이다. '30개 연도' 지정 집단 1개 (코오롱), '25개 연도' 지정 1개 (동양), '19-15개 연도' 지정 6개 (태광, 한라, 한솔, 현대산업개발, 대성, 고합), '14-11개 연도' 지정 8개 (KT&G, 하이트진로, 동아, 세아, 한국타이어, 아모레퍼시픽, 한진중공업, 대한전선), '9-6개 연도' 지정 8개 (이랜드, 태영, 한보, 홈플러스, 교보생명보험, 현대오일뱅크, 한국투자금융, 웅진), '4-1개 연도' 지정 9개 등이다 (삼천리, 현대건설, 유진, 중흥건설, 금호석유화학, 셀트리온, 카카오, 하림, 코닝정밀소재).

7. '1-4조 원' 보유 38개 집단

'1-4조 원'의 자산총액을 보유한 적이 있는 집단은 38개이며, 전체 140개 사기업집단의 1/4이상(27%)이다 (<표 5.9>).

<표 5.9> 140개 사기업집단의 자산총액, 1987-2016년:
(5) '1-4조 원' 보유 38개 집단

자산총액 (조 원)	마지막 지정 연도						
	①	②	③	④	⑤	⑥	⑦
	1987-89년	1990-94년	1995-99년	2000-04년	2005-09년	2010-15년	2016년
1-4		한양, 범양상선, 극동정유, 통일	해태, 한일, 극동건설, 삼미, 벽산, 우성건설, 강원산업, 뉴코아, 신호, 거평	대상, 진로, 아남, 동원, 새한, 대우전자, 삼보컴퓨터	삼양, 하나로텔레콤, 농심, 문화방송, 대우자동차, 대한해운, 대우자동차판매, 쌍용양회, 오리온, 대교, 대주건설, 보광, 선명, 씨앤, 애경, 중앙일보, 프라임		

	지정 연도 (시작 - 마지막)	지정 연도 수 (년)	자산총액 (조 원)		연도	
			최대	최소	최대	최소
한양	1987-93	7	2.1	0.6	1993	1989
범양상선	1987-92	6	1.1	(0.9)	1987	1990
극동정유	1988-92	5	1.7	0.6	1992	1988
통일	1988-92	5	1.0	(0.6)	1991	1988
해태	1987-99	13	4.0	(0.5)	1999	1987
한일	1987-97	11	2.7	1.5	1993	1987
극동건설	1987-96	10	2.2	0.7	1996	1988

	지정 연도 (시작 - 마지막)	지정 연도 수 (년)	자산총액 (조 원)		연도	
			최대	최소	최대	최소
삼미	1987-96	10	2.5	0.8	1996	1987
벽산	1988-96	9	1.9	(1.3)	1996	1992
우성건설	1988-95	8	2.1	0.6	1995	1988
강원산업	1988-99	7	3.0	(2.7)	1999	1998
뉴코아	1996-98	3	2.8	2.0	1998	1996
신호	1997-99	3	3.1	2.2	1998	1997
거평	1997-98	2	2.8	2.5	1998	1997
대상	1987-2003	14	2.8	(0.5)	1998	1987
진로	1990-2000	11	4.3	(1.3)	1998	1992
아남	1989-2000	8	4.3	(2.7)	1998	1998
동원	1990-2004	6	3.1	(1.0)	2004	1991
새한	1998-2000	3	3.5	2.7	1999	1998
대우전자	2000-01	2	3.5	2.7	2000	2001
삼보컴퓨터	2003-03	1	2.2	-	2003	-
삼양	1989-2008	10	2.5	(2.0)	2008	2004
하나로텔레콤	2001-08	8	4.2	2.9	2003	2008
농심	1992-2008	7	3.0	(2.0)	2008	2003
문화방송	2003-08	6	2.7	2.1	2008	2003
대우자동차	2003-05	3	3.1	2.6	2003	2005
대한해운	1991-2008	3	(2.2)	-	2008	-
대우자동차판매	2007-08	2	2.2	2.1	2008	2007
쌍용양회	2007-08	2	3.0	2.9	2007	2008
오리온	2007-08	2	2.5	2.2	2008	2007
대교	2008-08	1	2.0	-	2008	-
대주건설	2008-08	1	2.9	-	2008	-
보광	2008-08	1	2.5	-	2008	-
선명	2008-08	1	2.2	-	2008	-
씨앤	2008-08	1	2.3	-	2008	-
애경	2008-08	1	3.0	-	2008	-
중앙일보	2006-06	1	2.2	-	2006	-
프라임	2008-08	1	2.6	-	2008	-

주: <표 5.4>, <표 5.1>, <표 5.2> 참조.

38개 집단 모두 2016년 이전에 지정되었다. 마지막 지정 연도가 2005-2009년인 집단인 17개, 2000-2004년 집단이 7개, 1995-1999년 집단이 10개, 1990-1994년 집단이 4개 등이다.

(1) '2005-2009년' 마지막 지정 17개 집단: 삼양 [2-2.5조 원] (30-60위; 10개 연도 지정, 지정 시작 1989년 - 마지막 2008년), 하나로텔레콤 [2.9-4.2조 원] (20-52위; 8개 연도, 2001-08), 농심 [2-3조 원] (39-49위; 7개 연도, 1992-2008), 문화방송 [2.1-2.7조 원] (39-56위; 6개 연도, 2003-08), 대우자동차 [2.6-3.1조 원] (27-42위; 3개 연도, 2003-05), 대한해운 [2.2조 원] (31+ - 65위; 3개 연도, 1991-2008), 대우자동차판매 [2.1-2.2조 원] (55-64위; 2개 연도, 2007-08), 쌍용양회 [2.9-3조 원] (44-54위; 2개 연도, 2007-08), 오리온 [2.2-2.5조 원] (54-61위; 2개 연도, 2007-08), 대교 [2조 원] (68위; 1개 연도, 2008), 대주건설 [2.9조 원] (55위; 1개 연도, 2008), 보광 [2.5조 원] (59위; 1개 연도, 2008), 선명 [2.2조 원] (66위; 1개 연도, 2008), 씨앤 [2.3조 원] (63위; 1개 연도, 2008), 애경 [3조 원] (51위; 1개 연도, 2008), 중앙일보 [2.2조 원] (52위; 1개 연도, 2006), 프라임 [2.6조 원] (58위; 1개 연도, 2008).

(2) '2000-2004년' 마지막 지정 7개 집단: 대상 [0.5-2.8조 원] (26-41위; 14개 연도, 1987-2003), 진로 [1.3-4.3조 원] (19 - 31+위; 11개 연도, 1990-2000), 아남 [2.7-4.3조 원] (21 - 31+위; 8개 연도, 1989-2000), 동원 [1-3.1조 원] (28-32위; 6개 연도, 1990-2004), 새한 [2.7-3.5조 원] (25-30위; 3개 연도,

1998-2000), 대우전자 [2.7-3.5조 원] (24-28위; 2개 연도, 2000-01), 삼보컴퓨터 [2.2조 원] (36위; 1개 연도, 2003).

(3) '1995-1999년' 마지막 지정 10개 집단: 해태 [0.5-4조 원] (24 - 31+위; 13개 연도, 1987-99), 한일 [1.5-2.7조 원] (12-27위; 11개 연도, 1987-97), 극동건설 [0.7-2.2조 원] (20-28위; 10개 연도, 1987-96), 삼미 [0.8-2.5조 원] (16-26위; 10개 연도, 1987-96), 벽산 [1.3-1.9조 원] (29 - 31+위; 9개 연도, 1988-96), 우성건설 [0.6-2.1조 원] (24-27위; 8개 연도, 1988-95), 강원산업 [2.7-3조 원] (26 - 31+위; 7개 연도, 1988-99), 뉴코아 [2-2.8조 원] (25-29위; 3개 연도, 1996-98), 신호 [2.2-3.1조 원] (25-30위; 3개 연도, 1997-99), 거평 [2.5-2.8조 원] (28위; 2개 연도, 1997-98).

(4) '1990-1994년' 마지막 지정 4개 집단: 한양 [0.6-2.1조 원] (19-30위; 7개 연도 1987-93), 범양상선 [0.9-1.1조 원] (15 - 31+위; 6개 연도, 1987-92), 극동정유 [0.6-1.7조 원] (19-26위; 5개 연도, 1988-92), 통일 [0.6-1조 원] (25 - 31+위; 5개 연도, 1988-92).

38개 집단의 '지정 연도 수'는 14년에서 1년까지이다. '14-10개 연도' 지정 집단 7개 (대상, 해태, 진로, 한일, 삼양, 극동건설, 삼미), '9-5개 연도' 지정 12개 (벽산, 하나로텔레콤, 아남, 우성건설, 농심, 강원산업, 한양, 문화방송, 동원, 범양상선, 극동정유, 통일), 그리고 '4-1개 연도' 지정 19개이다.

8. '1조 원 내외' 보유 31개 집단

140개 사기업집단 중 나머지 31개(22%)는 '1조 원 내외'의 자산총액을 가졌다 (<표 5.10>).

31개 집단 중 3개는 '1조 원 미만' 그리고 28개는 '1조 원 내외'를 보유하였다. 31개 집단 모두 1987-1992년 사이에 지정되었다.

(1) '1조 원 미만' 보유 3개 집단: 삼환기업 [0.4조 원] (30 - 31+위; 6개 연도 지정, 지정 시작 1987년 - 마지막 1992년), 대한조선공사 [0.5조 원] (28 - 31+위; 2개 연도, 1987-88), 라이프 [0.5조 원] (29위; 1개 연도, 1987).

(2) '1조 원 내외' 보유 28개 집단: 28개 집단 모두 31위 이하 순위를 가졌으며, 자산총액 정보가 없다. 30위 집단의 자산총액은 1987-1990년 '0.4-0.8조 원' 그리고 1991-1992년 '1.2-1.3조 원'이었다. 28개 집단 중 18개는 1991-1992년에, 나머지 10개는 1988-1992년에 관련 관련되어 있다. 지정된 연도와 순위에 따라 자산총액이 1조 원 이상일 수도 있고 1조 원 미만일 수도 있다.

31개 집단의 '지정 연도 수'는 6년에서 1년까지이다. '6-5개 연도' 지정 집단 3개 (삼환기업, 봉명, 풍산), '4-3개 연도' 지정 8개 (동국무역, 금강, 대농, 대신, 성신양회, 신동아, 한국유리, 한신공영), 그리고 '2-1개 연도' 지정 20개이다.

<표 5.10> 140개 사기업집단의 자산총액, 1987-2016년:
(6) '1조 원 내외' 보유 31개 집단

자산총액 (조 원)	마지막 지정 연도						
	① 1987-89년	② 1990-94년	③ 1995-99년	④ 2000-04년	⑤ 2005-09년	⑥ 2010-15년	⑦ 2016년
1 미만	대한조선공사, 라이프	삼환기업					
1 내외		봉명, 풍산, 동국무역, 금강, 대농, 대신, 성신양회, 신동아, 한국유리, 한신공영, 갑을, 고려통상, 대전피혁, 대한유화, 조양상선, 화승, 계성제지, 논노, 동아제약, 삼립식품, 쌍방울, 서통, 성우, 신아, 우방, 유원건설, 청구, 충남방적					

	지정 연도 (시작 - 마지막)	지정 연도 수 (년)	자산총액 (조 원)		연도	
			최대	최소	최대	최소
대한조선공사	1987-88	2	(0.5)	-	1987	-
라이프	1987-87	1	0.5	-	1987	-
삼환기업	1987-92	6	(0.4)	-	1987	-

	지정 연도 (시작 - 마지막)	지정 연도 수 (년)	자산총액 (조 원)		연도	
			최대	최소	최대	최소
봉명	1988-92	5	-	-	-	-
풍산	1988-92	5	-	-	-	-
동국무역	1989-92	4	-	-	-	-
금강	1990-92	3	-	-	-	-
대농	1990-92	3	-	-	-	-
대신	1990-92	3	-	-	-	-
성신양회	1990-92	3	-	-	-	-
신동아	1987-92	3	-	-	-	-
한국유리	1990-92	3	-	-	-	-
한신공영	1990-92	3	-	-	-	-
갑을	1991-92	2	-	-	-	-
고려통상	1991-92	2	-	-	-	-
대전피혁	1991-92	2	-	-	-	-
대한유화	1991-92	2	-	-	-	-
조양상선	1991-92	2	-	-	-	-
화승	1991-92	2	-	-	-	-
계성제지	1991-91	1	-	-	-	-
논노	1992-92	1	-	-	-	-
동아제약	1992-92	1	-	-	-	-
삼립식품	1992-92	1	-	-	-	-
쌍방울	1992-92	1	-	-	-	-
서통	1992-92	1	-	-	-	-
성우	1992-92	1	-	-	-	-
신아	1992-92	1	-	-	-	-
우방	1992-92	1	-	-	-	-
유원건설	1992-92	1	-	-	-	-
청구	1992-92	1	-	-	-	-
충남방적	1992-92	1	-	-	-	-

주: <표 5.4>, <표 5.1>, <표 5.2> 참조.

9. 21개 공기업집단

공기업집단은 2002-2016년의 15년 동안 매년 6-13개씩 모두 21개가 지정되었다. 사기업집단을 제외한 공기업집단만의 순위는 1-13위이며, 자산총액은 208.3-2.1조 원이다 (<표 5.11>).

〈표 5.11〉 21개 공기업집단의 자산총액, 2002-2016년

자산 총액 (조 원)	마지막 지정 연도						
	① 1987- 89년	② 1990- 04년	③ 1995- 99년	④ 2002- 04년	⑤ 2005- 09년	⑥ 2010- 15년	⑦ 2016년
100+							한국전력 공사, 한국토지 주택공사
50-99					대한주택 공사		한국도로 공사
20-49				KT	한국토지 공사		한국가스 공사, 한국철도 공사, 한국수자 원공사, 한국석유 공사, SH공사
10-19							인천도시 공사
5-9				한국농어 촌공사	인천국제 공항공사, 한국지역 난방공사		서울특별 시도시철 도공사, 부산항만 공사, 서울메트 로
1-4				담배인삼 공사	광해방지 사업단, 인천항만 공사		

	지정 연도 (시작 - 마지막)	지정 연도 수 (년)	자산총액 (조 원)		연도	
			최대	최소	최대	최소
한국전력공사	2002-16	15	208.3	90.9	2016	2002
한국 토지주택공사	2010-16	7	173.7	130.3	2014	2010
대한주택공사	2002-09	8	64.3	14.5	2009	2002
한국도로공사	2002-16	15	57.7	26.4	2016	2002
KT	2002-02	1	32.6	-	2002	-
한국토지공사	2002-09	8	41.4	14.4	2009	2004
한국가스공사	2002-16	15	45.2	9.1	2015	2002
한국철도공사	2005-16	12	23.1	8.7	2011	2005
한국수자원공사	2002-16	7	25.5	9.5	2014	2002
한국석유공사	2009-16	6	23.9	13.0	2012	2009
SH공사	2016-16	1	23.7	-	2016	-
인천도시공사	2010-16	6	11.7	6.8	2015	2010
한국농어촌공사	2002-09	8	5.2	4.1	2009	2002
인천 국제공항공사	2010-14	5	8.2	7.8	2010	2012
한국 지역난방공사	2008-14	2	5.0	2.2	2014	2008
서울특별시 도시철도공사	2010-16	7	7.4	6.1	2010	2016
부산항만공사	2008-16	6	5.5	3.5	2016	2008
서울메트로	2014-16	3	6.4	6.2	2014	2015
담배인삼공사	2002-02	1	4.0	-	2002	-
광해방지사업단	2008-08	1	2.1	-	2008	-
인천항만공사	2008-08	1	2.1	-	2008	-

주: <표 5.4>, <표 5.1>, <표 5.2> 참조.

6개 자산총액 유형에 각각 1-7개 집단이 관련되어 있다. '100+'조 원(100조 원 이상)을 보유한 적이 있는 집단이 2개 (10%), '50-99조 원' 보유 2개(10%), '20-49조 원' 보유 7개

(33%), '10-19조 원' 보유 1개(5%), '5-9조 원' 보유 6개(28%), 그리고 '1-4조 원' 보유 3개(14%)이다.

(1) '100조 원 이상' 보유 2개 집단: ⓐ 한국전력공사 [90.9-208.3조 원] (1-2위; 15개 연도 지정, 지정 시작 2002년 - 마지막 2016년) *[90.9조 원 (2002) → 102.9조 원 (2006) → 208.3조 원 (2016; 21개 집단 중 최대치)]. ⓑ 한국토지주택공사 [130.3-173.7조 원] (1-2위; 7개 연도, 2010-16).

(2) '50-99조 원' 보유 2개 집단: ⓐ 한국도로공사 [26.4-57.7조 원] (2-3위; 15개 연도, 2002-16) *[26.4조 원 (2002) → 57.7조 원 (2016)]. ⓑ 대한주택공사 [14.5-64.3조 원] (2-5위; 8개 연도, 2002-09).

(3) '20-49조 원' 보유 7개 집단: ⓐ 한국가스공사 [9.1-45.2조 원] (4-7위; 15개 연도, 2002-16) *[9.1조 원 (2002) → 45.2조 원 (2015) → 40.5조 원 (2016)]. ⓑ 한국철도공사 [8.7-23.1조 원] (5-7위; 12개 연도, 2005-16). ⓒ 한국수자원공사 [9.5-25.5조 원] (5-6위; 7개 연도, 2002-16). ⓓ 한국석유공사 [13-23.9조 원] (5-8위; 6개 연도, 2009-16). ⓔ SH공사 [23.7조 원] (5위; 1개 연도, 2016). ⓕ 한국토지공사 [14.4-41.4조 원] (4위; 8개 연도, 2002-09). ⓖ KT [32.6조 원] (2위; 1개 연도, 2002).

(4) '10-19조 원' 보유 1개 집단: 인천도시공사 [6.8-11.7조 원] (7-9위; 6개 연도, 2010-16).

(5) '5-9조 원' 보유 6개 집단: ⓐ 서울특별시도시철도공사

[6.1-7.4조 원] (7-11위; 7개 연도, 2010-16). ⓑ 부산항만공사 [3.5-5.5조 원] (8-12위; 6개 연도, 2008-16). ⓒ 서울메트로 [6.2-6.4조 원] (10-11위; 3개 연도, 2014-16). ⓓ 인천국제공항 공사 [7.8-8.2조 원] (6-9위; 5개 연도, 2010-14). ⓔ 한국지역 난방공사 [2.2-5조 원] (9-13위; 2개 연도, 2008-14). ⓕ 한국농 어촌공사 [4.1-5.2조 원] (6-8위; 8개 연도, 2002-09).

(6) '1-4조 원' 보유 3개 집단: ⓐ 광해방지사업단 [2.1조 원] (10위; 1개 연도, 2008). ⓑ 인천항만공사 [2.1조 원] (11위; 1 개 연도, 2008). ⓒ 담배인삼공사 [4조 원] (9위; 1개 연도, 2002).

21개 집단 중 12개는 2016년에도 지정되었고, 9개는 그 이 전에 지정되었다. 후자의 9개 집단 중에서는, 2010-2015년에 마지막으로 지정된 집단이 2개 (인천국제공항공사, 한국지역난 방공사), 2005-2009년 5개 (대한주택공사, 한국토지공사, 한국 농어촌공사, 광해방지사업단, 인천항만공사), 그리고 2002-2004 년 2개이다 (KT, 담배인삼공사).

또, '지정 연도 수'를 보면, 2002-2016년의 '15개 연도'에 지 정된 집단이 3개 (한국전력공사, 한국도로공사, 한국가스공사), '12-8개 연도' 지정 4개 (한국철도공사, 대한주택공사, 한국토 지공사, 한국농어촌공사), '7-5개 연도' 지정 7개 (한국토지주 택공사, 한국수자원공사, 서울특별시도시철도공사, 한국석유공 사, 인천도시공사, 부산항만공사, 인천국제공항공사), 그리고 '3-1개 연도' 지정 7개이다.

'20조 원 이상'의 자산총액을 보유한 적이 있는 11개 집단 중, 1개 연도에만 지정된 2개(SH공사, KT)를 제외한, 9개 집단이 6-15년의 보다 오랜 기간 동안 영향력을 행사해 온 주요 공기업집단들이다. 9개 집단 중에서는 '50조 원 이상' 관련 4개 집단이 핵심 집단인 셈이다. '15개 연도' 지정 2개 (한국전력공사, 100조 원 이상; 한국도로공사, 50-99조 원), '8-7개 연도' 지정 2개이다 (한국토지주택공사, 100조 원 이상; 대한주택공사, 50-99조 원). 9개 주요 집단 중 나머지 5개는 '20-49조 원' 보유 집단이다. '15개 연도' 지정 1개 (한국가스공사), '12개 연도' 지정 1개 (한국철도공사), 그리고 '8-6개 연도' 지정 3개이다 (한국토지공사, 한국수자원공사, 한국석유공사).

제6부
기업집단의
자산총액 (2)

1. 1-30위 집단의 자산총액, 1987-2016년

1987-2016년 사이 '1-30위' 30개 사기업집단의 자산총액은 큰 폭으로 증가하였다 (<표 6.1>, <표 6.2>).

(1) 1위 집단의 자산총액은 대규모기업집단 지정 첫 해인 1987년에는 8조 원이던 것이 1997년 50조 원 (53.6조 원), 2005년 100조 원 (107.6조 원), 2011년 200조 원 (230.9조 원), 그리고 2013년 300조 원(306.1조 원)을 넘어섰다. 최대금액은 351.5조 원(2015년), 최소금액은 8조 원(1987년)이며, 44배의 차이가 난다.

(1) 자산총액 (10억 원)

	합	1위	2위	5위	10위	20위	30위
1987	32	8,038	7,875	2,810	1,648	758	437
1988	40	9,517	9,421	3,903	1,775	865	541
1989	43	10,831	9,509	5,930	2,333	1,015	637
1990	53	14,279	11,762	4,721	3,033	1,269	783
1991	61	19,074	14,889	6,504	3,962	1,548	1,022
1992	78	23,116	18,713	8,651	4,887	1,727	1,263
1993	30	27,517	21,285	9,965	5,274	2,147	1,359
1994	30	31,669	25,482	10,690	5,595	2,254	1,563
1995	30	37,221	29,414	12,806	6,628	2,559	1,613
1996	30	43,743	40,761	14,501	7,090	3,129	1,853
1997	30	53,597	51,651	22,927	7,774	3,910	2,158
1998	30	73,520	64,536	29,267	9,054	4,626	2,659
1999	30	88,806	78,168	32,766	10,446	4,941	2,342
2000	30	88,649	67,384	20,771	9,749	4,616	2,620
2001	30	69,873	53,632	36,136	11,496	4,640	2,501
2002	34	72,351	54,484	21,596	10,323	4,201	2,311
2003	42	83,492	58,571	30,815	12,379	4,380	2,672
2004	45	91,946	61,648	28,270	14,211	4,811	3,396
2005	48	107,617	56,039	30,302	16,219	5,795	3,748
2006	52	115,924	62,235	32,961	17,267	6,527	4,445
2007	55	129,078	66,225	40,208	22,224	7,515	4,777
2008	68	144,449	73,987	43,679	26,667	9,014	5,620
2009	40	174,886	86,945	49,062	29,135	12,271	7,728
2010	45	192,847	100,775	67,265	30,387	12,487	8,212
2011	47	230,928	126,689	77,349	31,731	14,263	8,399
2012	52	255,704	154,659	83,305	34,263	14,761	9,378
2013	52	306,092	166,694	87,523	37,987	16,189	9,972
2014	50	331,444	180,945	91,666	39,522	16,258	9,718
2015	50	351,533	194,093	93,407	38,382	16,805	9,991
2016	53	348,226	209,694	103,284	50,104	15,246	9,806

〈표 6.2〉 1-30위 사기업집단의 자산총액, 1987-2016년:
(2) 집단 이름

	1위	2위	5위	10위	20위	30위
1987	현대	대우	쌍용	롯데	극동건설	삼환기업
1988	현대	대우	한진	기아	금호아	한라
1989	현대	대우	POSCO	한화	코오롱	한양
1990	현대	대우	한진	한화	코오롱	한양
1991	현대	LG	SK	롯데	극동건설	동원
1992	현대	삼성	SK	롯데	코오롱	벽산
1993	현대	삼성	SK	롯데	한양	대상
1994	현대	대우	SK	롯데	동양	벽산
1995	현대	삼성	SK	롯데	한일	대상
1996	현대	삼성	SK	롯데	코오롱	벽산
1997	현대	삼성	SK	롯데	코오롱	신호
1998	현대	삼성	SK	동아	동부	새한
1999	현대	대우	SK	롯데	코오롱	삼양
2000	현대	삼성	한진	쌍용	코오롱	영풍
2001	삼성	현대	현대차	한화	코오롱	고합
2002	삼성	LG	한진	현대중	하나로	KCC
2003	삼성	LG	KT	현대중	코오롱	KCC
2004	삼성	LG	KT	현대중	대림	한솔
2005	삼성	현대차	롯데	한화	동국제강	현대오
2006	삼성	현대차	롯데	현대중	대림	현대오
2007	삼성	현대차	롯데	한진	대림	KCC
2008	삼성	현대차	롯데	금호아	대림	대한전선
2009	삼성	현대차	POSCO	한진	동부	S-Oil
2010	삼성	현대차	롯데	한진	동부	한국GM
2011	삼성	현대차	롯데	한화	동부	현대백
2012	삼성	현대차	롯데	한화	대림	코오롱
2013	삼성	현대차	롯데	한진	대우조	동국제강
2014	삼성	현대차	롯데	한진	대림	미래에셋
2015	삼성	현대차	롯데	한진	부영	미래에셋
2016	삼성	현대차	롯데	농협	금호아	KCC

주: 1) 4월 지정; 합 = 사기업집단 총 수.
2) 대규모기업집단 지정 기준 '자산총액': 4,000억 원 이상 (1987-92년) → 1-30위 (1993-2001년) → 2조 원 이상 (2002-08년) → 5조 원 이상 (2009-16년).
3) 2003-16년의 40/50위 집단 자산총액 (10억 원): 1987-92년에는 31위 이하 금액 정보 없음; 2003년 (2,068/), 2004년 (2,329/), 2005년 (2,610/), 2006년 (3,276 / 2,335), 2007년 (3,732 / 2,565), 2008년 (4,420 / 2,993), 2009년 (5,284/), 2010년 (5,817/), 2011년 (6,620/), 2012년 (6,991 / 5,245), 2013년 (7,541 / 5,542), 2014년 (7,299 / 5,261), 2015년 (7,329 / 5,269), 2016년 (7,785 / 5,707).
4) 금호아 = 금호아시아나, 대우조 = 대우조선해양, 하나로 = 하나로텔레콤, 현대백 = 현대백화점, 현대오 = 현대오일뱅크, 현대중 = 현대중공업, 현대차 = 현대자동차.
5) 이름은 가장 최근 이름임; ① 고려합섬 (1987-92) → [고합] (1993-2001); ② 금호 (1987-2003) → [금호아시아나] (2004-16); ③ 동아건설 (1987-96) → [동아] (1997-2000); ④ 미원 (1987-95) → [대상] (1997-99, 2002-03); ⑤ 삼양사 (1989-92) → [삼양] (1999, 2004-08); ⑥ 선경 (1987-97) → [SK] (1998-2016); ⑦ 럭키금성 (1987-94) → [LG] (1995-2016); ⑧ 포항제철 (1989, 2001-02) → [POSCO] (2003-16); ⑨ 하나로통신 (2001-04) → [하나로텔레콤] (2005-08); ⑩ GM대우 (2004-10) → [한국GM] (2011-16); ⑪ 한일합섬 (1987) → [한일] (1988-97); ⑫ 한국화약 (1987-92) → [한화] (1993-2016); ⑬ 현대정유 (2000-02) → [현대오일뱅크] (2005-07, 2010).

(2) 2위 집단은 1987년 7.9조 원 (최소), 1990년 11.8조 원, 1997년 51.7조 원, 2010년 100.8조 원, 2016년 209.7조 원 (최대) 등으로 늘어났으며, 최대금액은 최소금액의 27배이다.

(3) 5위 집단은 1987년 2.8조 원 (최소), 1994년 10.7조 원, 2010년 67.3조 원, 2016년 103.3조 원 (최대) 등으로 늘어났으며, 최대금액은 최소금액의 37배이다.

(4) 10위 집단은 1987년 1.6조 원 (최소), 1999년 10.4조 원, 2016년 50.1조 원 (최대) 등으로 늘어났으며, 최대금액은 최소금액의 30배이다.

(5) 20위 집단은 1987년 0.8조 원 (최소), 1989년 1조 원, 2005년 5.8조 원, 2009년 12.3조 원, 2015년 16.8조 원 (최대) 등으로 늘어났으며, 최대금액은 최소금액의 22배이다.

(6) 30위 집단은 1987년 0.4조 원 (최소), 1991년 1조 원,

2008년 5.6조 원, 2015년 10조 원 (최대) 등으로 늘어났으며, 최대금액은 최소금액의 23배이다.

40위와 50위 집단의 경우, 1987-1992년에는 31위 이하 집단의 자산총액 정보가 없으며, 2002년에는 40·50위 집단 그리고 2003-2005, 2009-2011년에는 50위 집단이 없다: 2003년 (40위 2.1조 원), 2004년 (40위 2.3조 원), 2005년 (40위 2.6조 원), 2006년 (40위 3.3조 원, 50위 2.3조 원), 2007년 (40위 3.7조 원, 50위 2.6조 원), 2008년 (40위 4.4조 원, 50위 3조 원), 2009년 (40위 5.3조 원), 2010년 (40위 5.8조 원), 2011년 (40위 6.6조 원), 2012년 (40위 7조 원, 50위 5.2조 원), 2013년 (40위 7.5조 원, 50위 5.5조 원), 2014년 (40위 7.3조 원, 50위 5.3조 원), 2015년 (40위 7.3조 원, 50위 5.3조 원), 2016년 (40위 7.8조 원, 50위 5.7조 원).

1위에는 2개 집단만 관련되어 있는 반면, 하위 순위로 내려올수록 관련 집단은 5-21개로 점점 많아졌다.

(1) '1위' 2개 집단: 현대 (1987-2000); 삼성 (2001-16).

(2) '2위' 5개 집단: 대우, LG, 삼성, 현대 (1987-2004); 현대자동차 (2005-16).

(3) '5위' 7개 집단: 쌍용, 한진, POSCO, SK, 현대자동차, KT, 롯데 (1987-2009); 롯데 (2010-16).

(4) '10위' 9개 집단: 롯데, 기아, 한화, 동아, 쌍용, 현대중공업, 한진, 금호아시아나, 농협.

(5) '20위' 12개 집단: 극동건설, 금호아시아나, 코오롱, 한양, 동양, 한일, 동부, 하나로텔레콤, 대림, 동국제강, 대우조선해양, 부영.

(6) '30위' 21개 집단: 삼환기업, 한라, 한양, 동원, 벽산, 대상, 신호, 새한, 삼양, 영풍, 고합, KCC, 한솔, 현대오일뱅크, 대한전선, S-Oil, 한국GM, 현대백화점, 코오롱, 동국제강, 미래에셋.

한편, 순위 간의 자산총액 격차도 점점 더 커졌다. 새로운 대규모기업집단 지정 기준이 적용되기 시작한 4개 연도 (1987, 1993, 2002, 2009년) 및 2016년의 '1위'와 '2·5·10·30위' 간의 자산총액 차이를 연도별로 보면 다음과 같다.

① [1987년] 1위 (8조 원); 2위(7.9조 원)의 1배, 5위(2.8조 원)의 2.9배, 10위(1.6조 원)의 4.9배, 30위(0.4조 원)의 18배.

② [1993년] 1위 (27.5조 원); 2위(21.3조 원)의 1.3배, 5위(10조 원)의 2.8배, 10위(5.3조 원)의 5.2배, 30위(1.4조 원)의 20.2배.

③ [2002년] 1위 (72.4조 원); 2위(54.5조 원)의 1.3배, 5위(21.6조 원)의 3.4배, 10위(10.3조 원)의 7배, 30위(2.3조 원)의 31.3배.

④ [2009년] 1위 (174.9조 원); 2위(86.9조 원)의 2배, 5위(49.1조 원)의 3.6배, 10위(29.1조 원)의 6배, 30위(7.7조 원)의 22.6배.

⑤ [2016년] 1위 (348.2조 원); 2위(209.7조 원)의 1.7배, 5위

(103.3조 원)의 3.4배, 10위(50.1조 원)의 7배, 30위(9.8조 원)의 35.5배.

또 '1위'와 '다른 순위' 간 격차의 추이는 다음과 같다.

① [1위와 2위의 격차] 1-1.3배 (1987-2002년) → 1.7-2배 (2009-16년).

② [1위와 5위의 격차] 2.8-2.9배 (1987-93년) → 3.4-3.6배 (2002-16년).

③ [1위와 10위의 격차] 4.9-5.2배 (1987-93년) → 6-7배 (2002-16년).

④ [1위와 30위의 격차] 18-22.6배 (1987-93, 2009년) → 31.3-35.5배 (2002, 2016년).

2. 1-30위 집단 자산총액의 8개 유형

2.1 4개 지정 시기별 특징

1987-2016년에 지정된 1-30위 사기업집단이 보유한 자산총액을 8개 유형으로 나누어 살펴본다. 1조 원 미만, 1-2조 원, 3-4조 원, 5-9조 원, 10-29조 원, 30-49조 원, 50-99조 원, 100조 원 이상 등이다 (<표 6.3>; <표 6.1> 참조).

대규모기업집단의 4개 지정 시기별 특징은 다음과 같다.

(1) 1987-1992년 [지정 기준 '자산총액 4,000억 원 이상']:

<표 6.3> 1-30위 사기업집단의 자산총액, 1987-2016년:
(3) 8개 유형 금액 관련 집단 수 (개)

	자산총액 (조 원)							
	1 미만	1-2	3-4	5-9	10-29	30-49	50-99	100-399
1987	14	12		4				
1988	15	10	1	4				
1989	10	12	3	4	1			
1990	8	12	6		4			
1991		20	3	3	4			
1992		17	4	5	4			
1993		17	3	6	4			
1994		16	4	5	4	1		
1995		12	7	4	6	1		
1996		10	5	7	4	4		
1997		6	9	6	5	2	2	
1998		5	8	8	5		4	
1999		5	6	9	5	2	3	
2000		3	8	10	5	2	2	
2001		6	7	6	6	2	3	
2002		5	11	4	6	2	2	
2003		3	13	3	6	3	2	
2004			13	6	7	1	3	
2005			7	11	7	2	2	1
2006			5	11	8	2	3	1
2007			4	12	8	2	3	1
2008				13	9	4	3	1
2009				8	13	5	3	1
2010				8	12	4	4	2
2011				3	17	3	5	2
2012				1	18	3	4	4
2013				1	17	4	4	4
2014				2	15	5	4	4
2015				1	16	5	4	4
2016				2	15	3	5	5

주: 1) 4월 지정; 연도별 합 = 30개.
2) 대규모기업집단 지정 기준: '자산총액' 4,000억 원 이상 (1987-92년) → 1-30위 (1993-2001년)
→ 2조 원 이상 (2002-08년) → 5조 원 이상 (2009-16년).

유형1(1조 원 미만)에서 유형5(10-29조 원)까지의 하위 5개 유형 중 3-5개에 분포되어 있었으며, 대다수는 최하위 2개인 유형1(1조 원 미만; 8-15개 집단)과 유형2(1-2조 원; 10-20개)에 속하였다.

(2) 1993-2001년 [지정 기준 '1-30위']: 유형2(1-2조 원)에서 유형7(50-99조 원)까지의 6개 유형 중 4-6개에 분포되어 있었다. 1996년까지는 유형2(1-2조 원; 10-17개 집단)에 가장 많이 그리고 1997년부터는 유형3(3-4조 원; 6-9개)과 유형4(5-9조 원; 6-10개)에 비슷한 정도로 가장 많이 속하였다. 최하위인 유형1(1조 원 미만)과 최상위인 유형8(100조 원 이상) 관련 집단은 없었다.

(3) 2002-2008년 [지정 기준 '2조 원 이상']: 유형2(1-2조 원)에서 유형8(100조 원 이상)까지의 7개 유형 중 5-6개에 분포되어 있었으며, 2004년까지는 유형3(3-4조 원; 11-13개 집단)에 가장 많이 그리고 2005년부터는 유형4(5-9조 원; 11-13개)에 가장 많이 속하였다. 유형2(1-2조 원)와 유형3(3-4조 원)에 속하는 집단은 각각 2004년, 2008년에 없어졌다.

(4) 2009-2016년 [지정 기준 '5조 원 이상']: 유형4(5-9조 원)에서 유형8(100조 원 이상)까지의 상위 5개 유형에 분포되어 있었으며, 유형5(10-29조 원; 12-18개 집단)에 가장 많이 속하였다.

2.2 하위 4개 유형

하위 4개 유형의 자산총액을 보유한 집단의 특징은 다음과 같다.

(1) '1조 원 미만' 보유 집단: 대규모기업집단 지정 초기 4개 연도(1987-90)에만 있었으며, 각 연도별 관련 집단은 8-15개이다. [1987년] 14개 집단, 17-30위, 9,160억 원 - 4,370억 원 (17위 동국제강, 30위 삼환기업). [1990년] 8개 집단, 23-30위, 9,950억 원 - 7,830억 원 (23위 한라, 30위 한양).

(2) '1-2조 원' 보유 집단: 17개 연도(1987-2003)에 있었으며, 각 연도별 관련 집단은 3-20개이다. [1987년] 12개 집단, 5-16위, 2.8조 원 - 1조 원 (5위 쌍용, 16위 효성). [2003년] 3개 집단, 28-30위, 2.8조 원 - 2.7조 원 (28위 현대산업개발, 30위 KCC).

(3) '3-4조 원' 보유 집단: 20개 연도(1988-2007)에 있었으며, 각 연도별 집단은 1-13개이다. [1988년] 1개 집단, 5위, 3.9조 원 (5위 한진). [2007년] 4개 집단, 27-30위, 4.9조 원 - 4.8조 원 (27위 현대백화점, 30위 KCC).

(4) '5-9조 원' 보유 집단: 29개 연도(1987-89, 1991-2016)에 있었으며, 각 연도별 집단은 1-13개이다. [1987년] 4개 집단, 1-4위, 8조 원 - 5.5조 원 (1위 현대, 4위 LG). [2016년] 2개 집단, 29-30위, 9.9조 원 - 9.8조 원 (29위 하림, 30위 KCC).

한편, 하위 4개 유형에 속하는 집단의 수는 '증가 후 감소'의
변화를 보였다.

'1조 원 미만'과 '1-2조 원' 보유 집단은 초기 몇 년 동안 증
가 후 바로 감소하기 시작하였다: '1조 원 미만' (1987-90년;
1987년 14개 집단 → 1988년 15개 → 1990년 8개); '1-2조 원'
(1987-2003년; 1987년 12개 → 1991년 20개 → 2003년 3개).

이에 비해, '3-4조 원'과 '5-9조 원' 보유 집단은 보다 오랜
기간 서서히 증가하다가 뒤늦게 감소하기 시작하였다: '3-4조
원' (1988-2007년; 1988년 1개 → 2003-04년 13개 → 2007년
4개); '5-9조 원' (1987-89, 1991-2016년; 1987년 4개 → 2008
년 13개 → 2015년 1개).

특히, 1991년에는 1-30위 집단 중 2/3인 20개 집단이 '1-2조
원'을 보유하였는데 (11-30위, 2.8조 원 - 1조 원; 11위 대림,
30위 동원), '20개'는 30년 동안의 자산총액 유형별 집단 수
중 가장 큰 수치이다.

2.3 상위 4개 유형

상위 4개 유형의 자산총액을 보유한 집단은 1989년부터 순
차적으로 등장하였으며, 이후 하위 4개 유형에 속하는 집단보
다 점차 많아졌다.

(1) '10-29조 원' 보유 집단: 28개 연도(1989-2016)에 있었으
며, 각 연도별 집단은 1-18개이다. [1989년] 1개 집단, 1위,

10.8조 원 (1위 현대). [2016년] 15개 집단, 14-28위, 29.2조 원 - 10.6조 원 (14위 신세계, 28위 영풍).

(2) '30-49조 원' 보유 집단: 22개 연도(1994-97, 1999-2016)에 있었으며, 각 연도별 집단은 1-5개이다. [1994년] 1개 집단, 1위, 31.7조 원 (1위 현대). [2016년] 3개 집단, 11-13위, 37조 원 - 31.3조 원 (11위 한진, 13위 KT).

(3) '50-99조 원' 보유 집단: 20개 연도(1997-2016)에 있었으며, 각 연도별 집단은 2-5개이다. [1997년] 2개 집단, 1-2위, 53.6조 원 - 51.7조 원 (1위 현대, 2위 삼성). [2016년] 5개 집단, 6-10위, 80.2조 원 - 50.1조 원 (6위 POSCO, 10위 농협).

(4) '100조 원 이상' 보유 집단: 12개 연도(2005-16)에 있었으며, 각 연도별 집단은 1-5개이다. [2005년] 1개 집단, 1위, 107.6조 원 (1위 삼성). [2016년] 5개 집단, 1-5위, 348.2조 원 - 103.3조 원 (1위 삼성, 5위 롯데).

한편, 상위 4개 유형에 속하는 집단의 수는 '증가 또는 증가 후 다소 감소'의 추세를 보였다.

'10-29조 원' 보유 집단은 서서히 증가한 후 다소 감소하였고, '30-49조 원' 보유 집단은 서서히 증가한 이후 증가와 감소를 반복하였다: '10-29조 원' (1989-2016년; 1989년 1개 집단 → 2012년 18개 → 2016년 15개); '30-49조 원' (1994-97, 1999-2016년; 1994년 1개 → 2009년 5개 → 2016년 3개).

반면, '50-99조 원'과 '100조 원 이상' 보유 집단은 증가 추

세를 보였다: '50-99조 원' (1997-2016년; 1997년 2개 → 2016년 5개); '100조 원 이상' (2005-16년; 2005년 1개 → 2016년 5개).

특히, 2012년에는 1-30위 집단 중 2/3가량인 18개 집단이 '10-29조 원'을 보유하였는데 (12-29위, 29.9조 원 - 10.2조 원; 12위 두산, 29위 한국GM), '18개'는 30년 동안의 자산총액 유형별 집단 수 중, 1999년의 '1-2조 원' 보유 '20개'에 이어, 두 번째로 큰 수치이다.

3. 주요 19개 사기업집단의 순위 · 자산총액

이제 주요 19개 집단의 순위 및 자산총액의 변화 추이를 살펴본다. 1987-2016년의 30년 동안 '1-10위'의 높은 순위를 가진 적이 있는 8개 집단 그리고 '30개 연도' 내내 지정된 14개 집단이 그 대상이다. 이들 22개 집단 중 3개(삼성, LG, SK)는 두 부류의 집단에 모두 관련되어 있다 (<표 6.4>, <표 6.5>, <표 6.6>, <표 6.7>, <표 6.8>, <표 6.9>, <표 6.10>).

<표 6.4> 19개 주요 사기업집단, 1987-2016년:
(1) '1-10위' 8개 집단, '30개 연도' 지정 14개 집단

(1) '1-10위' 8개 집단 (3개 집단은 '30개 연도' 지정)

순위 (위)	마지막 지정 연도						
	①	②	③	④	⑤	⑥	⑦
	1987-89년	1990-94년	1995-99년	2000-04년	2005-09년	2010-15년	2016년
1-5			대우				**삼성**, **LG**, 현대자동차
1-10							**SK**, POSCO
6-10				㈜대우			GS

(2) '30개 연도' 지정 14개 집단 (3개 집단은 '1-10위')

지정 연도 수 (년)	마지막 지정 연도						
	①	②	③	④	⑤	⑥	⑦
	1987-89년	1990-94년	1995-99년	2000-04년	2005-09년	2010-15년	2016년
30							금호아시아나, 동국제강, 동부, 두산, 대림, 롯데, **삼성**, **SK**, **LG**, 코오롱, 한진, 한화, 현대, 효성

주: <표 4.4>, <표 3.4> 참조.

〈표 6.5〉 19개 주요 사기업집단, 1987-2016년:
(2) '1-10위' 및 '30개 연도' 지정 19개 집단

* 윗부분 (순위 (위)), 아랫부분 (지정 연도 수 (개))

	마지막 지정 연도						
	①	②	③	④	⑤	⑥	⑦
	1987-89년	1990-94년	1995-99년	2000-04년	2005-09년	2010-15년	2016년
1-5			대우				삼성, LG, 현대자동차
1-10							SK, POSCO
6-10				㈜대우			GS
1-30							롯데, 한진, 현대
6-30							금호아시아나, 대림, 한화
11-30							두산
11-31+							동국제강, 동부, 코오롱, 효성
30							금호아시아나, 동국제강, 동부, 두산, 대림, 롯데, 삼성, SK, LG, 코오롱, 한진, 한화, 현대, 효성
17							POSCO
16							현대자동차
13			대우				
12							GS
1				㈜대우			

주: <표 4.4>, <표 3.4> 참조.

〈표 6.6〉 19개 주요 사기업집단, 1987-2016년:
(3) 순위

(1) '1-10위' 8개 집단

	지정 연도 (시작 - 마지막)	지정 연도 수 (년)	순위 (위)		연도	
			최고	최하	최고	최하
삼성	1987-2016	30	1	4	2016	1991
LG	1987-2016	30	2	4	2004	2016
SK	1987-2016	30	3	7	2016	1989
현대자동차	2001-16	16	2	5	2016	2001
POSCO	1989-2016	17	5	8	2009	2004
GS	2005-16	12	7	9	2016	2005
대우	1987-99	13	2	4	1999	1997
㈜대우	2000-00	1	7	-	2000	-

(2) '1-30위' 6개 집단

롯데	1987-2016	30	5	11	2016	1998
한진	1987-2016	30	5	11	2002	2016
현대	1987-2016	30	1	22	2000	2016
금호아시아나	1987-2016	30	8	22	2000	1987
대림	1987-2016	30	9	22	1987	2011
한화	1987-2016	30	8	13	2016	2010

(3) '11위 이하' 5개 집단

두산	1987-2016	30	11	15	2001	1989
동국제강	1987-2016	30	15	38	2000	2016
동부	1987-2016	30	13	36	2004	2016
코오롱	1987-2016	30	17	36	2002	2010
효성	1987-2016	30	14	33	1988	2007

주: <표 4.1>, <표 4.2> 참조.

〈표 6.7〉 19개 주요 사기업집단, 1987-2016년:
(4) 자산총액

(1) '1-10위' 8개 집단

| | 지정 연도
(시작 -
마지막) | 지정
연도
수
(년) | 자산총액 (조 원) | | 연도 | | A/B
(배) |
			최대 (A)	최소 (B)	최대	최소	
삼성	1987-2016	30	351.5	5.6	2015	1987	62.8
LG	1987-2016	30	105.8	5.5	2016	1987	19.2
SK	1987-2016	30	160.8	2.5	2016	1987	64.3
현대자동차	2001-16	16	209.7	36.1	2016	2001	5.8
POSCO	1989-2016	17	84.5	5.9	2015	1989	14.3
GS	2005-16	12	60.3	18.7	2016	2005	3.2
대우	1987-99	13	78.2	7.9	1999	1987	9.9
㈜대우	2000-00	1	13.1	-	2000	-	-

(2) '1-30위' 6개 집단

롯데	1987-2016	30	103.3	1.6	2016	1987	64.6
한진	1987-2016	30	39.5	2.6	2014	1987	15.2
현대	1987-2016	30	88.8	6.1	1999	2005	14.6
금호아시아나	1987-2016	30	37.6	0.7	2009	1987	53.7
대림	1987-2016	30	18.8	1.7	2016	1988	11.1
한화	1987-2016	30	54.7	1.8	2016	1987	30.4

(3) '11위 이하' 5개 집단

두산	1987-2016	30	33.1	1.1	2015	1987	30.1
동국제강	1987-2016	30	10.8	0.9	2012	1987	12
동부	1987-2016	30	17.8	0.6	2014	1988	29.7
코오롱	1987-2016	30	9.6	0.7	2013	1987	13.7
효성	1987-2016	30	11.7	1.0	2012	1987	11.7

주: <표 5.1>, <표 5.2> 참조.

3.1 '1-10위' 8개 집단

(1) '30개 연도 지정' 3개 집단

① [삼성그룹] 1987-2016년의 30년 동안 1-4위의 가장 높은 순위를 가졌다. 1987-2000년 2-4위, 2001-2016년 1위이다.

〈표 6.8〉 19개 주요 사기업집단의 순위 및 자산총액, 1987-2016년: (1) '1-10위' 8개 집단

	지정 연도 (시작 - 마지막)	지정 연도 수 (년)	순위 (위)		연도		
			최고	최하	최고	최하	
삼성	1987-2016	30	1	4	2016	1991	-
LG	1987-2016	30	2	4	2004	2016	-
SK	1987-2016	30	3	7	2016	1989	-
현대자동차	2001-16	16	2	5	2016	2001	-
POSCO	1989-2016	17	5	8	2009	2004	-
GS	2005-16	12	7	9	2016	2005	-
대우	1987-99	13	2	4	1999	1997	-
㈜대우	2000-00	1	7	-	2000	-	-

			자산총액 (조 원)		연도		A/B (배)
			최대 (A)	최소 (B)	최대	최소	
삼성			351.5	5.6	2015	1987	62.8
LG			105.8	5.5	2016	1987	19.2
SK			160.8	2.5	2016	1987	64.3
현대자동차			209.7	36.1	2016	2001	5.8
POSCO			84.5	5.9	2015	1989	14.3
GS			60.3	18.7	2016	2005	3.2
대우			78.2	7.9	1999	1987	9.9
㈜대우			13.1	-	2000	-	-

주: <표 6.6>, <표 6.7> 참조.

자산총액의 최소금액은 5.6조 원 (1987년 3위), 최대금액은 351.5조 원 (2015년 1위), 격차는 62.8배이다. 2005년의 '351.5 조 원'은 140개 전체 사기업집단의 보유 금액 중 가장 큰 금액이다. 5.6조 원 (최소치, 1987년 3위), 10.4조 원 (1990년 4위), 51.7조 원 (1997년 2위), 107.6조 원 (2005년 1위), 230.9조 원 (2011년 1위), 306.1조 원 (2013년 1위), 351.5조 원 (최대치, 2015년 1위) 등으로 증가하였으며, 2016년 현재에는 348.2조 원(1위)이다.

② [LG그룹] 30년 동안 2-4위의 순위를 가졌다. 1987-2005 년 2-4위, 2006-2016년 4위이다.

최소금액은 5.5조 원 (1987년 4위), 최대금액은 105.8조 원 (2016년 4위), 격차는 19.2배이다. 5.5조 원 (최소치, 1987년 4 위), 11.2조 원 (1990년 3위), 52.8조 원 (1998년 4위), 100.8조 원 (2012년 4위), 105.8조 원 (최대치, 2016년 4위) 등으로 증가하였다.

③ [SK그룹] 30년 동안 3-7위의 순위를 가졌다. 1987-2005 년 4-7위, 2006-2016년 3위이다.

최소금액은 2.5조 원 (1987년 7위), 최대금액은 160.8조 원 (2016년 3위), 격차는 64.3배이다. 2.5조 원 (최소치, 1987년 7 위), 10.7조 원 (1994년 5위), 54.8조 원 (2006년 3위), 136.5조 원 (2012년 3위), 160.8조 원 (최대치, 2016년 3위) 등으로 증가하였다.

(2) '17-12개 연도' 지정 3개 집단

① [현대자동차그룹] 2001-2016년의 16년 동안 2-5위의 순위를 가졌다. 1987-2004년 3-5위, 2005-2016년 2위이다.

보유 자산총액의 최소금액은 36.1조 원 (2001년 5위), 최대금액은 209.7조 원 (2016년 2위), 격차는 5.8배이다. 36.1조 원 (최소치, 2001년 5위), 52.3조 원 (2004년 3위), 100.8조 원 (2010년 2위), 209.7조 원 (최대치, 2016년 2위) 등으로 증가하였다.

② [POSCO그룹] 1989, 2001-2016년의 17년 동안 5-8위 순위를 가졌다. 1989, 2001-2009년 5-8위, 2010-2016년 6위이다.

최소금액은 5.9조 원 (1989년 5위), 최대금액은 84.5조 원 (2015년 6위), 격차는 14.3배이다. 5.9조 원 (최소치, 1989년 5위), 21.2조 원 (2001년 7위), 52.9조 원 (2010년 6위), 80.6조 원 (2012년 6위), 84.5조 원 (최대치, 2015년 6위) 등으로 증가하였으며, 2016년 현재에는 80.2조 원(6위)이다.

③ [GS그룹] 2005-2016년의 12년 동안 7-9위의 순위를 가졌다. 2005년 9위, 2006-2016년 7-8위이다.

최소금액은 18.7조 원 (2005년 9위), 최대금액은 60.3조 원 (2016년 7위), 격차는 3.2배이다. 18.7조 원 (최소치, 2005년 9위), 51.4조 원 (2012년 8위), 60.3조 원 (최대치, 2016년 7위) 등으로 증가하였다.

(3) '13-1개 연도' 지정 2개 집단

① [대우그룹] 1987-1999년의 13년 동안 2-4위의 순위를 가졌다. 1987-1990년 2위, 1991-1999년 2-4위였다.

보유 자산총액의 최소금액은 7.9조 원 (1987년 2위), 최대금액은 78.2조 원 (1999년 2위), 격차는 9.9배이다. 7.9조 원 (최소치, 1987년 2위), 11.8조 원 (1990년 2위), 53조 원 (1998년 3위), 78.2조 원 (최대치, 1999년 2위) 등으로 증가하였다.

② [㈜대우그룹] 2000년 1개 연도에만 지정되었다. 순위는 7위, 자산총액은 13.1조 원이었다.

3.2 '1-30위' 6개 집단

(1) '1-30위' 3개 집단

① [현대그룹] 1987-2016년의 30년 동안 1-22위의 순위를 가졌다. 1987-2000년 1위, 2001년 2위, 2002년 8위, 2003-2007, 2009년 11-18위, 2008, 2010-2016년 21-22위이다.

보유 자산총액의 최소금액은 6.1조 원 (2005년 15위), 최대금액은 88.8조 원 (1999년 1위), 격차는 14.6배이다. 8조 원 (1987년 1위), 10.8조 원 (1989년 1위), 53.6조 원 (1997년 1위), 88.8조 원 (최대치, 1999년 1위) 등으로 증가한 후, 53.6조 원 (2001년 2위), 11.8조 원 (2002년 8위), 6.4조 원 (2004년 14위), 6.1조 원 (최소치, 2005년 15위) 등으로 감소하였다. 이후 12.6조 원 (2009년 18위), 15조 원 (2013년 22위) 등으로

다시 증가한 후 2016년 현재에는 12.3조 원(22위)이다.

② [롯데그룹] 30년 동안 5-11위 순위를 가졌다. 1987-1999
년 8-11위, 2000-2009년 5-8위, 2010-2016년 5위이다.

최소금액은 1.6조 원 (1987년 10위), 최대금액은 103.3조 원
(2016년 5위), 격차는 64.6배이다. 1.6조 원 (최소치, 1987년
10위), 10.4조 원 (1999년 10위), 67.3조 원 (2010년 5위),
103.3조 원 (최대치, 2016년 5위) 등으로 증가하였다.

〈표 6.9〉 19개 주요 사기업집단의 순위 및 자산총액, 1987-2016년:
(2) '1-30위' 6개 집단

	지정 연도 (시작 - 마지막)	지정 연도 수 (년)	순위 (위)		연도		
			최고	최하	최고	최하	
롯데	1987-2016	30	5	11	2016	1998	-
한진	1987-2016	30	5	11	2002	2016	-
현대	1987-2016	30	1	22	2000	2016	-
금호아시아나	1987-2016	30	8	22	2000	1987	-
대림	1987-2016	30	9	22	1987	2011	-
한화	1987-2016	30	8	13	2016	2010	-

		자산총액 (조 원)		연도		A/B (배)
		최대 (A)	최소 (B)	최대	최소	
롯데		103.3	1.6	2016	1987	64.6
한진		39.5	2.6	2014	1987	15.2
현대		88.8	6.1	1999	2005	14.6
금호아시아나		37.6	0.7	2009	1987	53.7
대림		18.8	1.7	2016	1988	11.1
한화		54.7	1.8	2016	1987	30.4

주: <표 6.6>, <표 6.7> 참조.

③ [한진그룹] 30년 동안 5-11위의 순위를 가졌다. 1987-2006년 5-9위, 2007-2016년 9-11위이다.

최소금액은 2.6조 원 (1987년 6위), 최대금액은 39.5조 원 (2014년 10위), 격차는 15.2배이다. 2.6조 원 (최소치, 1987년 6위), 10.6조 원 (1995년 7위), 30.4조 원 (2010년 10위), 39.5조 원 (최대치, 2014년 10위) 등으로 증가하였고, 2016년 현재에는 37조 원(11위)이다.

(2) '6-30위' 3개 집단

① [한화그룹] 1987-2016년의 30년 동안 8-13위의 순위를 가졌다. 1987-2004년 8-11위, 2005-2015년 10-13위, 2016년 8위이다.

보유 자산총액의 최소금액은 1.8조 원 (1987년 8위), 최대금액은 54.7조 원 (2016년 8위), 격차는 30.4배이다. 1.8조 원 (최소치, 1987년 8위), 11조 원 (1997년 9위), 31.7조 원 (2011년 10위), 54.7조 원 (최대치, 2016년 8위) 등으로 증가하였다.

② [금호아시아나그룹] 30년 동안 8-22위의 순위를 가졌다. 1987-1988년 20-22위, 1989-1997년 11-17위, 1998-2011년 8-13위, 2012-2016년 16-20위이다.

최소금액은 0.7조 원 (1987년 22위), 최대금액은 37.6조 원 (2009년 9위), 격차는 53.7배이다. 0.7조 원 (최소치, 1987년 22위), 1.2조 원 (1989년 17위), 10.4조 원 (1998년 9위), 37.6조 원 (최대치, 2009년 9위) 등으로 증가한 후, 24.5조 원

(2011년 13위), 19조 원 (2012년 16위), 15.2조 원 (2016년 20위) 등으로 감소하였다.

③ [대림그룹] 30년 동안 9-22위의 순위를 가졌다. 1987년 9위, 1988-2003년 11-17위, 2004-2016년 19-22위이다.

최소금액은 1.7조 원 (1988년 11위), 최대금액은 18.8조 원 (2016년 19위), 격차는 11.1배이다. 1.7조 원 (최소치, 1988년 11위), 5.4조 원 (1996년 13위), 11.1조 원 (2009년 22위), 18.8조 원 (최대치, 2016년 19위) 등으로 증가하였다.

3.3 '11위 이하' 5개 집단

(1) '11-30위' 1개 집단

[두산그룹] 1987-2016년의 30년 동안 11-15위의 순위를 가졌다. 1987-1998년 12-15위, 1999-2016년 11-13위이다.

보유 자산총액의 최소금액은 1.1조 원 (1987년 14위), 최대금액은 33.1조 원 (2015년 13위), 격차는 30.1배이다. 1.1조 원 (최소치, 1987년 14위), 11.2조 원 (2001년 11위), 30조 원 (2014년 13위), 33.1조 원 (최대치, 2015년 13위) 등으로 증가하였으며, 2016년 현재에는 32.4조 원(12위)이다.

(2) '11위 - 31위 이하' 4개 집단

① [동부그룹] 30년 동안 13-36위의 순위를 가졌다. 1987-1998년 20-25위, 1999-2015년 13-21위, 2016년 36위이다.

자산총액의 최소금액은 0.6조 원 (1988년 23위), 최대금액은 17.8조 원 (2014년 19위), 격차는 29.7배이다. 0.6조 원 (최소치, 1988년 23위), 1.2조 원 (1990년 22위), 5.5조 원 (1999년 16위), 12.3조 원 (2009년 20위), 17.8조 원 (최대치, 2014년 19위)로 증가한 후 2016년 현재에는 8.2조 원(36위)이다.

② [효성그룹] 30년 동안 14-33위의 순위를 가졌다. 1987-2003년 14-19위, 2004-2006, 2008-2016년 21-29위, 2007년 33위이다.

〈표 6.10〉 19개 주요 사기업집단의 순위 및 자산총액, 1987-2016년: (3) '11위 이하' 5개 집단

	지정 연도 (시작 - 마지막)	지정 연도 수 (년)	순위 (위)		연도		
			최고	최하	최고	최하	
두산	1987-2016	30	11	15	2001	1989	-
동국제강	1987-2016	30	15	38	2000	2016	-
동부	1987-2016	30	13	36	2004	2016	-
코오롱	1987-2016	30	17	36	2002	2010	-
효성	1987-2016	30	14	33	1988	2007	-

		자산총액 (조 원)		연도		A/B (배)
		최대 (A)	최소 (B)	최대	최소	
두산		33.1	1.1	2015	1987	30.1
동국제강		10.8	0.9	2012	1987	12
동부		17.8	0.6	2014	1988	29.7
코오롱		9.6	0.7	2013	1987	13.7
효성		11.7	1.0	2012	1987	11.7

주: <표 6.6>, <표 6.7> 참조.

최소금액은 1조 원 (1987년 16위), 최대금액은 11.7조 원 (2012년 25위), 격차는 11.7배이다. 1조 원 (최소치, 1987년 16위), 5.3조 원 (1998년 16위), 11.7조 원 (최대치, 2012년 25위) 등으로 증가하였으며, 2016년 현재에는 11.5조 원(24위)이다.

③ [동국제강그룹] 30년 동안 15-38위의 순위를 가졌다. 1987-2000년 15-19위, 2001-2012년 19-28위, 2013-2016년 28-38위이다.

최소금액은 0.9조 원 (1987년 17위), 최대금액은 10.8조 원 (2012년 27위), 격차는 12배이다. 0.9조 원 (최소치, 1987년 17위), 1.2조 원 (1989년 18위), 5.8조 원 (1999년 15위), 10.1조 원 (2011년 26위), 10.8조 원 (최대치, 2012년 27위) 등으로 증가하였으며, 2016년 현재에는 7.9조 원(38위)이다.

④ [코오롱그룹] 30년 동안 17-36위의 순위를 가졌다. 1987-2005, 2007년 17-28위, 2006, 2008-2016년 30-36위이다.

최소금액은 0.7조 원 (1987년 21위), 최대금액은 9.6조 원 (2013년 32위), 격차는 13.7배이다. 0.7조 원 (최소치, 1987년 21위), 1조 원 (1989년 20위), 5.2조 원 (2008년 34위), 9.6조 원 (최대치, 2013년 32위) 등으로 증가하였으며, 2016년 현재에는 9.1조 원(33위)이다.

제7부
기업집단의
계열회사 수 (1)

1. 기업집단의 계열회사 수

'계열회사 수'는 대규모기업집단의 자산총액 그리고 순위를 결정하는 기본 요소이다. 계열회사 자산총액의 합이 집단 자산총액이고, 집단 자산총액의 크기에 따라 집단 순위가 매겨지기 때문이다. 계열회사의 수가 많을수록 그리고 계열회사 각각의 자산총액이 클수록 집단 자산총액은 커지게 되고 순위 또한 높아질 수 있게 된다.

보다 중요한 점은 '계열회사 수'가 기업집단의 사업 범위를 반영한다는 것이다. 생산·판매하는 재화·서비스의 종류가 얼마나 다양한지, 해당 재화·서비스와 관련되는 시장, 업종 및 산업이 얼마나 다양한지를 가늠해 볼 수 있는 지표이다. 계열회사가 많을수록, 그리고 각 계열회사의 자산총액이 클수록, 보다 광범위하고 밀접하게 경제와 연관을 맺게 되고 이에 따라 경제에 대한 파급 효과 또한 보다 커지게 된다. 계열회사의 증가는 효율적인 '사업다각화'를 달성할 수 있는 정상적인 경영 수단인 반면, 무분별한 '문어발식 확장'으로 이어져 해당 기업과 집단 뿐 아니라 경제 전체에 악영향을 미치기도 한다.

'순위'와 '자산총액'에서와 마찬가지로, 사기업집단과 공기업집단을 분리하여 각각의 '계열회사 수'를 고려한다. 1987-2016년의 30년 동안 지정된 140개 사기업집단의 계열회사 수는 94-2개이며, 2002-2016년의 15년 동안 지정된 21개 공기업집단의 계열회사 수는 27-2개이다 (<표 7.1>, <표 7.2>).

1987-1992년의 경우 매년 32-78개 사기업집단이 지정되었는데, '31위 이하'의 순위와 자산총액 정보는 없는 반면 계열회사 수 정보는 공정거래위원회 자료에 포함되어 있다. 모두 55개 집단이 관련되어 있다. 1987년 2개 (31-32위), 1988년 10개 (31-40위), 1989년 13개 (31-43위), 1990년 23개 (31-53위), 1991년 31개 (31-61위), 1992년 48개 (31-78위) 등이다. 55개 집단 중 28개는 1987-1992년 기간에만 지정되었고, 나머지 27개는 1987-1992년 중 일부 연도와 1993년 이후 연도에 지정되었다.

〈표 7.1〉 167개 기업집단의 계열회사 수, 1987-2018년: (1) '가나다' 순

(1) 140개 사기업집단: 1987-2016년

	지정 연도 (시작 - 마지막)	지정 연도 수 (년)	계열회사 수 (개)		연도	
			최대	최소	최대	최소
갑을	1991-92	2	22	21	1992	1991
강원산업	1988-99	7	27	9	1998	1988
거평	1997-98	2	22	19	1997	1998
고려통상	1991-92	2	9	8	1991	1992
고합	1987-2001	15	13	5	1998	1988
교보생명보험	2007-16	7	15	11	2007	2008
극동건설	1987-96	10	11	8	1996	1987
극동정유	1988-92	5	4	-	1992	-
금강	1990-92	3	5	4	1992	1990
금호석유화학	2016-16	1	10	-	2016	-
금호아시아나	1987-2016	30	52	10	2008	1988
기아	1987-97	11	28	9	1997	1987
계성제지	1991-91	1	10	-	1991	-
논노	1992-92	1	5	-	1992	-
농심	1992-2016	7	16	6	2008	1992
농협	2008-16	6	45	26	2016	2008
뉴코아	1996-98	3	18	-	1998	-
동국무역	1989-92	4	10	9	1992	1990
동국제강	1987-2016	30	17	6	1998	2002
동부	1987-2016	30	64	11	2014	1992
동아	1987-2000	14	22	13	1998	1993
동아제약	1992-92	1	16	-	1992	-
동양	1989-2013	25	34	7	2012	1989
동원	1990-2004	6	17	7	2004	1992
두산	1987-2016	30	29	14	2010	1999
대교	2008-08	1	14	-	2008	-
대농	1990-92	3	10	9	1990	1992
대림	1987-2016	30	28	12	2016	2005

주: 같은 계열회사 수가 있는 경우 마지막 연도를 취함; 1개 종류 수치만 있는 경우 '최대'에 표시함.

	지정 연도 (시작 - 마지막)	지정 연도 수 (년)	계열회사 수 (개)		연도	
			최대	최소	최대	최소
대상	1987-2003	14	25	9	1997	2003
대성	1990-2015	15	85	21	2012	1992
대신	1990-92	3	11	6	1991	1992
대우	1987-99	13	37	22	1998	1995
㈜대우	2000-00	1	2	-	2000	-
대우건설	2004-16	9	16	11	2016	2006
대우자동차	2003-05	3	5	3	2003	2005
대우자동차판매	2007-08	2	26	25	2008	2007
대우전자	2000-01	2	4	3	2001	2000
대우조선해양	2003-16	14	20	2	2013	2004
대전피혁	1991-92	2	10	9	1992	1991
대주건설	2008-08	1	20	-	2008	-
대한유화	1991-92	2	7	6	1991	1992
대한전선	1992-2012	11	32	5	2009	1992
대한조선공사	1987-88	2	6	-	1988	-
대한해운	1991-2008	3	13	7	1992	2008
라이프	1987-87	1	6	-	1987	-
롯데	1987-2016	30	93	28	2016	2000
문화방송	2003-08	6	36	32	2008	2007
미래에셋	2008-16	8	31	21	2015	2008
범양상선	1987-92	6	5	4	1988	1992
벽산	1988-96	9	21	12	1991	1988
보광	2008-08	1	62	-	2008	-
봉명	1988-92	5	21	11	1988	1992
부영	2002-16	14	18	4	2016	2004
삼립식품	1992-92	1	16	-	1992	-
삼미	1987-96	10	15	7	1991	1987
삼보컴퓨터	2003-03	1	30	-	2003	-
삼성	1987-2016	30	81	36	2012	1987
삼양	1989-2008	10	13	6	2008	1991
삼천리	1992-2016	4	16	13	2016	1992

	지정 연도 (시작 - 마지막)	지정 연도 수 (년)	계열회사 수 (개)		연도	
			최대	최소	최대	최소
삼환기업	1987-92	6	11	-	1992	-
쌍방울	1992-92	1	22	-	1992	-
쌍용	1987-2006	16	25	6	1997	2006
쌍용양회	2007-08	2	6	-	2008	-
서통	1992-92	1	12	-	1992	-
선명	2008-08	1	12	-	2008	-
성신양회	1990-92	3	11	10	1990	1992
성우	1992-92	1	7	-	1992	-
씨앤	2008-08	1	29	-	2008	-
CJ	1999-2016	18	84	15	2012	1999
신동아	1987-92	3	11	7	1987	1992
신세계	2000-16	17	34	9	2016	2001
신아	1992-92	1	3	-	1992	-
신호	1997-99	3	28	21	1998	1999
새한	1998-2000	3	16	12	1998	2000
세아	2004-16	13	40	19	2005	2010
셀트리온	2016-16	1	8	-	2016	-
아남	1989-2000	8	21	9	1997	1992
아모레퍼시픽	1988-2016	11	23	7	1991	2007
영풍	1990-2016	19	26	12	2006	1990
오리온	2007-08	2	22	20	2007	2008
OCI	1990-2016	19	26	11	2015	1990
우방	1992-92	1	5	-	1992	-
우성건설	1988-95	8	8	5	1995	1993
웅진	2008-13	6	31	24	2011	2010
유원건설	1992-92	1	3	-	1992	-
유진	2008-12	3	42	28	2008	2012
이랜드	2005-16	9	30	12	2012	2005
애경	2008-08	1	29	-	2008	-
S-Oil	2000-16	9	2	-	2016	-
SK	1987-2016	30	94	16	2012	1987

	지정 연도 (시작 - 마지막)	지정 연도 수 (년)	계열회사 수 (개)		연도	
			최대	최소	최대	최소
STX	2005-13	9	26	10	2012	2006
LS	2004-16	13	51	12	2014	2004
LG	1987-2016	30	67	30	2016	2006
조양상선	1991-92	2	10	-	1992	-
중앙일보	2006-06	1	73	-	2006	-
중흥건설	2015-16	2	49	43	2016	2015
GS	2005-16	12	80	48	2014	2007
진로	1990-2000	11	24	12	1997	1995
청구	1992-92	1	7	-	1992	-
충남방적	1992-92	1	6	-	1992	-
카카오	2016-16	1	45	-	2016	-
코닝정밀소재	2014-14	1	2	-	2014	-
코오롱	1987-2016	30	43	16	2016	1989
KCC	2002-16	15	10	6	2010	2002
KT	2003-16	14	57	10	2014	2003
KT&G	2003-16	14	13	2	2012	2003
통일	1988-92	5	17	15	1990	1992
태광	1988-2016	19	52	8	2006	1991
태영	1992-2016	9	44	5	2015	1992
POSCO	1989-2016	17	70	15	2012	2003
풍산	1988-92	5	6	5	1992	1988
프라임	2008-08	1	43	-	2008	-
하나로텔레콤	2001-08	8	18	5	2008	2004
하림	2016-16	1	58	-	2016	
하이닉스	2006-11	6	9	5	2011	2007
하이트진로	1992-2016	14	16	5	2010	1992
한국유리	1990-92	3	8	-	1992	-
한국GM	2004-16	13	4	2	2010	2016
한국타이어	1992-2016	13	16	2	2015	1992
한국투자금융	2009-16	6	24	13	2016	2013
한라	1987-2016	19	23	5	2015	1988

	지정 연도 (시작 - 마지막)	지정 연도 수 (년)	계열회사 수 (개)		연도	
			최대	최소	최대	최소
한보	1987-96	9	21	4	1996	1992
한솔	1996-2016	17	23	10	1997	2005
한신공영	1990-92	3	3	2	1992	1990
한양	1987-93	7	4	-	1993	-
한일	1987-97	11	15	7	1994	1997
한진	1987-2016	30	48	13	2014	1987
한진중공업	2006-16	11	10	3	2014	2006
한화	1987-2016	30	57	21	2016	1999
현대	1987-2016	30	62	7	1999	2005
현대건설	2007-10	4	20	9	2010	2007
현대백화점	2001-16	16	35	10	2016	2002
현대산업개발	2000-16	17	17	7	2016	2000
현대오일뱅크	2000-10	7	3	2	2000	2010
현대자동차	2001-16	16	63	16	2011	2001
현대중공업	2002-16	15	27	5	2015	2002
홈플러스	2008-15	8	4	2	2015	2008
효성	1987-2016	30	48	13	2013	2000
해태	1987-99	13	15	9	1999	1994
화승	1991-92	2	16	-	1992	-

(2) 6개 사기업집단: 2017-2018년 처음 지정

네이버	2017-18	2	71	45	2017	2018
넥슨	2017-18	2	22	-	2018	-
넷마블	2018-18	1	26	-	2018	-
메리츠금융	2018-18	1	8	-	2018	-
SM	2017-18	2	65	61	2018	2017
호반건설	2017-18	2	48	42	2017	2018

주: 같은 계열회사 수가 있는 경우 마지막 연도를 취함; 1개 종류 수치만 있는 경우 '최대'에 표시함.

(3) 21개 공기업집단: 2002-2016년

	지정 연도 (시작 - 마지막)	지정 연도 수 (년)	계열회사 수 (개)		연도	
			최대	최소	최대	최소
광해방지사업단	2008-08	1	3	-	2008	-
담배인삼공사	2002-02	1	2	-	2002	-
대한주택공사	2002-09	8	2	-	2009	-
부산항만공사	2008-16	6	3	2	2008	2016
서울메트로	2014-16	3	4	3	2016	2015
서울특별시 도시철도공사	2010-16	7	3	2	2016	2013
인천 국제공항공사	2010-14	5	2	-	2014	-
인천도시공사	2010-16	6	4	3	2015	2016
인천항만공사	2008-08	1	2	-	2008	-
SH공사	2016-16	1	2	-	2016	-
KT	2002-02	1	9	-	2002	-
한국가스공사	2002-16	15	4	2	2016	2015
한국농어촌공사	2002-09	8	2	-	2009	-
한국도로공사	2002-16	15	4	3	2011	2016
한국석유공사	2009-16	6	3	2	2009	2016
한국수자원공사	2002-16	7	2	-	2016	-
한국전력공사	2002-16	15	27	11	2016	2007
한국 지역난방공사	2008-14	2	4	3	2008	2014
한국철도공사	2005-16	12	16	9	2007	2016
한국토지공사	2002-09	8	3	2	2009	2007
한국 토지주택공사	2010-16	7	5	4	2016	2012

주: 1) 1987-2016년 4월, 2017년 5·9월, 2018년 5월 지정.
  2) 같은 계열회사 수가 있는 경우 마지막 연도를 취함; 1개 종류 수치만 있는 경우 '최대'에 표시함.

〈표 7.2〉 167개 기업집단의 계열회사 수, 1987-2018년: (2) '지정 연도 수' 순

(1) 140개 사기업집단: 1987-2016년

① 30년 지정: 14개 집단

	지정 연도 (시작 - 마지막)	지정 연도 수 (년)	계열회사 수 (개)		연도	
			최대	최소	최대	최소
금호아시아나	1987-2016	30	52	10	2008	1988
동국제강	1987-2016	30	17	6	1998	2002
동부	1987-2016	30	64	11	2014	1992
두산	1987-2016	30	29	14	2010	1999
대림	1987-2016	30	28	12	2016	2005
롯데	1987-2016	30	93	28	2016	2000
삼성	1987-2016	30	81	36	2012	1987
SK	1987-2016	30	94	16	2012	1987
LG	1987-2016	30	67	30	2016	2006
코오롱	1987-2016	30	43	16	2016	1989
한진	1987-2016	30	48	13	2014	1987
한화	1987-2016	30	57	21	2016	1999
현대	1987-2016	30	62	7	1999	2005
효성	1987-2016	30	48	13	2013	2000

② 25년 지정: 1개 집단

동양	1989-2013	25	34	7	2012	1989

③ 19년 지정: 4개 집단

영풍	1990-2016	19	26	12	2006	1990
OCI	1990-2016	19	26	11	2015	1990
태광	1988-2016	19	52	8	2006	1991
한라	1987-2016	19	23	5	2015	1988

④ 18년 지정: 1개 집단

CJ	1999-2016	18	84	15	2012	1999

주: 같은 계열회사 수가 있는 경우 마지막 연도를 취함; 1개 종류 수치만 있는 경우 '최대'에 표시함.

⑤ 17년 지정: 4개 집단

	지정 연도 (시작 - 마지막)	지정 연도 수 (년)	계열회사 수 (개)		연도	
			최대	최소	최대	최소
신세계	2000-16	17	34	9	2016	2001
POSCO	1989-2016	17	70	15	2012	2003
한솔	1996-2016	17	23	10	1997	2005
현대산업개발	2000-16	17	17	7	2016	2000

⑥ 16년 지정: 3개 집단

쌍용	1987-2006	16	25	6	1997	2006
현대백화점	2001-16	16	35	10	2016	2002
현대자동차	2001-16	16	63	16	2011	2001

⑦ 15년 지정: 4개 집단

고합	1987-2001	15	13	5	1998	1988
대성	1990-2015	15	85	21	2012	1992
KCC	2002-16	15	10	6	2010	2002
현대중공업	2002-16	15	27	5	2015	2002

⑧ 14년 지정: 7개 집단

동아	1987-2000	14	22	13	1998	1993
대상	1987-2003	14	25	9	1997	2003
대우조선해양	2003-16	14	20	2	2013	2004
부영	2002-16	14	18	4	2016	2004
KT	2003-16	14	57	10	2014	2003
KT&G	2003-16	14	13	2	2012	2003
하이트진로	1992-2016	14	16	5	2010	1992

⑨ 13년 지정: 6개 집단

대우	1987-99	13	37	22	1998	1995
세아	2004-16	13	28	19	2005	2010
LS	2004-16	13	51	12	2014	2004
한국GM	2004-16	13	4	2	2010	2016
한국타이어	1992-2016	13	16	2	2015	1992
해태	1987-99	13	15	9	1999	1994

⑩ 12년 지정: 1개 집단

	지정 연도 (시작 - 마지막)	지정 연도 수 (년)	계열회사 수 (개)		연도	
			최대	최소	최대	최소
GS	2005-16	12	80	48	2014	2007

⑪ 11년 지정: 6개 집단

기아	1987-97	11	28	9	1997	1987
대한전선	1992-2012	11	32	5	2009	1992
아모레퍼시픽	1988-2016	11	23	7	1991	2007
진로	1990-2000	11	24	12	1997	1995
한일	1987-97	11	15	7	1994	1997
한진중공업	2006-16	11	10	3	2014	2006

⑫ 10년 지정: 3개 집단

극동건설	1987-96	10	11	8	1996	1987
삼미	1987-96	10	15	7	1991	1987
삼양	1989-2008	10	13	6	2008	1991

⑬ 9년 지정: 7개 집단

대우건설	2004-16	9	16	11	2016	2006
벽산	1988-96	9	21	12	1991	1988
이랜드	2005-16	9	30	12	2012	2005
S-Oil	2000-16	9	2	-	2016	-
STX	2005-13	9	26	10	2012	2006
태영	1992-2016	9	44	5	2015	1992
한보	1987-96	9	21	4	1996	1992

⑭ 8년 지정: 5개 집단

미래에셋	2008-16	8	31	21	2015	2008
아남	1989-2000	8	21	9	1997	1992
우성건설	1988-95	8	8	5	1995	1993
하나로텔레콤	2001-08	8	18	5	2008	2004
홈플러스	2008-15	8	4	2	2015	2008

⑮ 7년 지정: 5개 집단

	지정 연도 (시작 - 마지막)	지정 연도 수 (년)	계열회사 수 (개)		연도	
			최대	최소	최대	최소
강원산업	1988-99	7	27	9	1998	1988
교보생명보험	2007-16	7	15	11	2007	2008
농심	1992-2008	7	16	6	2008	1992
한양	1987-93	7	4	-	1993	-
현대오일뱅크	2000-10	7	3	2	2000	2010

⑯ 6년 지정: 8개 집단

농협	2008-16	6	45	26	2016	2008
동원	1990-2004	6	17	7	2004	1992
문화방송	2003-08	6	36	32	2008	2007
범양상선	1987-92	6	5	4	1988	1992
삼환기업	1987-92	6	11	-	1992	-
웅진	2008-13	6	31	24	2011	2010
하이닉스	2006-11	6	9	5	2011	2007
한국투자금융	2009-16	6	24	13	2016	2013

⑰ 5년 지정: 4개 집단

극동정유	1988-92	5	4	-	1992	-
봉명	1988-92	5	21	11	1988	1992
통일	1988-92	5	17	15	1990	1992
풍산	1988-92	5	6	5	1992	1988

⑱ 4년 지정: 3개 집단

동국무역	1989-92	4	10	9	1992	1990
삼천리	1992-2016	4	16	13	2016	1992
현대건설	2007-10	4	20	9	2010	2007

⑲ 3년 지정: 13개 집단

	지정 연도 (시작 - 마지막)	지정 연도 수 (년)	계열회사 수 (개)		연도	
			최대	최소	최대	최소
금강	1990-92	3	5	4	1992	1990
뉴코아	1996-98	3	18	-	1998	-
대농	1990-92	3	10	9	1990	1992
대신	1990-92	3	11	6	1991	1992
대우자동차	2003-05	3	5	3	2003	2005
대한해운	1991-2008	3	13	7	1992	2008
성신양회	1990-92	3	11	10	1990	1992
신동아	1987-92	3	11	7	1987	1992
신호	1997-99	3	28	21	1998	1999
새한	1998-2000	3	16	12	1998	2000
유진	2008-12	3	42	28	2008	2012
한국유리	1990-92	3	8	-	1992	-
한신공영	1990-92	3	3	2	1992	1990

⑳ 2년 지정: 13개 집단

갑을	1991-92	2	22	21	1992	1991
거평	1997-98	2	22	19	1997	1998
고려통상	1991-92	2	9	8	1991	1992
대우자동차판매	2007-08	2	26	25	2008	2007
대우전자	2000-01	2	4	3	2001	2000
대전피혁	1991-92	2	10	9	1992	1991
대한유화	1991-92	2	7	6	1991	1992
대한조선공사	1987-88	2	6	-	1988	-
쌍용양회	2007-08	2	6	-	2008	-
오리온	2007-08	2	22	20	2007	2008
조양상선	1991-92	2	10	-	1992	-
중흥건설	2015-16	2	49	43	2016	2015
화승	1991-92	2	16	-	1992	-

㉑ 1년 지정: 28개 집단

	지정 연도 (시작 - 마지막)	지정 연도 수 (년)	계열회사 수 (개)		연도	
			최대	최소	최대	최소
금호석유화학	2016-16	1	10	-	2016	-
계성제지	1991-91	1	10	-	1991	-
논노	1992-92	1	5	-	1992	-
동아제약	1992-92	1	16	-	1992	-
대교	2008-08	1	14	-	2008	-
㈜대우	2000-00	1	2	-	2000	-
대주건설	2008-08	1	20	-	2008	-
라이프	1987-87	1	6	-	1987	-
보광	2008-08	1	62	-	2008	-
삼립식품	1992-92	1	16	-	1992	-
삼보컴퓨터	2003-03	1	30	-	2003	-
쌍방울	1992-92	1	22	-	1992	-
서통	1992-92	1	12	-	1992	-
선명	2008-08	1	12	-	2008	-
성우	1992-92	1	7	-	1992	-
씨앤	2008-08	1	29	-	2008	-
신아	1992-92	1	3	-	1992	-
셀트리온	2016-16	1	8	-	2016	-
우방	1992-92	1	5	-	1992	-
유원건설	1992-92	1	3	-	1992	-
애경	2008-08	1	29	-	2008	-
중앙일보	2006-06	1	73	-	2006	-
청구	1992-92	1	7	-	1992	-
충남방적	1992-92	1	6	-	1992	-
카카오	2016-16	1	45	-	2016	-
코닝정밀소재	2014-14	1	2	-	2014	-
프라임	2008-08	1	43	-	2008	-
하림	2016-16	1	58	-	2016	-

(2) 6개 사기업집단: 2017-2018년 처음 지정

① 2년 지정: 4개 집단

	지정 연도 (시작 - 마지막)	지정 연도 수 (년)	계열회사 수 (개)		연도	
			최대	최소	최대	최소
네이버	2017-18	2	71	45	2017	2018
넥슨	2017-18	2	22	-	2018	-
SM	2017-18	2	65	61	2018	2017
호반건설	2017-18	2	48	42	2017	2018

② 1년 지정: 2개 집단

넷마블	2018-18	1	26	-	2018	-
메리츠금융	2018-18	1	8	-	2018	-

(3) 21개 공기업집단: 2002-2016년

① 15년 지정: 3개 집단

한국가스공사	2002-16	15	4	2	2016	2015
한국도로공사	2002-16	15	4	3	2011	2016
한국전력공사	2002-16	15	27	11	2016	2007

② 12년 지정: 1개 집단

한국철도공사	2005-16	12	16	9	2007	2016

③ 8년 지정: 3개 집단

대한주택공사	2002-09	8	2	-	2009	-
한국농어촌공사	2002-09	8	2	-	2009	-
한국토지공사	2002-09	8	3	2	2009	2007

주: 1) 1987-2016년 4월, 2017년 5·9월, 2018년 5월 지정.
　　2) 같은 계열회사 수가 있는 경우 마지막 연도를 취함; 1개 종류 수치만 있는 경우 '최대'에 표시
　　함.

④ 7년 지정: 3개 집단

	지정 연도 (시작 - 마지막)	지정 연도 수 (년)	계열회사 수 (개)		연도	
			최대	최소	최대	최소
서울특별시 도시철도공사	2010-16	7	3	2	2016	2013
한국수자원공사	2002-16	7	2	-	2016	-
한국 토지주택공사	2010-16	7	5	4	2016	2012

⑤ 6년 지정: 3개 집단

부산항만공사	2008-16	6	3	2	2008	2016
인천도시공사	2010-16	6	4	3	2015	2016
한국석유공사	2009-16	6	3	2	2009	2016

⑥ 5년 지정: 1개 집단

인천 국제공항공사	2010-14	5	2	-	2014	-

⑦ 3년 지정: 1개 집단

서울메트로	2014-16	3	4	3	2016	2015

⑧ 2년 지정: 1개 집단

한국 지역난방공사	2008-14	2	4	3	2008	2014

⑨ 1년 지정: 5개 집단

광해방지사업단	2008-08	1	3	-	2008	-
담배인삼공사	2002-02	1	2	-	2002	-
인천항만공사	2008-08	1	2	-	2008	-
SH공사	2016-16	1	2	-	2016	-
KT	2002-02	1	9	-	2002	-

2. '계열회사 수'별 기업집단, 1987-2016년

계열회사 수를 4개 유형으로 나누어 살펴본다. ⓐ '50+개' (50개 이상), ⓑ '20-49개', ⓒ '10-19개', ⓓ '2-9개' 등이다. 그리고 3개 유형(ⓐⓑⓓ)의 경우에는 2-5개의 보다 자세한 유형들을 고려한다: ⓐ 5개 유형 ('90+'(90 이상), '80-89', '70-79', '60-69', '50-59'개), ⓑ 3개 유형 ('40-49', '30-39', '20-29'개), ⓓ 2개 유형 ('5-9', '2-4'개).

140개 사기업집단의 계열회사 수는 94개에서 2개 사이이며, 21개 공기업집단의 계열회사 수는 27개에서 2개 사이이다 (<표 7.3>, <표 7.4>).

첫째, 140개 사기업집단 중 절반인 70개(50%)는 '20개 이상'의 계열회사를 보유한 적이 있으며, 나머지 절반인 70개(50%)는 '20개미만'의 계열회사를 보유하였다. 전자의 70개 집단 중 19개(140개의 14%)는 '50+개'(50개 이상) 계열회사를 그리고 51개(36%)는 '20-49개' 계열회사를 가진 적이 있다. 또 후자의 70개 집단 중에서는, 40개(29%)는 '10-19개' 계열회사를 가진 적이 있고, 나머지 30개(21%)는 '2-9개' 계열회사를 유지하였다.

둘째, '50개 이상' 계열회사를 보유한 적이 있는 19개 집단 중 '90+개'(90개 이상)를 보유한 적이 있는 집단은 2개뿐이다. 전체 140개 사기업집단의 1%이다. 나머지 17개 집단 중에서는, 4개 집단은 '80-89개' 계열회사를, 2개 집단은 '70-79개'

<표 7.3> 161개 기업집단의 계열회사 수, 1987-2016년:
(1) '마지막 지정 연도' 기준 집단 수 (개)

(1) 140개 사기업집단: 1987-2016년

계열회사 수 (개)	집단 수 (개)	마지막 지정 연도						
		① 1987-89년	② 1990-94년	③ 1995-99년	④ 2000-04년	⑤ 2005-09년	⑥ 2010-15년	⑦ 2016년
	140	2	33	13	10	18	11	53
50+	19					2	1	16
20-49	51		3	7	5	8	6	22
10-19	40		14	5	3	6		12
2-9	30	2	16	1	2	2	4	3
90+	2							2
80-89	4						1	3
70-79	2					1		1
60-69	5					1		4
50-59	6							6
40-49	9					1	1	7
30-39	10			1	1	1	3	4
20-29	32		3	6	4	6	2	11
10-19	40		14	5	3	6		12
5-9	18	2	11	1		2	1	1
2-4	12		5		2		3	2

(2) 21개 공기업집단: 2002-2016년

	21				2	5	2	12
20-29	1							1
10-19	1							1
5-9	2				1			1
2-4	17				1	5	2	9

주: <표 7.4> 참조.

계열회사를, 5개 집단은 '60-69개' 계열회사를, 그리고 6개 집단은 '50-59개' 계열회사를 보유한 적이 있다.

140개 전체 사기업집단 중 1/10남짓(14%)인 이들 19개 집단이 보다 광범위하고 보다 밀접하게 한국경제와 연관된 핵심 집단들이다. 이들 중에서는, '90개 이상' 계열회사 보유 집단에서 '50-59개' 보유 집단에 이르는 순서로 연관성이 상대적으로 더 컸던 것으로 볼 수 있다. 19개 집단 중 16개는 2016년에도 지정되었고, 3개(대성, 중앙일보, 보광)는 2005-2015년 사이에 마지막으로 지정되었다.

셋째, 140개 사기업집단 중 1/3이상인 51개(36%)는 '20-49개' 계열회사를 보유한 적이 있다. '40-49개' 보유 집단 9개, '30-39개' 보유 집단 10개, 그리고 '20-29개' 보유 집단 32개이다. 51개 집단 중 22개는 2016년에도 지정되었고, 28개는 1990-2015년 사이에 마지막으로 지정되었다.

'20-49개' 계열회사 보유 51개 집단도 경제와의 연관성이 상당한 주요 집단들이다. '50개 이상' 보유 19개 집단과 함께 고려하면, '20개 이상' 보유 집단은 70개이며, 전체 140개 사기업집단의 1/2(50%)이다. 범위를 '30개 이상' 보유 집단으로 좁혀 보면, 관련 집단은 38개로 절반가량 줄어든다 (27%; '50개 이상' 보유 19개, '30-49개' 보유 19개).

넷째, 40개 집단은 '10-19개' 계열회사를 보유한 적이 있다. 전체 140개 집단의 1/3가량(29%)이다. 12개 집단은 2016년에도 지정되었고, 나머지 28개 집단은 그 이전에 지정되었다. 후자의 28개 집단은 1990-2009년 사이에 마지막으로 지정되었는데, 절반인 14개는 '1990-1994년' 기간에 관련되어 있다.

　다섯째, 140개 사기업집단 중 나머지 30개(21%)는 '2-9개'의 적은 계열회사를 보유하였다. 18개 집단은 '5-9개' 계열회사를 가진 적이 있고, 12개 집단은 '2-4개' 계열회사를 유지하였다. 30개 집단 중 2016년에도 지정된 집단은 3개이며, 대다수인 27개는 1987-2015년 사이에 마지막으로 지정되었다. 후자의 27개 집단 중 절반 이상인 16개는 '1990-1994년' 기간에 그리고 2개(대한조선공사, 라이프; '5-9개' 계열회사)는 '1987-1989년'의 가장 초기에 마지막으로 지정되었다.

　'20개미만' 계열회사 보유 70개 집단(140개의 50%)과 '20-29개' 보유 32개 집단(23%)을 함께 고려하면, '30개미만' 보유 집단은 102개이며 전체의 3/4가량(73%)이나 된다. 140개 사기업집단의 대다수는 경제와의 연관성이 상대적으로 제한적이었음을 알 수 있다.

　마지막으로 여섯째, 2002-2016년 사이의 21개 공기업집단이 보유한 계열회사는 30개미만이며, 대다수인 17개(81%)는 '2-4개'의 매우 적은 계열회사를 가졌다. 나머지 4개 집단 중에서는, '20-29개' 계열회사를 보유한 적이 있는 집단이 1개, '10-19개' 보유 집단 1개, 그리고 '5-9개' 보유 집단 2개이다. 21개 집단 중 12개는 2016년에도 지정되었고, 9개는 그 이전에 지정되었다.

〈표 7.4〉161개 기업집단의 계열회사 수, 1987–2016년:
(2) '마지막 지정 연도' 기준 집단 이름

(1) 140개 사기업집단: 1987-2016년

계열 회사 수 (개)	마지막 지정 연도						
	① 1987- 89년	② 1990- 94년	③ 1995- 99년	④ 2000- 04년	⑤ 2005- 09년	⑥ 2010- 15년	⑦ 2016년
90+							롯데, SK
80-89						대성	삼성, CJ, GS
70-79					중앙일 보		POSCO
60-69					보광		동부, LG, 현대, 현대자 동차
50-59							금호아 시아나, 한화, 태광, KT, LS, 하림
40-49					프라임	유진	코오롱, 한진, 효성, 태영, 농협, 중흥건 설, 카카오
30-39			대우	삼보컴 퓨터	문화방 송	동양, 대한전 선, 웅진	신세계, 현대백 화점, 이랜드, 미래에 셋

계열 회사 수 (개)	마지막 지정 연도						
	① 1987-89년	② 1990-94년	③ 1995-99년	④ 2000-04년	⑤ 2005-09년	⑥ 2010-15년	⑦ 2016년
20-29		봉명, 갑을, 쌍방울	기아, 벽산, 한보, 강원산업, 신호, 거평	동아, 대상, 진로, 아남	쌍용, 대우자동차판매, 오리온, 대주건설, 씨앤, 애경	STX, 현대건설	두산, 대림, 영풍, OCI, 한라, 한솔, 현대중공업, 대우조선해양, 세아, 아모레퍼시픽, 한국투자금융
10-19		삼환기업, 통일, 동국무역, 대농, 대신, 성신양회, 신동아, 대전피혁, 조양상선, 화승, 계성제지, 동아제약, 삼립식품, 서통	해태, 한일, 극동건설, 삼미, 뉴코아	고합, 동원, 새한	삼양, 하나로텔레콤, 농심, 대한해운, 대교, 선명		동국제강, 현대산업개발, KCC, 부영, KT&G, 하이트진로, 한국타이어, 한진중공업, 대우건설, 교보생명보험, 삼천리, 금호석유화학

계열 회사 수 (개)	마지막 지정 연도						
	① 1987-89년	② 1990-94년	③ 1995-99년	④ 2000-04년	⑤ 2005-09년	⑥ 2010-15년	⑦ 2016년
5-9	대한조선공사, 라이프	범양상선, 풍산, 금강, 한국유리, 고려통상, 대한유화, 논노, 성우, 우방, 청구, 충남방적	우성건설		대우자동차, 쌍용양회	하이닉스	셀트리온
2-4		한양, 극동정유, 한신공영, 신아, 유원건설		대우전자, ㈜대우		홈플러스, 현대오일뱅크, 코닝정밀소재	한국GM, S-Oil

(2) 21개 공기업집단: 2002-2016년

계열 회사 수 (개)	마지막 지정 연도						
	①	②	③	④	⑤	⑥	⑦
	1987-89년	1990-04년	1995-99년	2002-04년	2005-09년	2010-15년	2016년
20-29							한국전력공사
10-19							한국철도공사
5-9				KT			한국토지주택공사
2-4				담배인삼공사	대한주택공사, 한국농어촌공사, 한국토지공사, 광해방지사업단, 인천항만공사	인천국제공항공사, 한국지역난방공사	한국가스공사, 한국도로공사, 서울특별시도시철도공사, 한국수자원공사, 부산항만공사, 인천도시공사, 한국석유공사, 서울메트로, SH공사

주: 4월 지정; <표 7.1>, <표 7.2> 참조.

3. '50개 이상' 보유 19개 집단

'50개 이상'의 계열회사를 보유한 적이 있는 집단은 19개이다. 전체 140개 사기업집단의 1/10남짓(14%)이다. '90+개'(90개 이상) 계열회사 보유 집단 2개, '80-89개' 보유 집단 4개, '70-79개' 보유 집단 2개, '60-69개' 보유 집단 5개, 그리고 '50-59개' 보유 집단 6개이다 (<표 7.5>).

〈표 7.5〉 140개 사기업집단의 계열회사 수, 1987-2016년:
(1) '50개 이상' 보유 19개 집단

계열회사 수 (개)	마지막 지정 연도						
	① 1987-89년	② 1990-94년	③ 1995-99년	④ 2000-04년	⑤ 2005-09년	⑥ 2010-15년	⑦ 2016년
90+							롯데, SK
80-89						대성	삼성, CJ, GS
70-79				중앙일보			POSCO
60-69					보광		동부, LG, 현대, 현대자동차
50-59							금호아시아나, 한화, 태광, KT, LS, 하림

	지정 연도 (시작 - 마지막)	지정 연도 수 (년)	계열회사 수 (개)		연도	
			최대	최소	최대	최소
롯데	1987-2016	30	93	28	2016	2000
SK	1987-2016	30	94	16	2012	1987
대성	1990-2015	15	85	21	2012	1992
삼성	1987-2016	30	81	36	2012	1987
CJ	1999-2016	18	84	15	2012	1999
GS	2005-16	12	80	48	2014	2007
중앙일보	2006-06	1	73	-	2006	-
POSCO	1989-2016	17	70	15	2012	2003
보광	2008-08	1	62	-	2008	-
동부	1987-2016	30	64	11	2014	1992
LG	1987-2016	30	67	30	2016	2006
현대	1987-2016	30	62	7	1999	2005
현대자동차	2001-16	16	63	16	2011	2001
금호아시아나	1987-2016	30	52	10	2008	1988
한화	1987-2016	30	57	21	2016	1999
태광	1988-2016	19	52	8	2006	1991
KT	2003-16	14	57	10	2014	2003
LS	2004-16	13	51	12	2014	2004
하림	2016-16	1	58	-	2016	

주: <표 7.4>, <표 7.1>, <표 7.2> 참조.

(1) '90개 이상' 계열회사 보유 2개 집단: ⓐ 롯데 [28-93개] (5-11위; 자산총액 1.6-103.3조 원; 30개 연도 지정, 지정 시작 1987년 - 마지막 2016년) *[28-36개 (1987-2004) → 41-60개 (2005-10) → 74-80개 (2011-15) → 93개 (2016)]. ⓑ SK [16-94개] (3-7위; 2.5-160.8조 원; 30개 연도, 1987-2016) *[16-27개 (1987-91) → 31-46개 (1992-2000) → 50-77개

(2001-10) → 86개 (2011) → 94개 (2012; 140개 집단 최고치) → 80-86개 (2013-16)].

(2) '80-89개' 계열회사 보유 4개 집단: ⓐ 삼성 [36-81개] (1-4위; 5.6-351.5조 원; 30개 연도, 1987-2016) *[36-55개 (1987-96) → 80개 (1997) → 45-78개 (1998-2011) → 81개 (2012) → 59-76개 (2013-16)]. ⓑ CJ [15-84개] (14-28위; 2.7-24.8조 원; 18개 연도, 1999-2016) *[15-33개 (1999-2003) → 41-66개 (2004-11) → 84개 (2012) → 62-82개 (2013-16)]. ⓒ GS [48-80개] (7-9위; 18.7-60.3조 원; 12개 연도, 2005-16) *[48-79개 (2005-13) → 80개 (2014) → 69-79개 (2015-16)]. ⓓ 대성 [21-85개] (32-47위; 2.1-7.8조 원; 15개 연도, 1990-2015) *[21-47개 (1990-2008) → 73개 (2011) → 85개 (2012) → 73-83개 (2013-15)].

(3) '70-79개' 계열회사 보유 2개 집단: ⓐ POSCO [15-70개] (5-8위; 5.9-84.5조 원; 17개 연도, 1989-2016) *[15-36개 (1989-2009) → 48-61개 (2010-11) → 70개 (2012) → 45-52개 (2013-16)]. ⓑ 중앙일보 [73개] (52위; 2.2조 원; 1개 연도, 2006).

(4) '60-69개' 계열회사 보유 5개 집단: ⓐ 동부 [11-64개] (13-36위; 0.6-17.8조 원; 30개 연도, 1987-2016) *[11-38개 (1987-2011) → 56-61개 (2012-13) → 64개 (2014) → 25-53개 (2015-16)]. ⓑ LG [30-67개] (2-4위; 5.5-105.8조 원; 30개 연도, 1987-2016) *[43-63개 (1987-2004) → 30-38개 (2005-08) →

52-63개 (2009-15) → 67개 (2016)]. ⓒ 현대 [7-62개] (1-22위; 6.1-88.8조 원; 30개 연도, 1987-2016) *[32-57개 (1987-97) → 62개 (1998-99) → 12-35개 (2000-03) → 7-9개 (2004-08) → 11-21개 (2009-16)]. ⓓ 현대자동차 [16-63개] (2-5위; 36.1-209.7조 원; 16개 연도, 2001-16) *[16-42개 (2001-10) → 63개 (2011) → 51-57개 (2012-16)]. ⓔ 보광 [62개] (59위; 2.5 조 원; 1개 연도, 2008).

(5) '50-59개' 계열회사 보유 6개 집단: ⓐ 금호아시아나 [10-52개] (8-22위; 0.7-37.6조 원; 30개 연도, 1987-2016) *[10-38개 (1987-2007) → 52개 (2008) → 24-48개 (2009-16)]. ⓑ 한화 [21-57개] (8-13위; 1.8-54.7조 원; 30개 연도, 1987-2016) *[21-34개 (1987-2007) → 40-55개 (2008-15) → 57개 (2016)]. ⓒ 태광 [8-52개] (29-46위; 2.3-7.4조 원; 19개 연도, 1988-2016) *[8-20개 (1988-2003) → 38-44개 (2004-05) → 52개 (2006) → 26-50개 (2007-16)]. ⓓ KT [10-57개] (5-13위; 27.1-35조 원; 14개 연도, 2003-16) *[10-32개 (2003-11) → 50-54개 (2012-13) → 57개 (2014) → 40-50개 (2015-16)]. ⓔ LS [12-51개] (15-19위; 5.1-21조 원; 13개 연도, 2004-16) *[12-32개 (2004-09) → 44-50개 (2010-13) → 51개 (2014) → 45-48개 (2015-16)]. ⓕ 하림 [58개] (29위; 9.9 조 원; 1개 연도, 2016).

19개 집단 중 3개(대성, 중앙일보, 보광)를 제외한 16개는 2016년에도 지정되었다. 또, '지정 연도 수'를 보면, 1987-2016

년의 '30개 연도'에 지정된 집단이 8개 (롯데, SK, 삼성, 동부, LG, 현대, 금호아시아나, 한화), '19-15개 연도' 지정 5개 (태광, CJ, POSCO, 현대자동차, 대성), '14-12개 연도' 지정 3개 (KT, LS, GS), '1개 연도' 지정 3개 (중앙일보, 보광, 하림) 등이다. '50개 이상' 계열회사 보유 19개 집단 중, 12개 연도 이상 지정된 16개 집단이 보다 많은 계열회사를 통해 보다 오랜 기간 동안 한국경제와 밀접한 관계를 형성한 핵심 집단들인 셈이다.

4. '20-49개' 보유 51개 집단

'20-49개' 계열회사를 보유한 적이 있는 집단은 51개이며, 전체 140개 사기업집단의 1/3이상(36%)이다. '40-49개' 계열회사 보유 집단 9개, '30-39개' 보유 집단 10개, 그리고 '20-29개' 보유 집단 32개이다 (<표 7.6>, <표 7.7>).

(1) '40-49개' 계열회사 보유 9개 집단: ⓐ 코오롱 [16-43개] (17-36위; 자산총액 0.7-9.6조 원; 30개 연도 지정, 지정 시작 1987년 - 마지막 2016년) *[16-29개 (1987-2002) → 23-40개 (2003-14) → 43개 (2015-16)]. ⓑ 한진 [13-48개] (5-11위; 2.6-39.5조 원; 30개 연도, 1987-2016) *[13-27개 (1987-2008) → 33-45개 (2009-13) → 48개 (2014) → 38-46개 (2015-16)]. ⓒ 효성 [13-48개] (14-33위; 1-11.7조 원; 30개 연도,

1987-2016) *[13-23개 (1987-2007) → 30-45개 (2008-12) → 48개 (2013) → 44-45개 (2014-16)]. ⓓ 태영 [5-44개] (44-50 위; 2.3-6.8조 원; 9개 연도, 1992-2016) *[5-26개 (1992-2008) → 40-42개 (2012-14) → 44개 (2015) → 43개 (2016)]. ⓔ 농협 [26-45개] (9-67위; 2.1-50.1조 원; 6개 연도, 2008-16) *[26-41개 (2008-15) → 45개 (2016)]. ⓕ 중흥건설 [43-49개] (41-49위; 5.6-7.6조 원; 2개 연도, 2015-16). ⓖ 카카오 [45개] (53위; 5.1조 원; 1개 연도, 2016). ⓗ 유진 [28-42개] (47-52위; 3.1-5.2조 원; 3개 연도, 2008-12). ⓘ 프라임 [43개] (58위; 2.6 조 원; 1개 연도, 2008).

〈표 7.6〉 140개 사기업집단의 계열회사 수, 1987-2016년:
(2) '30-49개' 보유 19개 집단

계열 회사 수 (개)	마지막 지정 연도						
	①	②	③	④	⑤	⑥	⑦
	1987- 89년	1990- 94년	1995- 99년	2000- 04년	2005- 09년	2010- 15년	2016년
40- 49					프라임	유진	코오롱, 한진, 효성, 태영, 농협, 중흥건 설, 카카오
30- 39			대우	삼보컴 퓨터	문화방 송	동양, 대한전 선, 웅진	신세계, 현대백 화점, 이랜드, 미래에 셋

	지정 연도 (시작 - 마지막)	지정 연도 수 (년)	계열회사 수 (개)		연도	
			최대	최소	최대	최소
프라임	2008-08	1	43	-	2008	-
유진	2008-12	3	42	28	2008	2012
코오롱	1987-2016	30	43	16	2016	1989
한진	1987-2016	30	48	13	2014	1987
효성	1987-2016	30	48	13	2013	2000
태영	1992-2016	9	44	5	2015	1992
농협	2008-16	6	45	26	2016	2008
중흥건설	2015-16	2	49	43	2016	2015
카카오	2016-16	1	45	-	2016	-
대우	1987-99	13	37	22	1998	1995
삼보컴퓨터	2003-03	1	30	-	2003	-
문화방송	2003-08	6	36	32	2008	2007
동양	1989-2013	25	34	7	2012	1989
대한전선	1992-2012	11	32	5	2009	1992
웅진	2008-13	6	31	24	2011	2010
신세계	2000-16	17	34	9	2016	2001
현대백화점	2001-16	16	35	10	2016	2002
이랜드	2005-16	9	30	12	2012	2005
미래에셋	2008-16	8	31	21	2015	2008

주: <표 7.4>, <표 7.1>, <표 7.2> 참조.

(2) '30-39개' 계열회사 보유 10개 집단: ⓐ 신세계 [9-34개] (14-29위; 2.7-29.2조 원; 17개 연도, 2000-16) *[9-19개 (2000-12) → 27-29개 (2013-15) → 34개 (2016)]. ⓑ 현대백화점 [10-35개] (21-34위; 2.9-12.8조 원; 16개 연도, 2001-16) *[10-18개 (2001-04) → 20-29개 (2005-11) → 35개 (2012-14, 2016)]. ⓒ 이랜드 [12-30개] (26-51위; 2.6-7.5조 원; 9개 연도, 2005-16) *[12-19개 (2005-08) → 30개 (2012) → 24-29개

(2013-16). ⓓ 미래에셋 [21-31개] (25-44위; 3.4-10.9조 원; 8개 연도, 2008-16). ⓔ 동양 [7-34개] (17-39위; 1.5-7.8조 원; 25개 연도, 1989-2013) *[7-9개 (1989-90) → 13-31개 (1991-2011) → 34개 (2012) → 30개 (2013)]. ⓕ 대한전선 [5-32개] (25-49위; 2.5-8.6조 원; 11개 연도, 1992-2012) *[5-20개 (1992-2008) → 32개 (2009) → 23-26개 (2010-12)]. ⓖ 웅진 [24-31개] (31-49위; 4.9-9.3조 원; 6개 연도, 2008-13). ⓗ 문화방송 [32-36개] (39-56위; 2.1-2.7조 원; 6개 연도, 2003-08). ⓘ 삼보컴퓨터 [30개] (36위; 2.2조 원; 1개 연도, 2003). ⓙ 대우 [22-37개] (2-4위; 7.9-78.2조 원; 13개 연도, 1987-99).

(3) '20-29개' 계열회사 보유 32개 집단:

【 '2016년' 마지막 지정 11개 집단 】 ⓐ 두산 [14-29개] (11-15위; 1.1-33.1조 원; 30개 연도, 1987-2016), ⓑ 대림 [12-28개] (9-22위; 1.7-18.8조 원; 30개 연도, 1987-2016), ⓒ 영풍 [12-26개] (25-41위; 2.6-10.6조 원; 19개 연도, 1990-2016), ⓓ OCI [11-26개] (23-47위; 2.2-12.2조 원; 19개 연도, 1990-2016), ⓔ 한라 [5-23개] (12-53위; 0.5-8.6조 원; 19개 연도, 1987-2016), ⓕ 한솔 [10-23개] (11-51위; 3-9.4조 원; 17개 연도, 1996-2016), ⓖ 현대중공업 [5-27개] (7-11위; 10.3-58.4조 원; 15개 연도, 2002-16), ⓗ 대우조선해양 [2-20개] (15-26위; 3.6-20조 원; 14개 연도, 2003-16), ⓘ 세아 [19-28개] (32-44위; 3.2-7.8조 원; 13개 연도, 2004-16), ⓙ 아

모레퍼시픽 [7-23개] (29-52위; 0.8-6.6조 원; 11개 연도, 1988-2016), ⓚ 한국투자금융 [13-24개] (35-47위; 5-8.3조 원; 6개 연도, 2009-16).

【 '2010-2015년' 마지막 지정 2개 집단 】 ⓐ STX [10-26개] (13-28위; 4.1-24.3조 원; 9개 연도, 2005-13), ⓑ 현대건설 [9-20개] (23-25위; 6.1-9.8조 원; 4개 연도, 2007-10).

【 '2005-2009년' 마지막 지정 6개 집단 】 ⓐ 쌍용 [6-25개] (5-42위; 2.8-16.5조 원; 16개 연도, 1987-2006), ⓑ 대우자동차판매 [25-26개] (55-64위; 2.1-2.2조 원; 2개 연도, 2007-08), ⓒ 오리온 [20-22개] (54-61위; 2.2-2.5조 원; 2개 연도, 2007-08), ⓓ 대주건설 [20개] (55위; 2.9조 원; 1개 연도, 2008),

〈표 7.7〉 140개 사기업집단의 계열회사 수, 1987-2016년:
(3) '20-29개' 보유 32개 집단

계열 회사 수 (개)	마지막 지정 연도						
	①	②	③	④	⑤	⑥	⑦
	1987-89년	1990-94년	1995-99년	2000-04년	2005-09년	2010-15년	2016년
20-29		봉명, 갑을, 쌍방울	기아, 벽산, 한보, 강원산업, 신호, 거평	동아, 대상, 진로, 아남	쌍용, 대우자동차판매, 오리온, 대주건설, 씨앤, 애경	STX, 현대건설	두산, 대림, 영풍, OCI, 한라, 한솔, 현대중공업, 대우조선해양, 세아, 아모레퍼시픽, 한국투자금융

	지정 연도 (시작 - 마지막)	지정 연도 수 (년)	계열회사 수 (개)		연도	
			최대	최소	최대	최소
봉명	1988-92	5	21	11	1988	1992
갑을	1991-92	2	22	21	1992	1991
쌍방울	1992-92	1	22	-	1992	-
기아	1987-97	11	28	9	1997	1987
벽산	1988-96	9	21	12	1991	1988
한보	1987-96	9	21	4	1996	1992
강원산업	1988-99	7	27	9	1998	1988
신호	1997-99	3	28	21	1998	1999
거평	1997-98	2	22	19	1997	1998
동아	1987-2000	14	22	13	1998	1993
대상	1987-2003	14	25	9	1997	2003
진로	1990-2000	11	24	12	1997	1995
아남	1989-2000	8	21	9	1997	1992
쌍용	1987-2006	16	25	6	1997	2006
대우자동차판매	2007-08	2	26	25	2008	2007
오리온	2007-08	2	22	20	2007	2008
대주건설	2008-08	1	20	-	2008	-
씨앤	2008-08	1	29	-	2008	-
애경	2008-08	1	29	-	2008	-
STX	2005-13	9	26	10	2012	2006
현대건설	2007-10	4	20	9	2010	2007
두산	1987-2016	30	29	14	2010	1999
대림	1987-2016	30	28	12	2016	2005
영풍	1990-2016	19	26	12	2006	1990
OCI	1990-2016	19	26	11	2015	1990
한라	1987-2016	19	23	5	2015	1988
한솔	1996-2016	17	23	10	1997	2005
현대중공업	2002-16	15	27	5	2015	2002
대우조선해양	2003-16	14	20	2	2013	2004
세아	2004-16	13	28	19	2005	2010
아모레퍼시픽	1988-2016	11	23	7	1991	2007
한국투자금융	2009-16	6	24	13	2016	2013

주: <표 7.4>, <표 7.1>, <표 7.2> 참조.

ⓔ 씨앤 [29개] (63위; 2.3조 원; 1개 연도, 2008), ⓕ 애경 [29개] (51위; 3조 원; 1개 연도, 2008).

【 '2000-2004년' 마지막 지정 4개 집단 】 ⓐ 동아 [13-22개] (10-15위; 1.5-9.1조 원; 14개 연도, 1987-2000), ⓑ 대상 [9-25개] (26-41위; 0.5-2.8조 원; 14개 연도, 1987-2003), ⓒ 진로 [12-24개] (19 - 31+위 (31위 이하); 1.3-4.3조 원; 11개 연도, 1990-2000), ⓓ 아남 [9-21개] (21 - 31+위; 2.7-4.3조 원; 8개 연도, 1989-2000).

【 '1995-1999년' 마지막 지정 6개 집단 】 ⓐ 기아 [9-28개] (8-13위; 1.4-14.3조 원; 11개 연도, 1987-97), ⓑ 벽산 [12-21개] (29 - 31+위; 1.3-1.9조 원; 9개 연도, 1988-96), ⓒ 한보 [4-21개] (14 - 31+위; 0.6-5.1조 원; 9개 연도, 1987-96), ⓓ 강원산업 [9-27개] (26 - 31+위; 2.7-3조 원; 7개 연도, 1988-99), ⓔ 신호 [21-28개] (25-30위; 2.2-3.1조 원; 3개 연도, 1997-99), ⓕ 거평 [19-22개] (28위; 2.5-2.8조 원; 2개 연도, 1997-98).

【 '1990-1994년' 마지막 지정 3개 집단 】 ⓐ 봉명 [11-21개] (31+위; 5개 연도, 1988-92), ⓑ 갑을 [21-22개] (31+위; 2개 연도, 1991-92), ⓒ 쌍방울 [22개] (31+위; 1개 연도, 1992).

한편, '20-49개' 계열회사 보유 51개 집단 중 22개는 2016년에도 지정되었고, 29개는 그 이전에 지정되었다. 후자의 29개 집단 중에서는, '2010-2015년'에 마지막으로 지정된 집단이 6개, '2005-2009년' 지정 8개, '2000-2004년' 지정 5개, '1995-1999

년' 지정 7개, 그리고 '1990-1994년' 지정 3개이다.

또, '지정 연도 수'를 보면, 1987-2016년의 '30개 연도'에 지정된 집단이 5개 (코오롱, 한진, 효성, 두산, 대림), '25개 연도' 지정 1개 (동양), '19-15개 연도' 지정 8개 (영풍, OCI, 한라, 신세계, 한솔, 현대백화점, 쌍용, 현대중공업), '14-11개 연도' 지정 9개 (대우조선해양, 동아, 대상, 대우, 세아, 대한전선, 아모레퍼시픽, 진로, 기아), '9-5개 연도' 지정 13개, 그리고 '4-1개 연도' 지정 15개이다. '20-49개' 계열회사 보유 51개 집단 중 11개 연도 이상 지정된 23개 집단은, '50개 이상' 보유 19개 집단 중 12개 연도 이상 지정된 16개 집단과 함께, 보다 오랜 기간 한국경제와 밀접한 관계를 형성한 주요 집단들이다.

5. '10-19개' 보유 40개 집단

'10-19개' 계열회사를 보유한 적이 있는 집단은 40개이며, 전체 140개 사기업집단의 1/3가량(29%)이다. 12개는 2016년에도 지정되었고, 28개는 그 이전에 지정되었다. 후자의 28개 집단 중에서는, '2005-2009년'에 마지막으로 지정된 집단이 6개, '2000-2004년' 지정 3개, '1995-1999년' 지정 5개, 그리고 '1990-1994년' 지정 14개이다 (<표 7.8>).

〈표 7.8〉 140개 사기업집단의 계열회사 수, 1987-2016년:
(4) '10-19개' 보유 40개 집단

계열회사 수 (개)	마지막 지정 연도						
	①	②	③	④	⑤	⑥	⑦
	1987-89년	1990-94년	1995-99년	2000-04년	2005-09년	2010-15년	2016년
10-19		삼환기업, 통일, 동국무역, 대농, 대신, 성신양회, 신동아, 대전피혁, 조양상선, 화승, 계성제지, 동아제약, 삼립식품, 서통	해태, 한일, 극동건설, 삼미, 뉴코아	고합, 동원, 새한	삼양, 하나로텔레콤, 농심, 대한해운, 대교, 선명		동국제강, 현대산업개발, KCC, 부영, KT&G, 하이트진로, 한국타이어, 한진중공업, 대우건설, 교보생명보험, 삼천리, 금호석유화학

	지정 연도 (시작 - 마지막)	지정 연도 수 (년)	계열회사 수 (개)		연도	
			최대	최소	최대	최소
삼환기업	1987-92	6	11	-	1992	-
통일	1988-92	5	17	15	1990	1992
동국무역	1989-92	4	10	9	1992	1990
대농	1990-92	3	10	9	1990	1992
대신	1990-92	3	11	6	1991	1992
성신양회	1990-92	3	11	10	1990	1992
신동아	1987-92	3	11	7	1987	1992
대전피혁	1991-92	2	10	9	1992	1991
조양상선	1991-92	2	10	-	1992	-
화승	1991-92	2	16	-	1992	-

	지정 연도 (시작 - 마지막)	지정 연도 수 (년)	계열회사 수 (개)		연도	
			최대	최소	최대	최소
계성제지	1991-91	1	10	-	1991	-
동아제약	1992-92	1	16	-	1992	-
삼립식품	1992-92	1	16	-	1992	-
서통	1992-92	1	12	-	1992	-
해태	1987-99	13	15	9	1999	1994
한일	1987-97	11	15	7	1994	1997
극동건설	1987-96	10	11	8	1996	1987
삼미	1987-96	10	15	7	1991	1987
뉴코아	1996-98	3	18	-	1998	-
고합	1987-2001	15	13	5	1998	1988
동원	1990-2004	6	17	7	2004	1992
새한	1998-2000	3	16	12	1998	2000
삼양	1989-2008	10	13	6	2008	1991
하나로텔레콤	2001-08	8	18	5	2008	2004
농심	1992-2008	7	16	6	2008	1992
대한해운	1991-2008	3	13	7	1992	2008
대교	2008-08	1	14	-	2008	-
선명	2008-08	1	12	-	2008	-
동국제강	1987-2016	30	17	6	1998	2002
현대산업개발	2000-16	17	17	7	2016	2000
KCC	2002-16	15	10	6	2010	2002
부영	2002-16	14	18	4	2016	2004
KT&G	2003-16	14	13	2	2012	2003
하이트진로	1992-2016	14	16	5	2010	1992
한국타이어	1992-2016	13	16	2	2015	1992
한진중공업	2006-16	11	10	3	2014	2006
대우건설	2004-16	9	16	11	2016	2006
교보생명보험	2007-16	7	15	11	2007	2008
삼천리	1992-2016	4	16	13	2016	1992
금호석유화학	2016-16	1	10	-	2016	-

주: <표 7.4>, <표 7.1>, <표 7.2> 참조.

(1) '2016년' 마지막 지정 12개 집단: ⓐ 동국제강 [6-17개] (15-38위; 자산총액 0.9-10.8조 원; 30개 연도 지정, 지정 시작 1987년 - 마지막 2016년), ⓑ 현대산업개발 [7-17개] (22-47위; 2.8-7.5조 원; 17개 연도, 2000-16), ⓒ KCC [6-10개] (23-35위; 2.3-10.2조 원; 15개 연도, 2002-16), ⓓ 부영 [4-18개] (16-39위; 2.1-20.4조 원; 14개 연도, 2002-16), ⓔ KT&G [2-13개] (21-41 위; 4.2-9.6조 원; 14개 연도, 2003-16), ⓕ 하이트진로 [5-16개] (22-49위; 2.1-6.3조 원; 14개 연도, 1992-2016), ⓖ 한국타이어 [2-16개] (32-57위; 2.1-9.4조 원; 13개 연도, 1992-2016), ⓗ 한 진중공업 [3-10개] (29-39위; 3.7-9조 원; 11개 연도, 2006-16), ⓘ 대우건설 [11-16개] (15-28위; 5.5-11.4조 원; 9개 연도, 2004-16), ⓙ 교보생명보험 [11-15개] (34-62위; 2.3-8.5조 원; 7개 연도, 2007-16), ⓚ 삼천리 [13-16개] (45-50위; 5.4-6조 원; 4개 연도, 1992-2016), ⓛ 금호석유화학 [10개] (52위; 5.1 조 원; 1개 연도, 2016).

(2) '2005-2009년' 마지막 지정 6개 집단: ⓐ 삼양 [6-13개] (30-60위; 2-2.5조 원; 10개 연도, 1989-2008), ⓑ 하나로텔레 콤 [5-18개] (20-52위; 2.9-4.2조 원; 8개 연도, 2001-08), ⓒ 농 심 [6-16개] (39-49위; 2-3조 원; 7개 연도, 1992-2008), ⓓ 대 한해운 [7-13개] (31+(31 이하) - 65위; 2.2조 원; 3개 연도, 1991-2008), ⓔ 대교 [14개] (68위; 2조 원; 1개 연도, 2008), ⓕ 선명 [12개] (66위; 2.2조 원; 1개 연도, 2008).

(3) '2000-2004년' 마지막 지정 3개 집단: ⓐ 고합 [5-13개]

(17-30위; 0.6-5.2조 원; 15개 연도, 1987-2001), ⓑ 동원 [7-17개] (28-32위; 1-3.1조 원; 6개 연도, 1990-2004), ⓒ 새한 [12-16개] (25-30위; 2.7-3.5조 원; 3개 연도, 1998-2000).

(4) '1995-1999년' 마지막 지정 5개 집단: ⓐ 해태 [9-15개] (24 - 31+위; 0.5-4조 원; 13개 연도, 1987-99), ⓑ 한일 [7-15개] (12-27위; 1.5-2.7조 원; 11개 연도, 1987-97), ⓒ 극동건설 [8-11개] (20-28위; 0.7-2.2조 원; 10개 연도, 1987-96), ⓓ 삼미 [7-15개] (16-26위; 0.8-2.5조 원; 10개 연도, 1987-96), ⓔ 뉴코아 [18개] (25-29위; 2-2.8조 원; 3개 연도, 1996-98).

(5) '1990-1994년' 마지막 지정 14개 집단: ⓐ 삼환기업 [11개] (30 - 31+위; 0.4조 원; 6개 연도, 1987-92), ⓑ 통일 [15-17개] (25 - 31+위; 0.6-1조 원; 5개 연도, 1988-92), ⓒ 동국무역 [9-10개] (31+위; 4개 연도, 1989-92), ⓓ 대농 [9-10개] (31+위; 3개 연도, 1990-92), ⓔ 대신 [6-11개] (31+위; 3개 연도, 1990-92), ⓕ 성신양회 [10-11개] (31+위; 3개 연도, 1990-92), ⓖ 신동아 [7-11개] (31+위; 3개 연도, 1987-92), ⓗ 대전피혁 [9-10개] (31+위; 2개 연도, 1991-92), ⓘ 조양상선 [10개] (31+위; 2개 연도, 1991-92), ⓙ 화승 [16개] (31+위; 2개 연도, 1991-92), ⓚ 계성제지 [10개] (31+위; 1개 연도, 1991), ⓛ 동아제약 [16개] (31+위; 1개 연도, 1992), ⓜ 삼립식품 [16개] (31+위; 1개 연도, 1992), ⓝ 서통 [12개] (31+위; 1개 연도, 1992).

'10-19개' 계열회사 보유 40개 집단의 '지정 연도 수'를 보면, 1987-2016년의 '30개 연도'에 지정된 집단이 1개 (동국제강), '17-15개 연도' 지정 3개 (현대산업개발, KCC, 고합), '14-10개 연도' 지정 10개 (부영, KT&G, 하이트진로, 한국타이어, 해태, 한진중공업, 한일, 삼양, 극동건설, 삼미), '9-5개 연도' 지정 7개, 그리고 '4-1개 연도' 지정 19개이다.

6. '2-9개' 보유 30개 집단

140개 사기업집단 중 나머지 30개(21%)는 '2-9개'의 계열회사를 보유하였다. 18개 집단은 '5-9개' 계열회사를 가진 적이 있고, 12개 집단은 '2-4개' 계열회사를 유지하였다 (<표 7.9>).

(1) '5-9개' 계열회사 보유 18개 집단: 【 '2016년' 마지막 지정 1개 집단】 ⓐ 셀트리온 [8개] (48위; 자산총액 5.9조 원; 1개 연도 지정, 지정 시작 2016년 - 마지막 2016년). 【 '2010-2015년' 마지막 지정 1개 집단 】 ⓑ 하이닉스 [5-9개] (14-17위; 10.4-16.1조 원; 6개 연도, 2006-11). 【 '2005-2009년' 마지막 지정 2개 집단 】 ⓒ 대우자동차 [3-5개] (27-42위; 2.6-3.1조 원; 3개 연도, 2003-05), ⓓ 쌍용양회 [6개] (44-54위; 2.9-3조 원; 2개 연도, 2007-08). 【 '1995-1999년' 마지막 지정 1개 집단 】 ⓔ 우성건설 [5-8개] (24-27위; 0.6-2.1조 원; 8개 연도, 1988-95). 【 '1990-1994년' 마지막 지정 11개 집단 】 ⓕ 범양상선 [4-5개] (15 - 31+위 (31위 이하); 0.9-1.1조 원; 6개 연도, 1987-92), ⓖ

풍산 [5-6개] (31+위; 5개 연도, 1988-92), ⓗ 금강 [4-5개] (31+위; 3개 연도, 1990-92), ⓘ 한국유리 [8개] (31+위; 3개 연도, 1990-92), ⓙ 고려통상 [8-9개] (31+위; 2개 연도, 1991-92), ⓚ 대한유화 [6-7개] (31+위; 2개 연도, 1991-92), ⓛ 논노 [5개] (31+위; 1개 연도, 1992), ⓜ 성우 [7개] (31+위; 1개 연도, 1992), ⓝ 우방 [5개] (31+위; 1개 연도,

〈표 7.9〉 140개 사기업집단의 계열회사 수, 1987-2016년: (5) '2-9개' 보유 30개 집단

계열회사 수 (개)	마지막 지정 연도						
	① 1987-89년	② 1990-94년	③ 1995-99년	④ 2000-04년	⑤ 2005-09년	⑥ 2010-15년	⑦ 2016년
5-9	대한조선공사, 라이프	범양상선, 풍산, 금강, 한국유리, 고려통상, 대한유화, 논노, 성우, 우방, 청구, 충남방적	우성건설		대우자동차, 쌍용양회	하이닉스	셀트리온
2-4		한양, 극동정유, 한신공영, 신아, 유원건설		대우전자, ㈜대우		홈플러스, 현대오일뱅크, 코닝정밀소재	한국GM, S-Oil

	지정 연도 (시작 - 마지막)	지정 연도 수 (년)	계열회사 수 (개)		연도	
			최대	최소	최대	최소
대한조선공사	1987-88	2	6	-	1988	-
라이프	1987-87	1	6	-	1987	-
범양상선	1987-92	6	5	4	1988	1992
풍산	1988-92	5	6	5	1992	1988
금강	1990-92	3	5	4	1992	1990
한국유리	1990-92	3	8	-	1992	-
고려통상	1991-92	2	9	8	1991	1992
대한유화	1991-92	2	7	6	1991	1992
논노	1992-92	1	5	-	1992	-
성우	1992-92	1	7	-	1992	-
우방	1992-92	1	5	-	1992	-
청구	1992-92	1	7	-	1992	-
충남방적	1992-92	1	6	-	1992	-
우성건설	1988-95	8	8	5	1995	1993
대우자동차	2003-05	3	5	3	2003	2005
쌍용양회	2007-08	2	6	-	2008	-
하이닉스	2006-11	6	9	5	2011	2007
셀트리온	2016-16	1	8	-	2016	-
한양	1987-93	7	4	-	1993	-
극동정유	1988-92	5	4	-	1992	-
한신공영	1990-92	3	3	2	1992	1990
신아	1992-92	1	3	-	1992	-
유원건설	1992-92	1	3	-	1992	-
대우전자	2000-01	2	4	3	2001	2000
㈜대우	2000-00	1	2	-	2000	-
홈플러스	2008-15	8	4	2	2015	2008
현대오일뱅크	2000-10	7	3	2	2000	2010
코닝정밀소재	2014-14	1	2	-	2014	-
한국GM	2004-16	13	4	2	2010	2016
S-Oil	2000-16	9	2	-	2016	-

주: <표 7.4>, <표 7.1>, <표 7.2> 참조.

1992), ⓞ 청구 [7개] (31+위; 1개 연도, 1992), ⓟ 충남방적 [6개] (31+위; 1개 연도, 1992). 【'1987-1989년' 마지막 지정 2개 집단】 ⓠ 대한조선공사 [6개] (28 - 31+위; 0.5조 원; 2개 연도, 1987-88), ⓡ 라이프 [6개] (29위; 0.5조 원; 1개 연도, 1987).

(2) '2-4개' 계열회사 보유 12개 집단: 【'2016년' 마지막 지정 2개 집단】 ⓐ 한국GM [2-4개] (17-43위; 4.6-10.2조 원; 13개 연도, 2004-16), ⓑ S-Oil [2개] (18-30위; 5.5-13.3조 원; 9개 연도, 2000-16). 【'2010-2015년' 마지막 지정 3개 집단】 ⓒ 홈플러스 [2-4개] (35-43위; 3.5-8.1조 원; 8개 연도, 2008-15), ⓓ 현대오일뱅크 [2-3개] (13-43위; 3.7-7.2조 원; 7개 연도, 2000-10), ⓔ 코닝정밀소재 [2개] (43위; 6.8조 원; 1개 연도, 2014). 【'2000-2004년' 마지막 지정 2개 집단】 ⓕ 대우전자 [3-4개] (24-28위; 2.7-3.5조 원; 2개 연도, 2000-01), ⓖ ㈜대우 [2개] (7위; 13.1조 원; 1개 연도, 2000). 【'1990-1994년' 마지막 지정 5개 집단】 ⓗ 한양 [4개] (19-30위; 0.6-2.1조 원; 7개 연도, 1987-93), ⓘ 극동정유 [4개] (19-26위; 0.6-1.7조 원; 5개 연도, 1988-92), ⓙ 한신공영 [2-3개] (31+위; 3개 연도, 1990-92), ⓚ 신아 [3개] (31+위; 1개 연도, 1992), ⓛ 유원건설 [3개] (31+위; 1개 연도, 1992).

'2-9개' 계열회사 보유 30개 집단 중 3개는 2016년에도 지정되었고, 27개는 그 이전에 지정되었다. 후자의 27개 집단 중에서는, '2010-2015년'에 마지막으로 지정된 집단이 4개,

'2005-2009년' 지정 2개, '2000-2004년' 지정 2개, '1995-1999
년' 지정 1개, '1990-1994년' 지정 16개, 그리고 '1987-1989년'
지정 2개이다. 또, '지정 연도 수'를 보면, '13개 연도'에 지정
된 집단이 1개 (한국GM), '9-5개 연도' 지정 9개, 그리고 '4-1
개 연도' 지정 20개이다.

7. 21개 공기업집단

공기업집단은 2002-2016년의 15년 동안 매년 6-13개씩 모두
21개가 지정되었다. 사기업집단을 제외한 공기업집단만의 순위
는 1-13위, 자산총액은 208.3-2.1조 원, 그리고 계열회사 수는
27-2개이다 (<표 7.10>).

4개 유형의 계열회사 수에 각각 1-17개 집단이 관련되어 있
다. '20-29개' 계열회사를 보유한 적이 있는 집단이 1개(5%),
'10-19개' 보유 집단 1개(5%), '5-9개' 보유 집단 2개(10%),
그리고 '2-4개' 보유 집단 17개(80%)이다.

(1) '20-29개' 계열회사 보유 1개 집단: 한국전력공사 [11-27
개] (1-2위; 자산총액 90.9-208.3조 원; 15개 연도 지정, 지정
시작 2002년 - 마지막 2016년) *[13-14개 (2002-03) → 11개
(2004-07) → 12-17개 (2008-12) → 22-24개 (2013-15) → 27
개 (2016, 21개 집단 중 최대치)].

(2) '10-19개' 계열회사 보유 1개 집단: 한국철도공사 [9-16

개] (5-7위; 8.7-23.1조 원; 12개 연도, 2005-16) *[11-12개
(2005-06) → 16개 (2007) → 10-15개 (2008-15) → 9개
(2016)].

(3) '5-9개' 계열회사 보유 2개 집단: ⓐ 한국토지주택공사
[4-5개] (1-2위; 130.3-173.7조 원; 7개 연도, 2010-16), ⓑ KT
[9개] (2위; 32.6조 원; 1개 연도, 2002).

〈표 7.10〉 21개 공기업집단의 계열회사 수, 2002-2016년

계열 회사 수 (개)	마지막 지정 연도						
	① 1987-89년	② 1990-04년	③ 1995-99년	④ 2002-04년	⑤ 2005-09년	⑥ 2010-15년	⑦ 2016년
20-29							한국전력공사
10-19							한국철도공사
5-9				KT			한국토지주택공사
2-4				담배인삼공사	대한주택공사, 한국농어촌공사, 한국토지공사, 광해방지사업단, 인천항만공사	인천국제공항공사, 한국지역난방공사	한국가스공사, 한국도로공사, 서울특별시도시철도공사, 한국수자원공사, 부산항만공사, 인천도시공사, 한국석유공사, 서울메트로, SH공사

	지정 연도 (시작 - 마지막)	지정 연도 수 (년)	계열회사 수 (개)		연도	
			최대	최소	최대	최소
한국전력공사	2002-16	15	27	11	2016	2007
한국철도공사	2005-16	12	16	9	2007	2016
KT	2002-02	1	9	-	2002	-
한국 토지주택공사	2010-16	7	5	4	2016	2012
담배인삼공사	2002-02	1	2	-	2002	-
대한주택공사	2002-09	8	2	-	2009	-
한국농어촌공사	2002-09	8	2	-	2009	-
한국토지공사	2002-09	8	3	2	2009	2007
광해방지사업단	2008-08	1	3	-	2008	-
인천항만공사	2008-08	1	2	-	2008	-
인천 국제공항공사	2010-14	5	2	-	2014	-
한국 지역난방공사	2008-14	2	4	3	2008	2014
한국가스공사	2002-16	15	4	2	2016	2015
한국도로공사	2002-16	15	4	3	2011	2016
서울특별시 도시철도공사	2010-16	7	3	2	2016	2013
한국수자원공사	2002-16	7	2	-	2016	-
부산항만공사	2008-16	6	3	2	2008	2016
인천도시공사	2010-16	6	4	3	2015	2016
한국석유공사	2009-16	6	3	2	2009	2016
서울메트로	2014-16	3	4	3	2016	2015
SH공사	2016-16	1	2	-	2016	-

주: <표 7.4>, <표 7.1>, <표 7.2> 참조.

(4) '2-4개' 계열회사 보유 17개 집단: 【 '2016년' 마지막 지정 9개 집단 】 ⓐ 한국가스공사 [2-4개] (4-7위; 9.1-45.2조 원; 15개 연도, 2002-16), ⓑ 한국도로공사 [3-4개] (2-3위;

26.4-57.7조 원; 15개 연도, 2002-16), ⓒ 서울특별시도시철도
공사 [2-3개] (7-11위; 6.1-7.4조 원; 7개 연도, 2010-16), ⓓ 한
국수자원공사 [2개] (5-6위; 9.5-25.5조 원; 7개 연도, 2002-16),
ⓔ 부산항만공사 [2-3개] (8-12위; 3.5-5.5조 원; 6개 연도,
2008-16), ⓕ 인천도시공사 [3-4개] (7-9위; 6.8-11.7조 원; 6개
연도, 2010-16), ⓖ 한국석유공사 [2-3개] (5-8위; 13-23.9조
원; 6개 연도, 2009-16), ⓗ 서울메트로 [3-4개] (10-11위;
6.2-6.4조 원; 3개 연도, 2014-16), ⓘ SH공사 [2개] (5위; 23.7
조 원; 1개 연도, 2016). 【 '2010-2015년' 마지막 지정 2개 집
단 】 ⓙ 인천국제공항공사 [2개] (6-9위; 7.8-8.2조 원; 5개 연
도, 2010-14), ⓚ 한국지역난방공사 [3-4개] (9-13위; 2.2-5조
원; 2개 연도, 2008-14). 【 '2005-2009년' 마지막 지정 5개 집
단 】 ⓛ 대한주택공사 [2개] (2-5위; 14.5-64.3조 원; 8개 연도,
2002-09), ⓜ 한국농어촌공사 [2개] (6-8위; 4.1-5.2조 원; 8개
연도, 2002-09), ⓝ 한국토지공사 [2-3개] (4위; 14.4-41.4조 원;
8개 연도, 2002-09), ⓞ 광해방지사업단 [3개] (10위; 2.1조 원;
1개 연도, 2008), ⓟ 인천항만공사 [2개] (11위; 2.1조 원; 1개
연도, 2008). 【 '2002-2004년' 마지막 지정 1개 집단 】 ⓠ 담
배인삼공사 [2개] (9위; 4조 원; 1개 연도, 2002).

21개 공기업집단 중 12개는 2016년에도 지정되었고, 9개는
그 이전에 지정되었다. 후자의 9개 집단 중에서는, '2010-2015
년'에 마지막으로 지정된 집단이 2개, '2005-2009년' 지정 5개,
그리고 '2002-2004년' 지정 2개이다. 또, '지정 연도 수'를 보

면, 2002-2016년의 '15개 연도'에 지정된 집단이 3개 (한국전력공사, 한국가스공사, 한국도로공사), '12-8개 연도' 지정 4개 (한국철도공사, 대한주택공사, 한국농어촌공사, 한국토지공사), '7-5개 연도' 지정 7개, 그리고 '3-1개 연도' 지정 7개이다.

제8부

기업집단의
계열회사 수 (2)

1. 1-30위 집단의 계열회사 수, 1987-2016년

1.1 총 계열회사 수, 평균 계열회사 수

1987년 이후 2016년까지 30년 동안 '1-30위' 30개 사기업집단에 속한 계열회사의 수는 점진적으로 증가하였다 (<표 8.1>, <표 8.2>).

먼저, '총 계열회사 수'는 2000년대 전반까지 증가와 감소를 몇 차례 반복한 이후 증가하는 추세를 보였다. 최소 수치는 1987년의 493개, 최대 수치는 2012년의 1,220개이며, 격차는 2.5배이다.

〈표 8.1〉 1-30위 사기업집단의 계열회사 수, 1987-2016년: (1) 총 계열회사 수 (개)

	1-30위 (T)	1-10위 (T1)	1-5위 (T2)	11-20위	21-30위	T1/T (%)	T2/T (%)
1987	493	272	176	109	112	55.2	35.7
1988	504	281	177	134	89	55.8	35.1
1989	535	304	187	137	94	56.8	35.0
1990	557	299	186	147	111	53.7	33.4
1991	570	320	207	146	104	56.1	36.3
1992	590	320	206	166	104	54.2	34.9
1993	604	323	208	140	141	53.5	34.4
1994	616	324	208	160	132	52.6	33.8
1995	623	324	207	173	126	52.0	33.2
1996	669	328	206	190	151	49.0	30.8
1997	819	400	262	215	204	48.8	32.0
1998	804	389	257	219	196	48.4	32.0
1999	686	356	234	174	156	51.9	34.1
2000	544	275	180	137	132	50.6	33.1
2001	624	310	203	195	119	49.7	32.5
2002	604	301	222	168	135	49.8	36.8
2003	610	320	208	194	96	52.5	34.1
2004	600	319	207	174	107	53.2	34.5
2005	644	351	219	160	133	54.5	34.0
2006	645	340	228	210	95	52.7	35.3
2007	730	380	227	210	140	52.1	31.1
2008	806	419	241	259	128	52.0	29.9
2009	913	483	269	271	159	52.9	29.5
2010	936	512	297	290	134	54.7	31.7
2011	1,087	617	364	302	168	56.8	33.5
2012	1,220	638	373	370	212	52.3	30.6
2013	1,196	588	352	412	196	49.2	29.4
2014	1,217	578	346	414	225	47.5	28.4
2015	1,187	585	343	349	253	49.3	28.9
2016	1,183	598	356	328	257	50.5	30.1

〈표 8.2〉 1–30위 사기업집단의 계열회사 수, 1987–2016년: (2) 1개 집단 평균 계열회사 수 (개)

	1-30위	1-10위	1-5위	11-20위	21-30위
1987	16.4	27.2	35.2	10.9	11.2
1988	16.8	28.1	35.4	13.4	8.9
1989	17.8	30.4	37.4	13.7	9.4
1990	18.6	29.9	37.2	14.7	11.1
1991	19.0	32.0	41.4	14.6	10.4
1992	19.7	32.0	41.2	16.6	10.4
1993	20.1	32.3	41.6	14.0	14.1
1994	20.5	32.4	41.6	16.0	13.2
1995	20.8	32.4	41.4	17.3	12.6
1996	22.3	32.8	41.2	19.0	15.1
1997	27.2	40.0	52.4	21.5	20.4
1998	26.8	38.9	51.4	21.9	19.6
1999	22.9	35.6	46.8	17.4	15.6
2000	18.1	27.5	36.0	13.7	13.2
2001	20.8	31.0	40.6	19.5	11.9
2002	20.1	30.1	44.4	16.8	13.5
2003	20.3	32.0	41.6	19.4	9.6
2004	20.0	31.9	41.4	17.4	10.7
2005	21.5	35.1	43.8	16.0	13.3
2006	21.5	34.0	45.6	21.0	9.5
2007	24.3	38.0	45.4	21.0	14.0
2008	26.9	41.9	48.2	25.9	12.8
2009	30.4	48.3	53.8	27.1	15.9
2010	31.2	51.2	59.4	29.0	13.4
2011	36.2	61.7	72.8	30.2	16.8
2012	40.7	63.8	74.6	37.0	21.2
2013	39.9	58.8	70.4	41.2	19.6
2014	40.6	57.8	69.2	41.4	22.5
2015	39.6	58.5	68.6	34.9	25.3
2016	39.4	59.8	71.2	32.8	25.7

주: 1) 4월 지정.
   2) 대규모기업집단 지정 기준: '자산총액' 4,000억 원 이상 (1987-92년) → 1-30위 (1993-2001년)
      → 2조 원 이상 (2002-08년) → 5조 원 이상 (2009-16년).

대규모기업집단 지정 첫 해인 1987년의 계열회사 수는 '493 개'였다. 1988-1992년에는 500개 수준(504-590개)으로 그리고 1993-1996년에는 600개 수준(604-669개)으로 늘어났으며, 1997년 '819개'로 급증하여 최대치를 기록하였다. 10년 전 (1987년)의 최소치인 493개에 비하면 1.7배 늘어난 수치이다.

하지만, 3년이 지난 2000년까지 2/3 수준(66%)인 544개로 급감하였으며, 이후 2006년까지 600개 수준(604-645개)에서 소폭으로 증가와 감소가 반복되다가 2007년(730개)부터 빠른 증가세로 돌아섰다. 2009년(913개)에 1997년 최대치(819개)를 경신하였고, 2011년(1,087개) 1,000개를 넘어선 이후 2012년에 '1,220개'로 최고치를 다시 기록하였다. 최소치인 493개(1987 년, 25년 전)의 2.5배, 첫 번째 최대치인 819개(1997년, 15년 전)의 1.5배, 그리고 1997년 이후의 최소치 544개(2000년, 12 년 전)의 2.2배이다. 2013년부터는 다소 줄어든 1,200개 내외 수준이 유지되었으며, 2016년 현재에는 1,183개이다.

'1개 집단 평균 계열회사 수' 또한 '총 계열회사 수'와 비슷 한 변화 추이를 보였다. '1987년 16.4개 (최소치) → 1997년 27.2개 (1차 최대치, 최소치의 1.7배) → 2000년 18.1개 → 2007년 24.3개 → 2009년 30.4개 (1차 최대치 경신) → 2012 년 40.7개 (최대치, 최소치의 2.5배) → 2016년 39.4개' 등으로 변하였다. 1987-1992년에는 16-19개 수준, 1993-2008년에는 20-27개 수준 (2000년에는 18.1개), 2009-2011년에는 30-36개 수준, 그리고 2012-2016년에는 39-40개 수준이었다. 2016년

현재에는 39.4개이다.

1.2 순위별 계열회사 수

1-30위 30개 집단 소속 계열회사 중에서는, 상위 5개인 '1-5위' 집단 계열회사가 1/3 정도(28-36%)를 그리고 상위 10개인 '1-10위' 집단 계열회사가 1/2 정도(47-56%)를 차지하였다:

첫째, '1-5위' 집단 소속 계열회사의 수는 지정 첫 해인 1987년에는 176개였으며 ('1-30위' 전체의 35.7%; 현대 32개, 대우 29개, 삼성 36개, LG 57개, 쌍용 22개), 1997년까지 262개로 늘어났다 (32%; 현대 57개, 삼성 80개, LG 49개, 대우 30개, SK 46개).

하지만 3년 뒤인 2000년에는 180개(33.1%)로 줄어들었으며, 이후 다시 조금씩 증가하여 2009년에 269개(29.5%)로 1997년 최대치를 경신하였고, 2012년에 373개로 다시 최대치를 기록하였다 (30.6%; 삼성 81개, 현대자동차 56개, SK 94개, LG 63개, 롯데 79개). 이후 다소 감소하여 2016년 현재에는 356개 (30.1%)이다.

'1-10위' 집단 소속 계열회사 수 또한 비슷한 추세로 변하였다: 1987년 272개 (최소치; '1-30위' 전체의 55.2%) → 1997년 400개 (1차 최대치; 48.8%) → 2000년 275개 (50.6%) → 2008년 419개 (1차 최대치 경신; 52%) → 2012년 638개 (2차 최대치; 52.3%) → 2016년 598개 (50.5%).

둘째, '1-5위' 및 '1-10위' 집단 소속 계열회사의 비중은 각각 28-36%, 47-56% 수준에서 증가와 감소가 반복되었다: ['1-5위' 집단 계열회사 비중] 최소치 28.4% (2014년), 최대치 36.8% (2002년); ['1-10위' 집단 계열회사 비중] 최소치 47.5% (2014년), 최대치 56.8% (1989, 2011년). 특히 2010년대 전반에는 비중이 줄어들어 2014년에 최소치인 28.4%, 47.5%를 각각 기록하였으며 ('1-5위' 346개, '1-10위' 578개 vs. '1-30위' 1,217개), 2016년까지 다소 회복되었다 (30.1%, 50.5%).

셋째, '1-5위' 및 '1-10위' 집단의 1개 집단 평균 계열회사 수는 '1-30위' 전체 평균보다 훨씬 많았다.

'1-5위' 수치는 35.2개 - 74.6개, '1-10위' 수치는 27.2개 - 63.8개, 그리고 '1-30위' 전체 수치는 16.4개 - 40.7개이다. 세 경우 모두, 최소치 연도는 1987년, 최대치 연도는 2012년이다. 이들 수치만 비교해 보면, '1-5위' 수치는 '1-30위' 수치의 2.1-1.8배이고, '1-10위' 수치는 '1-30위' 수치의 1.7-1.6배이다.

넷째, '11-20위' 집단과 '21-30위' 집단의 경우, 1987년 1개 연도를 제외하고는, 전자가 후자에 비해 총 계열회사 수와 1개 집단 평균 계열회사 수가 더 많았다.

'11-20위'와 '21-30위' 집단 소속 총 계열회사 수는 각각 109개(1987년) - 414개(2014년), 89개(1988년) - 257개(2016년)이다. 또 1개 집단 평균 계열회사 수는 각각 10.9개(1987년) - 41.4개(2014년), 8.9개(1988년) - 25.7개(2016년)이다. 1개 집단 평균 계열회사 수의 경우, '1-30위' 전체 수치와 비교하면

(16.4개(1987년) - 40.7개(2012년)), '11-20위' 수치는 2개 연도 (2013-14년; 41.2-41.4개)를 제외하고는 작았고, '21-30위' 수치는 30개 연도 모두에서 작았다.

2. 1-30위 집단 계열회사 수의 8개 유형

2.1 4개 지정 시기별 특징

1987-2016년에 지정된 1-30위 사기업집단이 보유한 계열회사 수를 8개 유형으로 나누어 살펴본다. 1-9개, 10-19개, 20-29개, 30-39개, 40-49개, 50-59개, 60-69개, 70-99개 등이다 (<표 8.3>; <표 8.1> 참조).

대규모기업집단의 4개 지정 시기별 특징은 다음과 같다.

(1) 1987-1992년 [지정 기준 '자산총액 4,000억 원 이상']: 하위 4개 유형에 대부분의 집단이 분포되어 있었으며 그 중에서도 유형2(10-19개; 10-15개 집단)와 유형3(20-29개; 4-8개 집단)에 가장 많이 관련되어 있었다.

(2) 1993-2001년 [지정 기준 '1-30위']: 이전처럼 하위 4개 유형에 대부분의 집단이 분포되어 있었으며, 역시 이전처럼 유형2(10-19개; 7-16개 집단)와 유형3(20-29개; 6-14개 집단)에 가장 많은 집단이 관련되어 있는 가운데 후자 관련 집단이 이전보다는 좀 더 많아졌다. 상위 4개 유형의 경우에는, 유형

<표 8.3> 1-30위 사기업집단의 계열회사 수, 1987-2016년:
(3) 8개 유형 계열회사 수 관련 집단 수 (개)

	계열회사 수 (개)							
	1-9	10-19	20-29	30-39	40-49	50-59	60-69	70-99
1987	9	13	4	3		1		
1988	7	15	4	3			1	
1989	6	14	6	2	1	1		
1990	6	13	7	2	1	1		
1991	8	10	8	1	1	1	1	
1992	5	12	8	2	1	2		
1993	5	12	8	2	1	2		
1994	3	15	7	2	1	2		
1995	2	16	8	1	1	2		
1996	2	14	9	2	2	1		
1997	1	7	14	4	2	1		1
1998		10	12	4	1	1	2	
1999	1	16	7	2	3		1	
2000	6	14	6	2	2			
2001	7	11	6	3	1	1	1	
2002	5	14	7	1		1	2	
2003	7	11	5	4		1	2	
2004	7	12	4	3	2	1	1	
2005	7	11	5	2	2	2	1	
2006	7	11	4	2	2	4		
2007	7	6	7	5	2	2	1	
2008	7	5	7	4	2	3	2	
2009	4	9	1	6	4	2	3	1
2010	4	9	2	3	6	2	3	1
2011	3	8	4	4	2	2	3	4
2012	2	7	5	1	3	5	1	6
2013	2	4	8	2	4	3	2	5
2014	1	4	8	3	3	4	2	5
2015	2	3	8	3	3	5	3	3
2016	2	3	8	3	5	4	3	2

주: 1) 4월 지정; 연도별 합 = 30개.
   2) 대규모기업집단 지정 기준: '자산총액' 4,000억 원 이상 (1987-92년) → 1-30위 (1993-2001년)
      → 2조 원 이상 (2002-08년) → 5조 원 이상 (2009-16년).
   3) 2006년: 52위 집단(중앙일보)의 계열회사 수는 73개이며 전체 52개 사기업집단 중 가장 많
      음. 그 다음으로 많은 계열회사를 가진 집단은 1위임 (삼성, 59개).

5(40-49개; 1-3개 집단)와 유형6(50-59개; 1-2개 집단)에 이전보다는 좀 더 빈번하게 집단이 관련되었다.

(3) 2002-2008년 [지정 기준 '2조 원 이상']: 최상위인 유형8(70-99개)을 제외한 7개 유형에 집단들이 골고루 분포되어 있었다. 유형2(10-19개; 5-14개 집단) 관련 집단이 가장 많았고 그다음이 유형1(1-9개; 5-7개 집단)과 유형3(20-29개; 4-7개 집단)이었다.

(4) 2009-2016년 [지정 기준 '5조 원 이상']: 유형2(10-19개; 3-9개 집단)와 유형3(20-29개; 1-8개 집단) 관련 집단이 약간 많은 가운데 다른 6개 유형에도 비슷한 수의 집단(1-6개)이 관련되어 있었다. 특히, 상위 4개 유형의 경우에는, 앞의 3개 시기에서와는 달리, 처음으로 이 시기의 8년 동안 내내 집단들이 관련되어 있었다. 최상위인 유형8(70-99개; 1-6개 집단)의 경우, 1997년에 한 차례 관련 집단이 있은 이후 12년 만인 2009년에 다시 관련 집단이 등장하기 시작하였다.

2.2 하위 4개 유형

하위 4개 유형의 계열회사 수를 보유한 집단의 특징은 다음과 같다. 1개 경우('1-9개 계열회사', 1998년)를 제외하고는 1987년 이후 2016년까지 30년 동안 관련 집단이 있었다.

(1) '1-9개 계열회사' 보유 집단: 1998년을 제외한 각 연도별 관련 집단은 1-9개이다. ① 9개 집단 관련 연도: 1개 연도,

[1987년] 13-29위 중 9개 집단, 계열회사 4-9개 (19위 한양 - 13위 기아). ② 1개 집단 관련 연도: 3개 연도, [1997년] 계열 회사 7개 (27위 한일), [1999년] 8개 (18위 고합), [2014년] 2 개 (24위 S-Oil).

(2) '10-19개 계열회사' 보유 집단: 각 연도별 관련 집단은 3-16개이다. ① 16개 집단 관련 연도: 1개 연도, [1995년] 8-30 위 중 16개 집단, 계열회사 10-19개 (22위 고합, 28위 극동건 설 - 19위 동양). ② 3개 집단 관련 연도: 2개 연도, [2015년] 17-26위 중 3개 집단, 계열회사 13-18개 (26위 대우건설 - 17 위 대우조선해양), [2016년] 16-27위 중 3개 집단, 14-18개 (18 위 대우조선해양 - 16위 부영).

(3) '20-29개 계열회사' 보유 집단: 각 연도별 관련 집단은 1-14개이다. ① 14개 집단 관련 연도: 1개 연도, [1997년] 6-30 위 중 14개 집단, 계열회사 21-28개 (15위 대림, 26위 아남 - 8 위 기아). ② 1개 집단 관련 연도: 1개 연도, [2009년] 계열회 사 26개 (12위 두산).

(4) '30-39개 계열회사' 보유 집단: 각 연도별 관련 집단은 1-6개이다. ① 6개 집단 관련 연도: 1개 연도, [2009년] 5-25위 중 6개 집단, 계열회사 30-36개 (11위 KT - 5위 POSCO). ② 1개 집단 관련 연도: 4개 연도, [1991년] 계열회사 32개 (10위 롯데), [1995년] 32개 (5위 SK), [2002년] 32개 (7위 롯데), [2012년] 35개 (28위 현대백화점).

한편, 하위 4개 유형의 계열회사 수를 보유한 집단은 각 유형별로 각 연도에 대체적으로 골고루 분포되어 있었으며, 그런 중에도 최하위 2개 유형(1-9개, 10-19개; 1-9개 집단, 3-16개 집단) 관련 집단은 감소하는 추세를 보였다. 또, '20-29개' 관련 집단(1-14개)은 증가·감소·증가의 추세를 보였고, '30-39개' 관련 집단은 1-6개 수준이었다. 특히, '10-19개' 유형 관련 집단 수는 19년 동안 10개 이상(1987-96, 1998-2006년; 10-16개)이었으며, '20-29개' 유형 관련 집단 수는 2년 동안 10개 이상(1997-98년; 12-14개)이었다. 8개 유형 전체 중에서, 10개 이상의 집단이 관련된 경우는 이들 '20개 연도 (1987-2006년), 21개 경우'뿐이다.

2.3 상위 4개 유형

상위 4개 유형의 계열회사 수를 보유한 집단은 서서히 증가하는 추세를 보였으며, 2009년 이후에는 4개 유형 모두에 집단이 관련되었다. 하위 4개 유형에서와는 달리, 상위 4개 유형은 1987-2016년의 30년 중 9-27개 연도에 관련되어 있었다.

(1) '40-49개 계열회사' 보유 집단: 26개 연도에 각각 1-6개 집단이 관련되어 있다. ① 6개 집단 관련 연도: 1개 연도, [2010년] 2-25위 중 6개 집단, 계열회사 40-48개 (25위 효성 - 6위 POSCO, 13위 한화). ② 1개 집단 관련 연도: 9개 연도, [1989-1995, 1998, 2001년] 1-5위 중 1개 집단씩, 계열회사

42-48개 (1989년 4위 삼성, 1991년 1위 현대 - 1994-95년 1위 현대).

(2) '50-59개 계열회사' 보유 집단: 27개 연도에 각각 1-5개 집단이 관련되어 있다. ① 5개 집단 관련 연도: 2개 연도, [2012년] 2-19위 중 5개 집단, 계열회사 50-56개 (11위 KT, 15위 LS - 2위 현대자동차, 19위 동부), [2015년] 12-21위 중 5개 집단, 50-53개 (12위 KT - 21위 동부). ② 1개 집단 관련 연도: 11개 연도, [1987, 1989-1991, 1996-1998, 2001-2004년] 1-4위 중 1개 집단씩, 계열회사 50-59개 (2003년 2위 LG - 1989년 3위 LG, 2004년 4위 SK).

(3) '60-69개 계열회사' 보유 집단: 19개 연도에 각각 1-3개 집단이 관련되어 있다. ① 3개 집단 관련 연도: 5개 연도, [2009-2011, 2015-2016년] 1-19위 중 3개 집단씩, 계열회사 60-69개 (2010년 5위 롯데 - 2010, 2016년 7위 GS). ② 1개 집단 관련 연도: 8개 연도, [1988, 1991, 1999, 2001, 2004-2005, 2007, 2012년] 1-19위 중 1개 집단씩, 계열회사 62-64개 (1988년 3위 LG, 1999년 1위 현대, 2005년 1위 삼성 - 2001년 1위 삼성, 2007년 19위 CJ).

(4) '70-99개 계열회사' 보유 집단: 9개 연도에 각각 1-6개 집단이 관련되어 있다. ① 6개 집단 관련 연도: 1개 연도, [2012년] 1-14위 중 6개 집단, 계열회사 70-94개 (6위 POSCO 70개, 8위 GS 73개, 5위 롯데 79개, 1위 삼성 81개, 14위 CJ

84개, 3위 SK 94개). ② 1개 집단 관련 연도: 3개 연도, [1997년] 계열회사 80개 (2위 삼성), [2009년] 77개 (3위 SK), [2010년] 75개 (3위 SK).

1987-2017년의 30년 동안 140개 사기업집단이 보유한 계열회사 수 중 가장 큰 수치는 2012년 3위 SK의 '94개'이다. 2016년 5위 롯데는 그다음으로 많은 '93개'를 보유하였다. 90개 이상 계열회사를 보유한 경우는 이 2개뿐이다.

한편, 상위 4개 유형의 계열회사 수를 보유한 집단은 5개 내외로 적은 가운데 각 연도에 관련되는 집단이 조금씩 증가하는 추세를 보였다.

'40-49개' 관련 집단은 4개 연도를 제외한 26년 동안 (1989-2001, 2004-16년), 그리고 '50-59개' 관련 집단은 3개 연도를 제외한 27년 동안(1987, 1989-98, 2001-16년) 꾸준히 있었다. 이에 비해, '60-69개' 관련 집단은 19년 동안 있었으며, 1997년까지의 2개 연도(1988, 1991년) 그리고 1998년 이후 2개 연도를 제외한 17개 연도(1998-99, 2001-05, 2007-16년)이다. '70-99개' 관련 집단의 경우에는 9개 연도에만 있었는데, 이는 1987-2016년의 전체 30개 연도의 1/3미만이다. 2008년까지의 1개 연도(1997년) 그리고 2009년 이후의 8개 연도 (2009-16년)이다.

상위 4개 유형 중 가장 많은 집단이 관련된 경우는 6개 집단이며 2개 경우가 이에 해당한다 (2010년 '40-49개' 유형, 2012

년 '70-99개' 유형). 그다음으로 많은 5개 집단이 관련된 경우
는 5개이다 (2016년 '40-49개', 2012, 2015년 '50-59개',
2013-14년 '70-99개'). 이들 7개 경우 모두 가장 최근인 2010
년 이후 연도와 관련되어 있다.

3. 주요 19개 사기업집단의 순위 · 자산총액 · 계열회사

이제 주요 19개 집단의 순위, 자산총액 및 계열회사 수의 변
화 추이를 살펴본다. 1987-2016년의 30년 동안 '1-10위'의 높
은 순위를 가진 적이 있는 8개 집단 그리고 '30개 연도' 내내
지정된 14개 집단이 그 대상이다. 22개 집단 중 3개(삼성, LG,
SK)는 두 부류의 집단에 모두 관련되어 있다. 제6부에서는 이
들 19개 집단의 순위와 자산총액을 살펴보았으며, 여기서는 계
열회사 수를 포함시켜 3개 지표의 변화를 함께 살펴본다 (<표
8.4>, <표 8.5>, <표 8.6>, <표 8.7>, <표 8.8>, <표 8.9>, <표
8.10>, <표 8.11>).

<표 8.4> 19개 주요 사기업집단, 1987-2016년:
(1) '1-10위' 8개 집단, '30개 연도' 지정 14개 집단

(1) '1-10위' 8개 집단 (3개 집단은 '30개 연도' 지정)

순위 (위)	마지막 지정 연도						
	① 1987-89년	② 1990-94년	③ 1995-99년	④ 2000-04년	⑤ 2005-09년	⑥ 2010-15년	⑦ 2016년
1-5			대우				**삼성, LG,** 현대자동차
1-10							**SK,** POSCO
6-10				㈜대우			GS

(2) '30개 연도' 지정 14개 집단 (3개 집단은 '1-10위')

지정 연도 수 (년)	마지막 지정 연도						
	① 1987-89년	② 1990-94년	③ 1995-99년	④ 2000-04년	⑤ 2005-09년	⑥ 2010-15년	⑦ 2016년
30							금호아시아나, 동국제강, 동부, 두산, 대림, 롯데, **삼성, SK, LG,** 코오롱, 한진, 한화, 현대, 효성

주: <표 4.4>, <표 3.4> 참조.

<표 8.5> 19개 주요 사기업집단, 1987-2016년:
(2) '1-10위' 및 '30개 연도' 지정 19개 집단

* 윗부분 (순위 (위)), 아랫부분 (지정 연도 수 (개))

	마지막 지정 연도						
	①	②	③	④	⑤	⑥	⑦
	1987-89년	1990-94년	1995-99년	2000-04년	2005-09년	2010-15년	2016년
1-5		대우					삼성, LG, 현대자동차
1-10							SK, POSCO
6-10				㈜대우			GS
1-30							롯데, 한진, 현대
6-30							금호아시아나, 대림, 한화
11-30							두산
11-31+							동국제강, 동부, 코오롱, 효성
30							금호아시아나, 동국제강, 동부, 두산, 대림, 롯데, 삼성, SK, LG, 코오롱, 한진, 한화, 현대, 효성
17							POSCO
16							현대자동차
13		대우					
12							GS
1				㈜대우			

주: <표 4.4>, <표 3.4> 참조.

〈표 8.6〉 19개 주요 사기업집단, 1987-2016년:
(3) 순위

(1) '1-10위' 8개 집단

	지정 연도 (시작 - 마지막)	지정 연도 수 (년)	순위 (위)		연도	
			최고	최하	최고	최하
삼성	1987-2016	30	1	4	2016	1991
LG	1987-2016	30	2	4	2004	2016
SK	1987-2016	30	3	7	2016	1989
현대자동차	2001-16	16	2	5	2016	2001
POSCO	1989-2016	17	5	8	2009	2004
GS	2005-16	12	7	9	2016	2005
대우	1987-99	13	2	4	1999	1997
㈜대우	2000-00	1	7	-	2000	-

(2) '1-30위' 6개 집단

롯데	1987-2016	30	5	11	2016	1998
한진	1987-2016	30	5	11	2002	2016
현대	1987-2016	30	1	22	2000	2016
금호아시아나	1987-2016	30	8	22	2000	1987
대림	1987-2016	30	9	22	1987	2011
한화	1987-2016	30	8	13	2016	2010

(3) '11위 이하' 5개 집단

두산	1987-2016	30	11	15	2001	1989
동국제강	1987-2016	30	15	38	2000	2016
동부	1987-2016	30	13	36	2004	2016
코오롱	1987-2016	30	17	36	2002	2010
효성	1987-2016	30	14	33	1988	2007

주: <표 4.1>, <표 4.2> 참조.

<표 8.7> 19개 주요 사기업집단, 1987-2016년:
(4) 자산총액

(1) '1-10위' 8개 집단

	지정 연도 (시작 - 마지막)	지정 연도 수 (년)	자산총액 (조 원)		연도		A/B (배)
			최대 (A)	최소 (B)	최대	최소	
삼성	1987-2016	30	351.5	5.6	2015	1987	62.8
LG	1987-2016	30	105.8	5.5	2016	1987	19.2
SK	1987-2016	30	160.8	2.5	2016	1987	64.3
현대자동차	2001-16	16	209.7	36.1	2016	2001	5.8
POSCO	1989-2016	17	84.5	5.9	2015	1989	14.3
GS	2005-16	12	60.3	18.7	2016	2005	3.2
대우	1987-99	13	78.2	7.9	1999	1987	9.9
㈜대우	2000-00	1	13.1	-	2000	-	-

(2) '1-30위' 6개 집단

롯데	1987-2016	30	103.3	1.6	2016	1987	64.6
한진	1987-2016	30	39.5	2.6	2014	1987	15.2
현대	1987-2016	30	88.8	6.1	1999	2005	14.6
금호아시아나	1987-2016	30	37.6	0.7	2009	1987	53.7
대림	1987-2016	30	18.8	1.7	2016	1988	11.1
한화	1987-2016	30	54.7	1.8	2016	1987	30.4

(3) '11위 이하' 5개 집단

두산	1987-2016	30	33.1	1.1	2015	1987	30.1
동국제강	1987-2016	30	10.8	0.9	2012	1987	12
동부	1987-2016	30	17.8	0.6	2014	1988	29.7
코오롱	1987-2016	30	9.6	0.7	2013	1987	13.7
효성	1987-2016	30	11.7	1.0	2012	1987	11.7

주: <표 5.1>, <표 5.2> 참조.

<표 8.8> 19개 주요 사기업집단, 1987-2016년:
(5) 계열회사 수

(1) '1-10위' 8개 집단

	지정 연도 (시작 - 마지막)	지정 연도 수 (년)	계열회사 수 (개)		연도		A/B (배)
			최대 (A)	최소 (B)	최대	최소	
삼성	1987-2016	30	81	36	2012	1987	2.3
LG	1987-2016	30	67	30	2016	2006	2.2
SK	1987-2016	30	94	16	2012	1987	5.9
현대자동차	2001-16	16	63	16	2011	2001	3.9
POSCO	1989-2016	17	70	15	2012	2003	4.7
GS	2005-16	12	80	48	2014	2007	1.7
대우	1987-99	13	37	22	1998	1995	1.7
㈜대우	2000-00	1	2	-	2000	-	-

(2) '1-30위' 6개 집단

롯데	1987-2016	30	93	28	2016	2000	3.3
한진	1987-2016	30	48	13	2014	1987	3.7
현대	1987-2016	30	62	7	1999	2005	8.9
금호아시아나	1987-2016	30	52	10	2008	1988	5.2
대림	1987-2016	30	28	12	2016	2005	2.3
한화	1987-2016	30	57	21	2016	1999	2.7

(3) '11위 이하' 5개 집단

두산	1987-2016	30	29	14	2010	1999	2.1
동국제강	1987-2016	30	17	6	1998	2002	2.8
동부	1987-2016	30	64	11	2014	1992	5.8
코오롱	1987-2016	30	43	16	2016	1989	2.7
효성	1987-2016	30	48	13	2013	2000	3.7

주: <표 7.1>, <표 7.2> 참조.

3.1 '1-10위' 8개 집단

(1) '30개 연도 지정' 3개 집단

① [삼성그룹] 1987-2016년의 30년 동안 1-4위의 가장 높은 순위를 가졌다. 1987-2000년 2-4위, 2001-2016년 1위이다.

보유 자산총액의 최소금액은 5.6조 원 (1987년 3위), 최대금액은 351.5조 원 (2015년 1위), 격차는 62.8배이다. 2005년의 '351.5조 원'은 1987-2016년 사이 140개 사기업집단이 보유한 금액 중 가장 큰 금액이다. 5.6조 원 (최소치, 1987년 3위), 10.4조 원 (1990년 4위), 51.7조 원 (1997년 2위), 107.6조 원 (2005년 1위), 230.9조 원 (2011년 1위), 306.1조 원 (2013년 1위), 351.5조 원 (최대치, 2015년 1위) 등으로 증가하였으며, 2016년 현재에는 348.2조 원(1위)이다.

그룹 계열회사 수의 최소치는 36개 (1987년 3위), 최대치는 81개 (2012년 1위), 격차는 2.3배이다. 36개 (최소치, 1987년 3위; 자산총액 최소치), 51개 (1991년 4위), 80개 (1차 최대치, 1997년 2위), 45개 (2000년 2위), 64개 (2001년 1위), 81개 (최대치, 2012년 1위), 67개 (2015년 1위; 자산총액 최대치), 59개 (2016년 1위) 등으로 변하였다.

② [LG그룹] 30년 동안 2-4위의 순위를 가졌다. 1987-2005년 2-4위, 2006-2016년 4위이다.

최소금액은 5.5조 원 (1987년 4위), 최대금액은 105.8조 원 (2016년 4위), 격차는 19.2배이다. 5.5조 원 (최소치, 1987년 4위),

〈표 8.9〉 19개 주요 사기업집단의 순위, 자산총액, 계열회사 수, 1987-2016년:
(1) '1-10위' 8개 집단

	지정 연도 (시작 - 마지막)	지정 연도 수 (년)	순위 (위)		연도		
			최고	최하	최고	최하	
삼성	1987-2016	30	1	4	2016	1991	-
LG	1987-2016	30	2	4	2004	2016	-
SK	1987-2016	30	3	7	2016	1989	-
현대자동차	2001-16	16	2	5	2016	2001	-
POSCO	1989-2016	17	5	8	2009	2004	-
GS	2005-16	12	7	9	2016	2005	-
대우	1987-99	13	2	4	1999	1997	-
㈜대우	2000-00	1	7	-	2000	-	-

		자산총액 (조 원)		연도		A/B (배)
		최대 (A)	최소 (B)	최대	최소	
삼성		351.5	5.6	2015	1987	62.8
LG		105.8	5.5	2016	1987	19.2
SK		160.8	2.5	2016	1987	64.3
현대자동차		209.7	36.1	2016	2001	5.8
POSCO		84.5	5.9	2015	1989	14.3
GS		60.3	18.7	2016	2005	3.2
대우		78.2	7.9	1999	1987	9.9
㈜대우		13.1	-	2000	-	-

		계열회사 수 (개)		연도		A/B (배)
		최대 (A)	최소 (B)	최대	최소	
삼성		81	36	2012	1987	2.3
LG		67	30	2016	2006	2.2
SK		94	16	2012	1987	5.9
현대자동차		63	16	2011	2001	3.9
POSCO		70	15	2012	2003	4.7
GS		80	48	2014	2007	1.7
대우		37	22	1998	1995	1.7
㈜대우		2	-	2000	-	-

주: <표 8.6>, <표 8.7>, <표 8.8> 참조.

11.2조 원 (1990년 3위), 52.8조 원 (1998년 4위), 100.8조 원 (2012년 4위), 105.8조 원 (최대치, 2016년 4위) 등으로 증가하였다.

계열회사 수의 최소치는 30개 (2006년 4위), 최대치는 67개 (2016년 4위), 격차는 2.2배이다. 57개 (1987년 4위; 자산총액 최소치), 63개 (1차 최대치, 1991년 2위), 48개 (1996년 3위), 38개 (2005년 3위), 30개 (최소치, 2006년 4위), 52개 (2009년 4위), 63개 (1차 최대치 회복, 2012년 4위), 67개 (최대치, 2016년 4위; 자산총액 최대치) 등으로 변하였다.

③ [SK그룹] 30년 동안 3-7위의 순위를 가졌다. 1987-2005년 4-7위, 2006-2016년 3위이다.

최소금액은 2.5조 원 (1987년 7위), 최대금액은 160.8조 원 (2016년 3위), 격차는 64.3배이다. 2.5조 원 (최소치, 1987년 7위), 10.7조 원 (1994년 5위), 54.8조 원 (2006년 3위), 136.5조 원 (2012년 3위), 160.8조 원 (최대치, 2016년 3위) 등으로 증가하였다.

계열회사 수의 최소치는 16개 (1987년 7위), 최대치는 94개 (2012년, 3위), 격차는 5.9배이다. 2012년의 '94개'는 1987-2016년 사이 140개 사기업집단이 보유한 계열회사 중 가장 큰 수치이다. 16개 (최소치, 1987년 7위; 자산총액 최소치), 31개 (1992년 5위), 54개 (2001년 4위), 77개 (2009년 3위), 94개 (최대치, 2012년 3위), 86개 (2016년 3위; 자산총액 최대치) 등으로 변하였다.

(2) '16-12개 연도' 지정 3개 집단

① [현대자동차그룹] 2001-2016년의 16년 동안 2-5위의 순위를 가졌다. 1987-2004년 3-5위, 2005-2016년 2위이다.

보유 자산총액의 최소금액은 36.1조 원 (2001년 5위), 최대금액은 209.7조 원 (2016년 2위), 격차는 5.8배이다. 36.1조 원 (최소치, 2001년 5위), 52.3조 원 (2004년 3위), 100.8조 원 (2010년 2위), 209.7조 원 (최대치, 2016년 2위) 등으로 증가하였다.

그룹 계열회사 수의 최소치는 16개 (2001년 5위), 최대치는 63개 (2011년 2위), 격차는 3.9배이다. 16개 (최소치, 2001년 5위; 자산총액 최소치), 40개 (2006년 2위), 63개 (최대치, 2011년 2위), 51개 (2016년 2위; 자산총액 최대치) 등으로 변하였다.

② [POSCO그룹] 1989, 2001-2016년의 17년 동안 5-8위 순위를 가졌다. 1989, 2001-2009년 5-8위, 2010-2016년 6위이다.

최소금액은 5.9조 원 (1989년 5위), 최대금액은 84.5조 원 (2015년 6위), 격차는 14.3배이다. 5.9조 원 (최소치, 1989년 5위), 21.2조 원 (2001년 7위), 52.9조 원 (2010년 6위), 80.6조 원 (2012년 6위), 84.5조 원 (최대치, 2015년 6위) 등으로 증가하였으며, 2016년 현재에는 80.2조 원(6위)이다.

계열회사 수의 최소치는 15개 (2001-03년 6-8위), 최대치는 70개 (2012년 6위), 격차는 4.7배이다. 21개 (1989년 5위; 자산총액 최소치), 15개 (최소치, 2001-03년 6-8위), 21개 (2006년 6위), 48개 (2010년 6위), 70개 (최대치, 2012년 6위), 51개

(2015년 6위; 자산총액 최대치), 45개 (2016년 6위) 등으로 변하였다.

③ [GS그룹] 2005-2016년의 12년 동안 7-9위의 순위를 가졌다. 2005년 9위, 2006-2016년 7-8위이다.

최소금액은 18.7조 원 (2005년 9위), 최대금액은 60.3조 원 (2016년 7위), 격차는 3.2배이다. 18.7조 원 (최소치, 2005년 9위), 51.4조 원 (2012년 8위), 60.3조 원 (최대치, 2016년 7위) 등으로 증가하였다.

계열회사 수의 최소치는 48개 (2007년 8위), 최대치는 80개 (2014년 8위), 격차는 1.7배이다. 50개 (2005년 9위; 자산총액 최소치), 48개 (최소치, 2007년 8위), 76개 (2011년 8위), 80개 (최대치, 2014년 8위), 69개 (2016년 7위; 자산총액 최대치) 등으로 변하였다.

(3) '13-1개 연도' 지정 2개 집단

① [대우그룹] 1987-1999년의 13년 동안 2-4위의 순위를 가졌다. 1987-1990년 2위, 1991-1999년 2-4위였다.

보유 자산총액의 최소금액은 7.9조 원 (1987년 2위), 최대금액은 78.2조 원 (1999년 2위), 격차는 9.9배이다. 7.9조 원 (최소치, 1987년 2위), 11.8조 원 (1990년 2위), 53조 원 (1998년 3위), 78.2조 원 (최대치, 1999년 2위) 등으로 증가하였다.

그룹 계열회사 수의 최소치는 22개 (1992-93, 1995년 3위), 최대치는 37개 (1998년 3위), 격차는 1.7배이다. 29개 (1987년

2위; 자산총액 최소치), 22개 (최소치, 1992-93, 1995년 3위), 37개 (최대치, 1998년 3위), 34개 (1999년 2위; 자산총액 최대치) 등으로 변하였다.

② [㈜대우그룹] 2000년 1개 연도에만 지정되었다. 순위는 7위, 자산총액은 13.1조 원, 그리고 계열회사는 2개였다.

3.2 '1-30위' 6개 집단

(1) '1-30위' 3개 집단

① [현대그룹] 1987-2016년의 30년 동안 1-22위의 순위를 가졌다. 1987-2000년 1위, 2001년 2위, 2002년 8위, 2003-2007, 2009년 11-18위, 2008, 2010-2016년 21-22위이다.

보유 자산총액의 최소금액은 6.1조 원 (2005년 15위), 최대금액은 88.8조 원 (1999년 1위), 격차는 14.6배이다. 8조 원 (1987년 1위), 10.8조 원 (1989년 1위), 53.6조 원 (1997년 1위), 88.8조 원 (최대치, 1999년 1위) 등으로 증가한 후, 53.6조 원 (2001년 2위), 11.8조 원 (2002년 8위), 6.4조 원 (2004년 14위), 6.1조 원 (최소치, 2005년 15위) 등으로 감소하였다. 이후 12.6조 원 (2009년 18위), 15조 원 (2013년 22위) 등으로 다시 증가한 후 2016년 현재에는 12.3조 원(22위)이다.

그룹 계열회사 수의 최소치는 7개 (2004-05년 14-15위), 최대치는 62개 (1998-99년 1위), 격차는 8.9배이다. 32개 (1987년 1위), 42개 (1991년 1위), 62개 (최대치, 1998년 1위), 62개

(최대치, 1999년 1위; 자산총액 최대치), 35개 (2000년 1위), 12개 (2002년 8위), 7개 (최소치, 2004년 14위), 7개 (최소치, 2005년 15위; 자산총액 최저치), 20개 (2012년 21위), 21개 (2002년 이후 최대치, 2016년 22위) 등으로 변하였다.

② [롯데그룹] 30년 동안 5-11위 순위를 가졌다. 1987-1999년 8-11위, 2000-2009년 5-8위, 2010-2016년 5위이다.

최소금액은 1.6조 원 (1987년 10위), 최대금액은 103.3조 원 (2016년 5위), 격차는 64.6배이다. 1.6조 원 (최소치, 1987년 10위), 10.4조 원 (1999년 10위), 67.3조 원 (2010년 5위), 103.3조 원 (최대치, 2016년 5위) 등으로 증가하였다.

계열회사 수의 최소치는 28개 (1996, 1998-2000년 6-11위), 최대치는 93개 (2016년 5위), 격차는 3.3배이다. 2016년의 '93개'는, 1987-2016년의 140개 사기업집단 중 2012년 3위 SK의 '94개'에 이어 두 번째로 큰 수치이다. 31개 (1987년 10위; 자산총액 최소치), 28개 (최소치, 1996, 1998-2000년 6-11위), 41개 (2005년 5위), 60개 (2010년 5위), 80개 (2015년 5위), 93개 (최대치, 2016년 5위; 자산총액 최대치) 등으로 증가하였다.

③ [한진그룹] 30년 동안 5-11위의 순위를 가졌다. 1987-2006년 5-9위, 2007-2016년 9-11위이다.

최소금액은 2.6조 원 (1987년 6위), 최대금액은 39.5조 원 (2014년 10위), 격차는 15.2배이다. 2.6조 원 (최소치, 1987년 6위), 10.6조 원 (1995년 7위), 30.4조 원 (2010년 10위), 39.5

〈표 8.10〉 19개 주요 사기업집단의 순위, 자산총액, 계열회사 수, 1987-2016년:
(2) '1-30위' 6개 집단

	지정 연도 (시작 - 마지막)	지정 연도 수 (년)	순위 (위)		연도		
			최고	최하	최고	최하	
롯데	1987-2016	30	5	11	2016	1998	-
한진	1987-2016	30	5	11	2002	2016	-
현대	1987-2016	30	1	22	2000	2016	-
금호아시아나	1987-2016	30	8	22	2000	1987	-
대림	1987-2016	30	9	22	1987	2011	-
한화	1987-2016	30	8	13	2016	2010	-

		자산총액 (조 원)		연도		A/B (배)
		최대 (A)	최소 (B)	최대	최소	
롯데		103.3	1.6	2016	1987	64.6
한진		39.5	2.6	2014	1987	15.2
현대		88.8	6.1	1999	2005	14.6
금호아시아나		37.6	0.7	2009	1987	53.7
대림		18.8	1.7	2016	1988	11.1
한화		54.7	1.8	2016	1987	30.4

		계열회사 수 (개)		연도		A/B (배)
		최대 (A)	최소 (B)	최대	최소	
롯데		93	28	2016	2000	3.3
한진		48	13	2014	1987	3.7
현대		62	7	1999	2005	8.9
금호아시아나		52	10	2008	1988	5.2
대림		28	12	2016	2005	2.3
한화		57	21	2016	1999	2.7

주: <표 8.6>, <표 8.7>, <표 8.8> 참조.

조 원 (최대치, 2014년 10위) 등으로 증가하였고, 2016년 현재
에는 37조 원(11위)이다.

계열회사 수의 최소치는 13개 (1987년 6위), 최대치는 48개
(2014년 10위), 격차는 3.7배이다. 13개 (최소치, 1987년 6위;
자산총액 최소치), 22개 (1991년 6위), 33개 (2009년 10위), 40
개 (2011년 9위), 48개 (최대치, 2014년 10위; 자산총액 최대
치), 38개 (2016년 11위) 등으로 변하였다.

(2) '6-30'위 3개 집단

① [한화그룹] 1987-2016년의 30년 동안 8-13위의 순위를
가졌다. 1987-2004년 8-11위, 2005-2015년 10-13위, 2016년 8
위이다.

보유 자산총액의 최소금액은 1.8조 원 (1987년 8위), 최대금
액은 54.7조 원 (2016년 8위), 격차는 30.4배이다. 1.8조 원
(최소치, 1987년 8위), 11조 원 (1997년 9위), 31.7조 원 (2011
년 10위), 54.7조 원 (최대치, 2016년 8위) 등으로 증가하였다.

그룹 계열회사 수의 최소치는 21개 (1999년 8위), 최대치는
57개 (2016년 8위), 격차는 2.7배이다. 22개 (1987년 8위; 자산
총액 최소치), 31개 (1996년 9위), 21개 (최소치, 1999년 8위),
33개 (2003년 9위), 40개 (2008년 12위), 55개 (2011년 10위),
57개 (최대치, 2016년 8위; 자산총액 최대치) 등으로 변하였다.

② [금호아시아나그룹] 30년 동안 8-22위의 순위를 가졌다.
1987-1988년 20-22위, 1989-1997년 11-17위, 1998-2011년

8-13위, 2012-2016년 16-20위이다.

최소금액은 0.7조 원 (1987년 22위), 최대금액은 37.6조 원 (2009년 9위), 격차는 53.7배이다. 0.7조 원 (최소치, 1987년 22위), 1.2조 원 (1989년 17위), 10.4조 원 (1998년 9위), 37.6조 원 (최대치, 2009년 9위) 등으로 증가한 후, 24.5조 원 (2011년 13위), 19조 원 (2012년 16위), 15.2조 원 (2016년 20위) 등으로 감소하였다.

계열회사 수의 최소치는 10개 (1988년 20위), 최대치는 52개 (2008년 10위), 격차는 5.2배이다. 19개 (1987년 22위; 자산총액 최소치), 10개 (최소치, 1988년 20위), 24개 (1991년 12위), 32개 (1998년 9위), 15개 (2002년 9위), 23개 (2006년 13위), 52개 (최대치, 2008년 10위), 48개 (2009년 9위; 자산총액 최대치), 25개 (2012년 16위), 24개 (2016년 20위) 등으로 변하였다.

③ [대림그룹] 30년 동안 9-22위의 순위를 가졌다. 1987년 9위, 1988-2003년 11-17위, 2004-2016년 19-22위이다.

최소금액은 1.7조 원 (1988년 11위), 최대금액은 18.8조 원 (2016년 19위), 격차는 11.1배이다. 1.7조 원 (최소치, 1988년 11위), 5.4조 원 (1996년 13위), 11.1조 원 (2009년 22위), 18.8조 원 (최대치, 2016년 19위) 등으로 증가하였다.

계열회사 수의 최소치는 12개 (1993, 2004-05년 12-21위), 최대치는 28개 (2016년 19위), 격차는 2.3배이다. 14개 (1987년 9위), 13개 (1988년 11위; 자산총액 최소치), 12개 (최소치,

1993년 12위), 21개 (1997년 15위), 12개 (최소치, 2004-05년 20-21위), 22개 (2014년 20위), 28개 (최대치, 2016년 19위; 자산총액 최대치) 등으로 변하였다.

3.3 '11위 이하' 5개 집단

(1) '11-30위' 1개 집단

[두산그룹] 1987-2016년의 30년 동안 11-15위의 순위를 가졌다. 1987-1998년 12-15위, 1999-2016년 11-13위이다.

보유 자산총액의 최소금액은 1.1조 원 (1987년 14위), 최대금액은 33.1조 원 (2015년 13위), 격차는 30.1배이다. 1.1조 원 (최소치, 1987년 14위), 11.2조 원 (2001년 11위), 30조 원 (2014년 13위), 33.1조 원 (최대치, 2015년 13위) 등으로 증가하였으며, 2016년 현재에는 32.4조 원(12위)이다.

그룹 계열회사 수의 최소치는 14개 (1999년 13위), 최대치는 29개 (2010년 12위), 격차는 2.1배이다. 21개 (1987년 14위; 자산총액 최소치), 27개 (1995년 12위), 14개 (최소치, 1999년 13위), 22개 (2003년 13위), 29개 (최대치, 2010년 12위), 22개 (2015년 13위; 자산총액 최대치), 25개 (2016년 12위) 등으로 변하였다.

(2) '11위 - 31위 이하' 4개 집단

① [동부그룹] 30년 동안 13-36위의 순위를 가졌다. 1987-1998

〈표 8.11〉 19개 주요 사기업집단의 순위, 자산총액, 계열회사 수, 1987-2016년:
(3) '11위 이하' 5개 집단

| | 지정 연도
(시작 -
마지막) | 지정
연도
수
(년) | 순위 (위) | | 연도 | | |
			최고	최하	최고	최하	
두산	1987-2016	30	11	15	2001	1989	-
동국제강	1987-2016	30	15	38	2000	2016	-
동부	1987-2016	30	13	36	2004	2016	-
코오롱	1987-2016	30	17	36	2002	2010	-
효성	1987-2016	30	14	33	1988	2007	-

| | | 자산총액 (조 원) | | 연도 | | A/B
(배) |
		최대 (A)	최소 (B)	최대	최소	
두산		33.1	1.1	2015	1987	30.1
동국제강		10.8	0.9	2012	1987	12
동부		17.8	0.6	2014	1988	29.7
코오롱		9.6	0.7	2013	1987	13.7
효성		11.7	1.0	2012	1987	11.7

| | | 계열회사 수 (개) | | 연도 | | A/B
(배) |
		최대 (A)	최소 (B)	최대	최소	
두산		29	14	2010	1999	2.1
동국제강		17	6	1998	2002	2.8
동부		64	11	2014	1992	5.8
코오롱		43	16	2016	1989	2.7
효성		48	13	2013	2000	3.7

주: <표 8.6>, <표 8.7>, <표 8.8> 참조.

년 20-25위, 1999-2015년 13-21위, 2016년 36위이다.

자산총액의 최소금액은 0.6조 원 (1988년 23위), 최대금액은 17.8조 원 (2014년 19위), 격차는 29.7배이다. 0.6조 원 (최소치, 1988년 23위), 1.2조 원 (1990년 22위), 5.5조 원 (1999년 16위), 12.3조 원 (2009년 20위), 17.8조 원 (최대치, 2014년 19위)로 증가한 후 2016년 현재에는 8.2조 원(36위)이다.

그룹 계열회사 수의 최소치는 11개 (1991-92년 23-24위), 최대치는 64개 (2014년 19위), 격차는 5.8배이다. 12개 (1987년 23위), 13개 (1988년 23위; 자산총액 최소치), 11개 (최소치, 1991-92년 23-24위), 34개 (1997년 22위), 19개 (2000년 19위), 32개 (2009년 20위), 56개 (2012년 19위), 64개 (최대치, 2014년 19위; 자산총액 최대치), 25개 (2016년 36위) 등으로 변하였다.

② [효성그룹] 30년 동안 14-33위의 순위를 가졌다. 1987-2003년 14-19위, 2004-2006, 2008-2016년 21-29위, 2007년 33위이다.

최소금액은 1조 원 (1987년 16위), 최대금액은 11.7조 원 (2012년 25위), 격차는 11.7배이다. 1조 원 (최소치, 1987년 16위), 5.3조 원 (1998년 16위), 11.7조 원 (최대치, 2012년 25위) 등으로 증가하였으며 2016년 현재에는 11.5조 원(24위)이다.

계열회사 수의 최소치는 13개 (1989, 2000년 16위), 최대치는 48개 (2013년 27위), 격차는 3.7배이다. 15개 (1987년 16위; 자산총액 최소치), 13개 (최소치, 1989년 16위), 21개 (1998년

16위), 13개 (최소치, 2000년 16위), 23개 (2007년 33위), 41개 (2009년 26위), 45개 (2012년 25위; 자산총액 최대치), 48개 (최대치, 2013년 27위), 45개 (2016년 24위) 등으로 변하였다.

③ [동국제강그룹] 30년 동안 15-38위의 순위를 가졌다. 1987-2000년 15-19위, 2001-2012년 19-28위, 2013-2016년 28-38위이다.

최소금액은 0.9조 원 (1987년 17위), 최대금액은 10.8조 원 (2012년 27위), 격차는 12배이다. 0.9조 원 (최소치, 1987년 17위), 1.2조 원 (1989년 18위), 5.8조 원 (1999년 15위), 10.1조 원 (2011년 26위), 10.8조 원 (최대치, 2012년 27위) 등으로 증가하였으며 2016년 현재에는 7.9조 원(38위)이다.

계열회사 수의 최소치는 6개 (2002년 19위), 최대치는 17개 (1997-98년 18-19위), 격차는 2.8배이다. 13개 (1987년 17위; 자산총액 최소치), 17개 (최대치, 1997-98년 18-19위), 6개 (최소치, 2002년 19위), 16개 (2012년 27위; 자산총액 최대치), 15개 (2016년 38위) 등으로 변하였다.

④ [코오롱그룹] 30년 동안 17-36위의 순위를 가졌다. 1987-2005, 2007년 17-28위, 2006, 2008-2016년 30-36위이다.

최소금액은 0.7조 원 (1987년 21위), 최대금액은 9.6조 원 (2013년 32위), 격차는 13.7배이다. 0.7조 원 (최소치, 1987년 21위), 1조 원 (1989년 20위), 5.2조 원 (2008년 34위), 9.6조 원 (최대치, 2013년 32위) 등으로 증가하였으며 2016년 현재에는 9.1조 원(33위)이다.

계열회사 수의 최소치는 16개 (1989년 20위), 최대치는 43개 (2015-16년 32-33위), 격차는 2.7배이다. 17개 (1987년 21위; 자산총액 최소치), 16개 (최소치, 1989년 20위), 32개 (2003년 20위), 40개 (2012년 30위), 38개 (2013년 32위; 자산총액 최대치), 43개 (최대치, 2015-16년 32-33위) 등으로 변하였다.

제9부
맺음말

1. 연구의 요약

본 연구는 1987년부터 2016년까지 30년 동안 지정된 161개 공정거래법상 대규모기업집단의 기본적인 신상명세를 분석하였으며, 이를 통해 '한국의 대규모기업집단 30년 역사'의 기초 자료를 제시하고자 하였다.

분석 대상은 '집단 이름, 대규모집단으로 지정된 연도, 지정된 연도 수, 집단 순위, 자산총액, 계열회사 수' 등 6가지 기본 사항이다. 이들 관련 자료를 체계적으로 분류하고 주요 추세 및 특징을 분석함으로써 '어느 집단이 어느 시기에 한국경제의 중추 역할을 담당해 왔는지'에 대한 함의를 도출하고자 하였다.

① '집단 이름'은 가장 기본적인 정보이며 정확한 이름을 기록으로 남겨두는 것은 추후의 연구를 위해 꼭 필요하다. ② '지정 연도'는 해당 집단이 지정 연도의 경제에 대해 지정되지 않은 집단들보다 상대적으로 더 큰 영향력을 행사했다는 것을, ③ '지정 연도 수'는 해당 집단의 경제에 대한 영향력이 어느 정도 지속적이었는지를 말해 준다. ④ '집단 순위'는 자산총액 즉 계열회사 자산총액의 합을 기준으로 결정되며, 해당 집단의 경제에 대한 영향력의 강도 및 경제와의 연관성을 반영한다. ⑤ '자산총액'은 사업을 수행할 수 있는 집단의 능력 또는 잠재력을, ⑥ '계열회사 수'는 사업의 범위 또는 다양성을 말해준다.

공정거래법상 대규모기업집단의 지정 기준은 자산총액이며, 6-9년의 간격을 두고 네 차례 변하였다: 4,000억 원 이상 (1987-92) → 1-30위 (1993-2001) → 2조 원 이상 (2002-08) → 5조 원 이상 (2009-16). 사기업집단은 1987-2016년의 30년 동안, 공기업집단은 2002-2016년의 15년 동안 지정되었다. 1회 이상 지정된 집단은 161개이며, 이들 중 140개는 사기업집단 그리고 21개는 공기업집단이다. 매년 지정된 집단은 사기업집단이 30-78개, 공기업집단이 6-11개, 그리고 전체 30-79개이다.

(1) 집단 이름

161개 집단 중 26개는 이름이 변경되었다. 사기업집단 24개, 공기업집단 2개이다. 2개 사기업집단과 1개 공기업집단은 이름

이 두 차례 변경되었다 (아모레퍼시픽, 하이트진로, 한국농어촌
공사).

(2) 지정 연도

140개 사기업집단은 1987-2016년 사이 30년 동안, 21개 공
기업집단은 2002-2016년 사이 15년 동안 지정되었다.

이 기간에는 7개 정부(전두환, 노태우, 김영삼, 김대중, 노무
현, 이명박, 박근혜)가 관련되어 있으며, 1987년과 2016년 사
이 한국의 국내총생산(GDP)과 1인당 국민총소득(GNI)은 각각
9.7배, 8배 증가하였다. 반면 경제성장률은 1/5 수준으로 낮아
졌으며, IMF외환위기(1997년)와 세계금융위기(2008년)도 이
기간에 발생하였다.

(3) 지정 연도 수

사기업집단은 30-1개 연도에, 공기업집단은 15-1개 연도에
지정되었다.

140개 사기업집단의 지정 연도 수는 1-19개 연도, 25개 연
도, 30개 연도 등 21개 유형과 관련이 있다. 30개 연도 지정
집단 14개(10%), 15-25개 연도 지정 17개(12%), 10-14개 연도
지정 23개(16%), 5-9개 연도 지정 29개(21%), 1-4개 연도 지
정 57개(41%) 등이다.

'30개 연도' 모두에 지정된 사기업집단은 14개 (금호아시아
나, 동국제강, 동부, 두산, 대림, 롯데, 삼성, SK, LG, 코오롱,

한진, 한화, 현대, 효성), 그리고 30년의 절반인 15년 이상 30년 미만 기간에 지정된 집단은 17개이며 (동양, 영풍, OCI, 태광, 한라, CJ, 신세계, POSCO, 한솔, 현대산업개발, 현대백화점, 현대자동차, 쌍용, KCC, 현대중공업, 고합, 대성), 따라서 15년 이상 지정된 집단은 모두 31개로 전체 140개의 1/5남짓 (22%)이다.

한편 140개 사기업집단 중 대다수인 107개(76%)는 연속적으로 지정된 반면 33개(24%)는 2-3개 기간에 걸쳐 비연속적으로 지정되었다. 3개 기간에 걸쳐 비연속적으로 지정된 집단은 10개이다.

(4) 집단 순위

140개 사기업집단의 순위는 1-78위, 21개 공기업집단의 순위는 1-13위이다.

140개 사기업집단의 순위는 5개 유형과 관련이 있다. '1-10위'의 순위를 가진 집단이 8개(6%), '1위 - 11위 이하' 12개 (9%), '11-30위' 24개(17%), '11위 - 31위 이하' 38개(27%), 그리고 '31위 이하' 58개(41%)이다.

'1-10위' 집단은 8개 (삼성, LG 현대자동차, 대우, SK, POSCO, GS, ㈜대우), 그리고 '1위 - 11위 이하' 집단은 12개이며 (롯데, 한진, 현대, KT, 쌍용, 금호아시아나, 대림, 한화, 현대중공업, 기아, 동아, 농협), 따라서 10대 그룹에 속한 적이 있는 집단은 20개로 전체 140개의 1/5미만(15%)이다.

(5) 자산총액

140개 사기업집단의 자산총액은 351.5-0.4조 원, 21개 공기업집단의 자산총액은 208.3-2.1조 원이다

140개 사기업집단의 자산총액은 6개 유형과 관련이 있다. '100조 원 이상'을 보유한 적이 있는 집단이 5개(4%), '50-99조 원' 보유 7개(5%), '20-49조 원' 보유 10개(7%), '10-19조 원' 보유 16개(11%), '1-9조 원' 보유 71개(51%), 그리고 '1조 원 내외' 보유 31개(22%)이다.

'100조 원 이상' 보유 집단은 5개 (삼성, 현대자동차, 롯데, SK, LG), '50-99조 원' 보유 집단은 7개 (현대, POSCO, GS, 대우, 한화, 현대중공업, 농협), 그리고 '20-49조 원' 보유 집단은 10개이며 (금호아시아나, 두산, 한진, CJ, 신세계, 대우조선해양, 부영, KT, LS, STX), 따라서 '20조 원 이상'을 보유한 적이 있는 집단은 22개로 전체 140개의 1/5미만(16%)이다.

한편, 1-30위 사기업집단의 자산총액은 점진적으로 증가하였다. 1위 집단의 자산총액은 1987년 8조 원, 1997년 50조 원, 2005년 100조 원, 2011년 200조 원, 2013년 300조 원을 각각 넘어섰다. 1위 집단의 최대금액은 351.5조 원(2015년), 최소금액은 8조 원(1987년)이며, 44배의 차이가 난다. 2·5·10·20·30위 집단의 자산총액 역시 큰 폭으로 증가하여 최대금액과 최소금액의 차이가 22-37배였다.

순위 간 자산총액의 격차 또한 점점 더 커졌다. 1위와 2위의 격차는 1배에서 2배로, 1위와 5위의 격차는 2.8배에서 3.6배로,

1위와 10위의 격차는 4.9배에서 7배로, 그리고 1위와 30위의 격차는 18배에서 35.5배로 각각 증가하였다.

주요 19개 집단('1-10위' 순위, 30개 연도 지정)의 경우, 자산총액의 최대금액과 최소금액 차이가 3.2배(GS)에서 64.3배(SK)에 이르기까지 다양하며 변화의 추이 또한 개별 집단에 따라 큰 차이를 보였다.

(6) 계열회사 수

140개 사기업집단의 계열회사 수는 94-2개이며, 21개 공기업집단의 계열회사 수는 27-2개이다.

140개 사기업집단의 계열회사 수는 4개 유형과 관련이 있다. '50개 이상' 계열회사를 보유한 적이 있는 집단이 19개(14%), '20-49개' 보유 집단 51개(36%), '10-19개' 보유 집단 40개(29%), 그리고 '2-9개' 보유 집단 30개(21%)이다.

50개 이상 계열회사를 보유한 적이 있는 집단은 19개이며 (롯데, SK, 삼성, CJ, GS, 대성, POSCO, 중앙일보, 동부, LG, 현대, 현대자동차, 보광, 금호아시아나, 한화, 태광, KT, LS, 하림), 전체 140개 집단의 1/10남짓(14%)이다.

한편, 1-30위 집단의 '총 계열회사 수'는 점진적으로 증가하였으며, 최소치는 493개(1987년), 최대치는 1,220개(2012년), 격차는 2.5배였다. '1개 집단 평균 계열회사 수' 또한 같은 정도로 변하여, 최소치는 16.4개(1987년), 최대치는 40.7개(2012년), 격차는 2.5배였다.

1-30위 집단 소속 계열회사 중에서는, 상위 5개인 1-5위 집단 계열회사가 1/3 정도를, 그리고 상위 10개인 1-10위 집단 계열회사가 1/2 정도를 차지하였다. 또 1-5위 및 1-10위 집단의 '1개 집단 평균 계열회사 수'(35-74개; 27-63개)는 1-30위 전체 평균(16-40개)보다 훨씬 많았다.

주요 19개 집단('1-10위' 순위, 30개 연도 지정)의 경우, 계열회사 수의 최대치와 최소치 차이가 1.7배(GS, 대우)에서 8.9배(현대)에 이르기까지 다양하며 변화의 추이 또한 개별 집단에 따라 큰 차이를 보였다.

(7) 45개 상위 집단

140개 사기업집단 중 1/3가량인 45개 집단(32%)은 보다 큰 비중과 위상을 가졌던 것으로 보인다. '상위 기준 4가지' 중 1가지 이상에 해당하는 '상위 집단들'이다. 4가지 기준 충족 집단 9개, 3가지 기준 충족 집단 5개, 2가지 기준 충족 집단 10개, 1가지 기준 충족 집단 21개 등이다 (<표 9.1>).

45개 상위 집단 중 10개를 제외한 35개는 2016년에도 지정되었다. 후자의 35개 집단 중에는 '4가지 기준' 모두를 충족하는 9개(삼성, LG, SK, 롯데, 현대, 한화, 금호아시아나, POSCO, 현대자동차)와 '3가지 기준'을 충족하는 5개(한진, CJ, 현대중공업, KT, GS)가 포함되어 있으며, 이들 14개 집단을 한국경제의 중심축을 형성한 '핵심 집단'으로 볼 수 있다.

<表 9.1> 45개 상위 사기업집단, 1987-2016년

집단 수 (개)	지정 연도 수 (년)	· 기준 4가지: (지정 연도 수) 15-30년, (순위) 1-10위, 1-11+위, (자산총액) 20+조 원, (계열회사 수) 50+개 · 14개 핵심 집단: [9개(*)] 기준 4가지 충족, [5개(#)] 3가지 충족
14	(30)	삼성* (1-5위, 300+조 원, 80+개), LG* (1-5위, 100+조 원, 60+개) SK* (1-10위, 100+조 원, 90+개), 롯데* (1-11+위, 100+조 원, 90+개) 현대* (1-11+위, 50+조 원, 60+개), 한화* (1-11+위, 50+조 원, 50+개) 금호아시아나* (1-11+위, 20+조 원, 50+개); 한진# (1-11+위, 20+조 원); 대림 (1-11+위), 두산 (20+조 원), 동부 (60+개); 동국제강, 코오롱, 효성
1	(25)	동양
4	(19)	태광 (50+개); 영풍, OCI, 한라
1	(18)	CJ# (20+조 원, 80+개)
4	(17)	POSCO* (1-10위, 50+조 원, 70+개); 신세계 (20+조 원); 한솔, 현대산업개발
3	(16)	현대자동차* (1-5위, 200+조 원, 60+개); 쌍용 (1-11+위); 현대백화점
4	(15)	현대중공업# (1-11+위, 50+조 원); 대성 (80+개); 고합, KCC
4	14	KT# (1-11+위, 20+조 원, 50+개); 동아 (1-11+위), 대우조선해양 (20+조 원), 부영 (20+조 원)
2	13	대우 (1-5위, 50+조 원), LS (20+조 원, 50+개)
1	12	GS# (1-10위, 50+조 원, 80+개)
1	11	기아 (1-11+위)
1	9	STX (20+조 원)
1	6	농협 (1-11+위, 50+조 원)
4	1	㈜대우 (1-10위), 중앙일보 (70+개), 보광 (60+개), 하림 (50+개)

'상위 기준 4가지'는 다음과 같다: 1987-2016년의 30년 기간 중 절반 이상인 '15-30개 연도'에 지정된 집단 (31개, 22%); '1-10위' 순위를 가진 적이 있는 집단 (20개, 14%); '20조 원

이상' 자산총액을 보유한 적이 있는 집단 (22개, 16%); '50개 이상' 계열회사를 보유한 적이 있는 집단 (19개, 14%).

① '15-30개 연도' 지정 31개 집단

[30개 연도; 14개 집단] 금호아시아나, 동국제강, 동부, 두산, 대림, 롯데, 삼성, SK, LG, 코오롱, 한진, 한화, 현대, 효성 (지정 시작 1987년 - 마지막 2016년). [25; 1] 동양 (1989-2013). [19; 4] 영풍 (1990-2016), OCI (1990-2016), 태광 (1988-2016), 한라 (1987-2016). [18; 1] CJ (1999-2016). [17; 4] 신세계 (2000-16), POSCO (1989-2016), 한솔 (1996-2016), 현대산업 개발 (2000-16). [16; 3] 현대백화점 (2001-16), 현대자동차 (2001-16), 쌍용 (1987-2006). [15; 4] KCC (2002-16), 현대중 공업 (2002-16), 고합 (1987-2001), 대성 (1990-2015).

② '1-10위' 순위 20개 집단

[1-5위; 4개 집단] 삼성 (1위 - 4위), LG (2-4), 현대자동차 (2-5), 대우 (2-4). [1-10; 4] SK (3-7), POSCO (5-8), GS (7-9), ㈜대우 (7). [1-11+ (1 - 11 이하); 12] 롯데 (5-11), 한진 (5-11), 현대 (1-22), KT (5-13), 쌍용 (5-42), 금호아시아나 (8-22), 대림 (9-22), 한화 (8-13), 현대중공업 (7-11), 기아 (8-13), 동아 (10-15), 농협 (9-67).

③ '20조 원 이상' 자산총액 보유 22개 집단

[300+조 원 (300조 원 이상); 1개 집단] 삼성 (351.5조 원 - 5.6조 원). [200+ (200-299); 1] 현대자동차 (209.7-36.1). [100+ (100-199); 3] 롯데 (103.3-1.6), SK (160.8-2.5), LG

(105.8-5.5). [50+ (50-99); 7] 현대 (88.8-6.1), POSCO (84.5-5.9), GS (60.3-18.7), 대우 (78.2-7.9), 한화 (54.7-1.8), 현대중공업 (58.4-10.3), 농협 (50.1-2.1). [20+ (20-49); 10] 금호아시아나 (37.6-0.7), 두산 (33.1-1.1), 한진 (39.5-2.6), CJ (24.8-2.7), 신세계 (29.2-2.7), 대우조선해양 (20-3.6), 부영 (20.4-2.1), KT (35-27.1), LS (21-5.1), STX (24.3-4.1).

④ '50개 이상' 계열회사 보유 19개 집단

[90+개 (90개 이상); 2개 집단] 롯데 (93개 - 28개), SK (94-16). [80+ (80-89); 4] 삼성 (81-36), CJ (84-15), GS (80-48), 대성 (85-21). [70+ (70-79); 2] POSCO (70-15), 중앙일보 (73). [60+ (60-69); 5] 동부 (64-11), LG (67-30), 현대 (62-7), 현대자동차 (63-16), 보광 (62). [50+ (50-59); 6] 금호아시아나 (52-10), 한화 (57-21), 태광 (52-8), KT (57-10), LS (51-12), 하림 (58).

2. 추후의 연구 과제

본 연구는 1987-2016년의 30년 동안 지정된 161개 공정거래법상 대규모기업집단의 '6가지 기본사항'과 관련된 주요 추세 및 특징을 분석하였다. '대규모기업집단 30년의 역사'를 전체적으로 조망하면서 기초자료를 구축하고자 하였으며, 본 연구를 계기로 대규모기업집단의 다양한 측면과 관련된 후속 연구가 진행될 수 있을 것으로 기대된다.

첫째, 집단 이름, 지정 연도, 지정 연도 수, 순위, 자산총액, 계열회사 수 등 본 연구에서 분석한 '6가지 기본사항'에 대한 보다 심층적인 분석이 우선적으로 요구된다. 특히 이들 기본사항에서 '어떤 변화가 왜 일어났는지'에 대한 고찰이 필요하다. 이를 위해서는 정부 정책 및 국내외 경제·경영 환경의 변화에 대한 분석 그리고 개별 집단 내부에서의 변화에 대한 분석이 함께 진행되어야 할 것으로 보인다.

둘째, 30년 동안 지정된 161개 집단은 한국경제에서 나름대로의 역할을 수행한 주요 집단들이다. 이들이 어떤 기업 활동을 했는지 그리고 한국경제에서의 영향력의 강도와 지속성은 어느 정도였는지에 대한 구체적인 분석이 필요하다. 이를 위해서는, 개별 집단에 대한 사례연구가 무엇보다 중요하며, 나아가 집단들 간의 비교연구 및 특정 모집단에 대한 종합연구 또한 진행되어야 할 것으로 보인다. 특히, 지정 연도 수, 순위, 자산총액, 계열회사 수 등 4가지 사항에서 상위 범주에 속하는 '45개 상위 사기업집단' 및 '14개 핵심 집단'에 대한 보다 집중적인 관심이 요구된다.

셋째, 본 연구에서 고려한 '6가지 기본사항' 이외의 사항들에 대한 별도의 연구가 필요하다. 6가지 사항에 대한 공정거래위원회 자료는 1987-2016년의 30년 전체 기간에 대해 발표된 반면, 다른 사항들과 관련된 많은 자료는 1999년부터 순차적으로 발표되었다. 따라서 다른 사항들에 대한 보다 장기적인 연구를 위해서는 1987년 이후의 초기 10여년 치 자료의 확보에 많은 노력을 기울여야 할 것으로 보인다. 6가지 기본사항 이외에 공정거래위원회가 발표한 자료는 다음과 같다: ① 동일인, ② 재무지표 (매출액, 당기순이익, 경상이익, 자본총액, 자본금, 부채총액, 부채비율, 자기자본비율), ③ 계열회사 현황 (비금융·보험회사, 금융·보험회사), ④ 주식 소유 현황, ⑤ 지주회사 현황.

특히, 집단의 대표주주인 '동일인(同一人)'에 대한 분석은 매우 중요하다. 대다수의 집단에서 동일인은 자연인이며 '오너(owner)'로 불리는 핵심 인물이다. 창업 1세대 및 2·3세대가 모두 포함되어 있다. 이 집단들은 '재벌'로 분류되는 집단들이며, 2·3세대가 동일인인 집단은 보다 오랜 기간 동안 한국경제에 영향력을 행사해 오고 있는 주요 재벌들이다. 동일인 신분의 세대별 승계 정도와 과정, 동일인 및 동일인 일가의 소유권·경영권의 장악 정도, 동일인들이 일가·친척인 집단들의 형성 과정 등이 주요 연구 주제들이다.

참고문헌

* 공정거래위원회 홈페이지(www.ftc.go.kr) 자료

'99년도 대규모기업집단 지정' (1999.4.6).
'2000년도 대규모기업집단 지정' (2000.4.17).
'2001년도 대규모기업집단 지정' (2001.4.2).
'2002년도 출자총액제한대상 기업집단 지정' (2002.4.3).
'2003년도 상호출자제한기업집단 등 지정' (2003.4.2).
'2004년도 상호출자제한기업집단 등 지정' (2004.4.2).
'2005년도 상호출자제한기업집단 등 지정' (2005.4).
'2006년도 상호출자제한기업집단 등 지정' (2006.4.14).
'2007년도 상호출자제한기업집단 등 지정' (2007.4.13).
'2008년도 상호출자제한기업집단 등 지정' (2008.4.4).
'공정위, 자산 5조원 이상 48개 상호출자제한기업집단 지정' (2009.4.1).
'공정위, 자산 5조원 이상 53개 상호출자제한기업집단 지정' (2010.4.1).
'공정위, 자산 5조원 이상 상호출자제한기업집단으로 55개 지정' (2011.4.5).
'공정위, 자산 5조원 이상 상호출자제한기업집단으로 63개 지정' (2012.4.12).
'공정위, 자산 5조원 이상 상호출자제한기업집단 62개 지정' (2013.4.1).
'공정위, 자산 5조원 이상 상호출자제한기업집단 63개 지정' (2014.4.1.).
'공정위, 자산 5조원 이상 상호출자제한기업집단 61개 지정' (2015.4.1.).
'공정위, 65개 상호출자제한기업집단 지정' (2016.4.1.).
'공정위, 31개 상호출자제한기업집단 지정' (2017.5.1.).
'공정위, 57개 공시대상기업집단 지정' (2017.9.1.).
'공정위, 60개 공시대상기업집단 지정' (2018.5.1.).
'대규모기업집단 소속회사 수 현황 (1987-1999)'.
'대규모기업집단 자산총액 현황 (1987-1999)'.
'대규모기업집단 자본총액·자본금 등 현황 (1987-1999)'.

'대기업집단의 소유지분구조 공개' (2004.12.28).
'2005년 대기업집단의 소유지배구조에 관한 정보공개' (2005.7.13).
'2006년 대규모기업집단 소유지배구조에 대한 정보공개' (2006.7.31).

'2007년 대규모기업집단 소유지분구조에 대한 정보공개' (2007.9.3).
'2008년 대규모기업집단 소유지분구조에 대한 정보공개' (2008.11.6).
'2009년 대기업집단 주식소유 현황 등 정보공개' (2009.10.23).
'2010년 대기업집단 주식소유 현황 등 정보공개' (2010.10.11).
'2011년 대기업집단 지배구조 현황에 대한 정보 공개' (2011.11.4).
'2012년 대기업집단 주식소유 현황 및 소유지분도에 대한 정보 공개'
    (2012.6.29).
'2012년 대기업집단 지배구조 현황에 대한 정보 공개' (2012.9.27).
'2013년 대기업집단 주식소유 현황 정보 공개' (2013.5.30).
'2014년 대기업집단 주식소유 현황 공개' (2014.7.10).
'2015년 대기업집단 주식소유 현황 공개' (2015.6.30).
'공정위, 2016년 상호출자제한기업집단 주식소유 현황 공개' (2016.7.7).
'공정위, 2017년 공시 대상 기업집단 주식 소유 현황 공개' (2017.11.30).
'2018년 공시 대상 기업집단 주식 소유 현황' (2018.8.27)

'독점규제 및 공정거래에 관한 법률'.
'독점규제 및 공정거래에 관한 법률시행령'.
<공정거래백서> (1999, 2001, 2002-2018).
<공정거래위원회 30년사> (2011).

* 기업집단포털(www.egroup.go.kr) 자료

'기업집단 지정', '집단별 계열사 수 및 자산총액, 재무현황' (2001-2018).

* 일반문헌

강수환 (2012), '97년 외환위기 이후 한국 기업지배구조 변화에 관한 연구: 삼
    성·LG·SK의 지배구조 변화를 중심으로', 고려대 석사논문.
강철규 (2018), '공정거래법상 대기업집단의 기업지배구조 개선을 위한 규제
    에 관한 연구', 연세대 석사논문.
강철규, 이재형 (2010), '기업성과에 대한 기업공시투명성의 효과: 한국 대규
    모 기업집단의 비교연구', <전문경영인연구> 13-3.
강철규, 최은영, 이재형 (2008), '대규모 기업집단의 지배구조와 기업성과 간
    의 관계: 민영화된 공기업집단과 재벌기업집단 간의 비교', <산업경

제연구> 21-3.

강형철 (2014), '기업집단에서 지배주주 가족에 의한 경영과 기업 성과', <재무연구> 27-1.

강형철, 박경서, 장하성 (2008), '한국의 기업집단에 있어서 피라미드 내 계열사 위치의 결정요인', <한국경제의 분석> 14-3.

공경태, 최종서 (2013), '기업지배구조, 대규모기업집단과 대리인 비용', <국제회계연구> 49.

김경필 (2017), '한국재벌의 자본축적 전략에 관한 연구', 고려대 박사논문.

김동욱 (2012), '한국 재벌기업의 소유지분율 변화의 동태성과 기업가치', <금융공학연구> 11-4.

김동운 (2005), '한국재벌의 변모, 1987-2004년: 순위, 계열회사 수 , 자산을 중심으로', <기업경영연구> 12-2.

김동운 (2014), '한국재벌과 지주회사체제: 주요 추세 및 특징, 2001-2011년', <경영사학> 28-2.

김동운 (2014), '대규모기업집단의 변천, 1987-2013년: 지정 연도 수 및 순위를 중심으로', <경영사학> 29-2.

김상조 (2011), '30대 재벌의 금융계열사 현황 분석 (1986~2008 사업연도): 산업자본의 금융 지배 추이 및 정책적 시사점', <경제발전연구> 17-1.

김성완 (2013), '대규모기업집단 규제에 관한 고찰 - 상호출자 및 순환출자를 중심으로', <한국부패학회보> 18-1.

김성중, 남천현 (2014), '대규모기업집단의 내부거래 결정요인과 주식수익률', <상업교육연구> 28-6.

김수정 (2014), '한국기업집단의 최고경영자 활용과 계열사 전략변화도에 관한 연구', 서강대 박사논문.

김수정, 박종훈, 김창수 (2012), '기업집단의 최고경영자 활용 및 퇴출에 관한 연구', <경영학연구> 41-3.

김태관 (2012), '한국기업집단의 다각화 추이와 성과: 2000-2010년', 경북대 석사논문.

김한준 (2011), '아시아 금융위기 이후의 한국 재벌기업들의 부채비율 고찰', <한국산학기술학회논문지> 12-2.

김현종 (2016), <대규모 기업집단 계열사 간 상품, 용역 거래에 대한 경제 분석>, 한국경제연구원.

모미령 (2014), '대기업집단 규제정책으로서 주채무계열제도 분석: 제도의 한

계와 그 요인을 중심으로', 연세대 석사논문.

박경진, 이장희, 김기영 (2013), '출자총액제한제도가 대규모기업집단에 미치는 영향: 계열사 수 증감을 중심으로', <기업경영연구> 52.

박경진, 신현한, 채창엽 (2010), '출자총액제한 제도에 따른 대규모기업집단의 투자 성향의 변화', <응용경제> 12-1.

박경진, 오원정 (2009), '기업집단의 총수는 어떤 회사를 직접 경영하는가?', <기업경영연구> 31.

박승록, 최두열 (2013), '한국기업집단의 순환출자 해소 비용에 관한 연구', <Korea Business Review> 17-2.

박찬규 (2013), '대규모 기업집단의 순환출자 해소를 위한 휴리스틱 기법', <한국경영과학회지> 38-4.

박찬규, 김대룡 (2009), '대규모 기업집단의 순환출자 해소를 위한 최적화 모형', <한국경영과학회지> 34-4.

송재용, 윤채린 (2008), '한국 대규모 기업집단 가족 지분율의 결정요인에 관한 제도론적 고찰', <경영학연구> 37-4.

신영수 (2018), '공정거래법상 대기업집단 규제 개편의 배경과 의미, 그리고 남겨진 과제', <경쟁법연구> 38.

신지숙, 이해영, 신범철 (2017), '한국 대규모기업집단과 최고경영자 교체', <기업경영연구>, 72.

윤채린 (2008), '한국 대규모 기업집단의 주주중심주의 모델로의 전환과정에서 주체와 이해관계, 이사회 참여의 역할', 서울대 박사논문.

이규억, 이재형 (1990), <기업집단과 경제력집중>, 한국개발연구원.

이두일, 이상욱 (2012), '대규모 기업집단의 소유지배괴리도와 기업경영의 효율성', <경영교육연구> 75.

이승태 (2010), '우리나라 대규모기업집단의 기업지배권 특성에 관한 연구', <기업경영연구> 34.

이한구 (2010), <한국재벌사>, 대명출판사.

임상균, 이문영, 황인이 (2014), '대규모기업집단 소속 기업의 투자효율성', <회계학연구> 39-3.

임영재 (2009), <기업집단의 순환출자: 시장 규율과 감독 규율의 역할>, 한국개발연구원.

장지상 (2011), <대규모기업집단의 다각화 추이 및 결정요인>, 산업연구원.

장지상, 이근기 (2012), '경제력집중 억제를 위한 대규모기업집단 시책의 현황과 개선 과제', <경제발전연구> 18-1.

장지상, 홍장표, 이근기 (2016), '대규모기업집단의 다각화와 대리인문제: 2001-2014', <산업조직연구> 24-2.

정지혜 (2017), '기업집단의 지분구조 변동 최소화를 위한 순환출자 해소 모형', 고려대 석사논문.

조영곤 (2013), '경영성과가 최고경영자 교체에 미치는 영향: 대규모기업집단 소속 기업을 대상으로', <생산성논집> 27-2.

조영곤, 김주태 (2010), '재벌의 경영권 승계 과정에서의 대리인 문제 연구', <대한경영학회지> 23-6.

조홍진 (2012), '기업집단의 계열 분리 및 승계에 관한 연구: 1989-2010년 한국의 사례', 서울대 석사논문.

조희태 (2011), '한국 기업의 이윤율 추이에 관한 연구: 재벌그룹을 중심으로 (1989-2009)', 충남대 석사논문.

최승노 (1995), <1995년 30대기업집단>, 한국경제연구원.

최승노 (1996), <1996년 30대기업집단>, 한국경제연구원.

최승노 (1997), <1997년 한국의 대규모기업집단>, 자유기업센터.

최승노 (1998), <1998년 한국의 대규모기업집단>, 자유기업센터.

최승노 (1999), <1999년 한국의 대규모기업집단>, 자유기업센터.

최승노 (2000), <2000년 한국의 대규모기업집단>, 자유기업원.

최승노 (2001), <2001년 한국의 대규모기업집단>, 자유기업원.

최정표 (2009), '한국재벌 흥망사', <경제발전연구> 15-2.

최정표 (2010), '재벌의 연쇄도산과 흥망 재벌 간 경영구조의 차이', <산업조직연구>, 18-3.

최정표 (2011), '재벌의 분할승계와 경제력집중의 변화', <경영사학> 58.

최정표 (2014), <한국재벌사연구>, 해남.

최충규 (2009), <대규모 기업집단의 출자 연결망 분석: 중앙성, 응집성 및 위세를 중심으로>, 한국경제연구원.

한수진 (2012), '출자총액제한제도가 대규모 기업집단의 투자 성향과 소유·지배 괴리도에 미치는 영향에 관한 연구', 연세대 석사논문.

홍명수 (2017), '독점규제법상 재벌 규제의 문제점과 개선 방안', <경쟁법연구>, 36.

황인학 (2014), <대규모 기업집단의 사업 다각화와 경영성과>, 한국경제연구원.

한창용 (2013), '소유지배괴리도가 최고경영자 교체에 미치는 영향: 대규모기업집단을 중심으로', 동국대 박사논문.

김동운

동의대학교 경제학과 교수
이메일: dongwoon@deu.ac.kr

한국경영사학회 부회장, 『경영사연구』 편집위원
한국기업경영학회, 한국전문경영인학회, 한국질서경제학회 이사

『한국재벌과 지주회사체제: 34개 재벌의 추세와 특징』(2017)
『한국재벌과 지주회사체제: 34개 재벌의 현황과 자료』(2016)
『한국재벌과 지주회사체제: GS와 LS』(2015)
『한국재벌과 지주회사체제: CJ와 두산』(2013)
『한국재벌과 지주회사체제: LG와 SK』(2011)
『대한민국기업사 2』(공저, 2010)
『Encyclopedia of Business in Today's World』(공저, 2009)
『한국재벌과 개인적 경영자본주의』(2008)
『대한민국기업사 1』(공저, 2008)
『재벌의 경영지배구조와 인맥 혼맥』(공저, 2005)
『A Study of British Business History』(2004)
『The Oxford Encyclopedia of Economic History』(공저, 2003)
『박승직상점, 1882-1951년』(2001)
『한국 5대 재벌 백서, 1995-1997』(공저, 1999)
『한국재벌개혁론』(공저, 1999)

한국의 대규모기업집단

1987 — 2016

①

초판인쇄 2019년 2월 28일
초판발행 2019년 2월 28일

지은이 김동운
펴낸이 채종준
펴낸곳 한국학술정보㈜
주소 경기도 파주시 회동길 230(문발동)
전화 031) 908-3181(대표)
팩스 031) 908-3189
홈페이지 http://ebook.kstudy.com
전자우편 출판사업부 publish@kstudy.com
등록 제일산-115호(2000. 6. 19)

ISBN 978-89-268-8736-3 93320